DYNAMISCHE BIOLOGIE
Herausgegeben von Eberhard Weismann
und Andreas Bertsch
Band 7

DYNAMISCHE BIOLOGIE
Herausgegeben von Eberhard Weismann
und Andreas Bertsch

Band 1
Eberhard Weismann
Partnersuche und Ehen im Tierreich

Band 2
Andreas Bertsch
Blüten – lockende Signale

Band 3
Wolfgang Schwoerbel
Zwischen Wolken und Tiefsee
Anpassung an den Lebensraum

Band 4
Eberhard Weismann
Entwicklung und Kindheit der Tiere

Band 5
Karl-Heinz Scharf
Pflanzen und Tiere schützen sich vor Feinden

Band 6
Andreas Bertsch
In Trockenheit und Kälte
Anpassung an extreme Lebensbedingungen

Band 7
Heribert Schmid
Wie Tiere sich verständigen

Band 8
Eberhard Weismann
Revierverhalten und Wanderungen der Tiere

Band 9
Andreas Bertsch
Wie Pflanzen und Tiere sich ernähren
Vom Kreislauf der Nahrungsstoffe in der Natur

Band 10
Wolfgang Schwoerbel
Evolution – Strategie des Lebens

Heribert Schmid

Wie Tiere sich verständigen

Otto Maier Verlag Ravensburg

Zeichnungen: Jürgen Wirth
Typographie und Layout:
Klaus Detjen, Jürgen Wirth
2. Auflage

Repro: Seiler & Jehle, Augsburg
Druck und Einband:
Ernst Kaufmann, Lahr
ISBN 3-473-35577-1

Zeichenerklärung:

▷ Dieses Zeichen im laufenden Text verweist den Leser auf die Randspalte, die Erläuterungen, Worterklärungen, Bildhinweise und Literaturangaben enthält.

□ Hiermit werden auf der Randspalte Bilderläuterungen gekennzeichnet.

Inhalt

Wenn Tiere reden könnten

In meiner Hand liegt ein kleines, schwarzweißes Fellknäuel. Schülerinnen haben es als kläglich schreiendes Etwas in der regennassen Wiese am Flußufer gefunden und in das Landschulheim mitgenommen. Es ist ein nur wenige Tage alter Kater, der offensichtlich ausgesetzt wurde – ob von Menschenhand oder durch das Muttertier, ist für uns nicht erkennbar. Das Tier macht einen unterkühlten und geschwächten Eindruck. Vielleicht ist es auch krank, denn seine noch geschlossenen Augen sind dick vereitert. Die Schülerinnen bringen mich mit der Bitte, den kleinen Kater aufziehen zu dürfen, in arge Bedrängnis.

Im Zwiespalt

Als Biologe sehe ich für das junge Tier so gut wie keine Chance. Ohne die Fürsorge des säugenden Muttertieres halte ich es kaum für möglich, das Tierkind am Leben zu erhalten. Sollen wir es wieder zurückbringen? Vielleicht wäre ein rascher Tod das Gnädigste. Möglicherweise wird das Ende des Tieres nur hinausgezögert, wenn wir versuchen, es zu retten. Als Mensch fühle ich Mitleid. Es geht mir wie den Schülerinnen: Man möchte helfend eingreifen.

Gelingt es vielleicht doch, das Muttertier zu ersetzen? Nachdem die Schülerinnen die hilflose Kreatur mit in die Herberge genommen hatten, war sowieso schon der Anfang gemacht, das Tier dem natürlichen Gang der Dinge zu entziehen. Außerdem könnte der Versuch, den Kater aufzuziehen, gleichzeitig eine Übung in praktischer Biologie sein. Die Schülerinnen könnten wichtige biologische Erkenntnisse und Einsichten dabei gewinnen. Kurz entschlossen gebe ich meine Zustimmung, daß der Kater in der Herberge bleiben darf.

Die unermüdliche Fürsorge der Mädchen vollbringt in den nächsten Tagen fast ein kleines Wunder. Nach einigen Tagen ist der kleine Kater kaum wiederzuerkennen. Sobald er wach ist, blickt er mit blanken Augen in die Welt. Energisch miaut er nach Nahrung. Aus einem Puppenfläschchen bekommt er warme, verdünnte Milch zu saugen. Zufrieden schläft er dann in seinem warmen Nest aus Holzwolle und Lappen.

Auf der Heimfahrt vom Landschulheim gibt es fast Streit unter den Mädchen. Jede will den Kater mit nach Hause nehmen. In der Heimatstadt angekommen, zeigt sich, daß die Eltern davon weniger begeistert sind.

Schließlich landet der Kater vorläufig in meinem Haushalt. Aus »vorläufig« wird ein Dauerzustand. Der Kater »Sascha«, wie wir ihn mittlerweile nennen, wird neben Hund, Schildkröten und Insekten ein weiterer Hausgenosse. Er wächst heran und führt uns täglich alle Eigenheiten und Kunststücke vor, über die junge Katzen verfügen. Sein Verhalten scheint sich von dem anderer Katzen nicht zu unterscheiden. Erst wenn man ihn genau beobachtet, fällt auf, daß er sich den Menschen gegenüber viel zutraulicher und dann auch wieder respektloser verhält, als man das sonst von einer Katze gewohnt ist. Könnte seine bisherige Lebensgeschichte der Grund dafür sein? Erinnern wir uns, daß der Kater Sascha aufwuchs, ohne mit seinem Muttertier oder seinen Geschwistern oder mit irgendeiner anderen Katze zu-

□ Linke Seite:
Ein Verhaltensforscher heult mit den Wölfen. Die moderne Verhaltensforschung kann nachweisen, daß Wölfe nicht die blutrünstigen Bestien sind, für die man sie lange gehalten hat.
Das Heulen ist nur eine der vielen Verständigungsmöglichkeiten, die ein freundliches Zusammenleben im Wolfsrudel ermöglichen. Mehr darüber auf den Seiten 119 und 122.

sammenzukommen. Er konnte also niemals irgend etwas »Kätzisches« gelernt haben. Sein Verhalten kann also nur aus »Angeborenem« und »Vom-Menschen-Gelerntem« bestehen. Das ist das Besondere an Kater Sascha. Der Wissenschaftler würde ihn ein »Kaspar-Hauser-Tier« ▷ nennen.
Für mich ist es kein Nachteil, daß der Mensch für diesen Kater so sehr gewohnt und vertraut ist. Seit Jahren beschäftige ich mich mit den Verhaltensweisen von Tieren. Vor allem interessiert mich, ob und wie sich Tiere verständigen. Dabei könnte der Kater helfen. Da er bisher nie mit anderen Katzen oder anderen Tieren zusammengekommen ist, sind für Sascha Menschen die einzigen »Gesprächspartner«, denen gegenüber er sich verständlich machen oder seine Wünsche ausdrücken kann. Kommt es tatsächlich zu einer Verständigung zwischen Katze und Mensch? Wie vollzieht sich diese? Ausschließlich nach Katzenart? Oder wird der Kater auch Verständigungsformen des Menschen lernen – mindestens verstehen lernen? Wie wird er sich verhalten, wenn er irgendwann einmal mit einer anderen Katze zusammentrifft? Wird er dann die »Katzensprache« beherrschen? Kann sich Sascha auch mit einem anderen Tier, zum Beispiel mit meinem Hund, verständigen?

Sascha und Prinz

Unser »Prinz«, eine Kreuzung aus Schäferhund und Collie, konnte Katzen absolut nicht ausstehen. Wann immer ihm eine Katze über den Weg lief, gebärdete er sich äußerst wütend, obwohl er niemals einer Katze ernstlich etwas zuleide tat. Vielleicht konnten sich auch die Katzen immer gerade noch rechtzeitig in Sicherheit bringen. Wie reagierte nun Prinz auf Sascha? Der Hund beschnupperte ausgiebig den kleinen, tapsigen Kater in seiner ihm als Lager dienenden Schachtel. Danach beachtete er den Kater entweder überhaupt nicht mehr, oder er kam nur noch kurz zum Lager des neuen Hausgenossen, um ihn zu beschnuppern. Der Hund hatte offensichtlich sofort begriffen, daß der Kater von nun an als Hausgenosse betrachtet werden müsse. Der Kater seinerseits trat dem Hund von Anfang an völlig unbekümmert und furchtlos gegenüber, wodurch er den Hund öfters verblüffte. Zum Beispiel verbrachten beide die Nacht meistens im Treppenhaus, wo jeder sein eigenes Lager hat.
Gelegentlich ließ sich der Kater mitten auf dem für ihn viel zu großen Lager des Hundes nieder. Der Hund machte keine Anstalten, den Kater von dort zu vertreiben, sondern suchte sich einen anderen Platz, wobei man ihm geradezu ansehen konnte, wie sehr ihn dieser Vorfall peinlich berührte. Trotz aller Übergriffe des Katers, der mit Vorliebe sogar aus dem Napf des Hundes fraß, wahrte der Hund stets so etwas wie einen Burgfrieden. Ob man das freundliche Verhältnis zwischen Hund und Kater als Freundschaft bezeichnen kann, ist schwer zu sagen. Immerhin wird der Kater vom Hund schweifwedelnd begrüßt, wenn sich beide eine Zeitlang nicht gesehen haben. Das gleiche geschieht, wenn der Kater sich auf den Spaziergängen, von denen noch die Rede sein wird, eine Weile versteckt gehalten hat und dann plötzlich wieder zum Vorschein kommt. Für den Hund ist die Leine in meiner Hand stets ein untrügliches Zeichen für einen kurz bevorstehenden Spaziergang. Außer sich vor Freude, springt er um mich herum. Auch Sascha ist plötzlich da, aus irgendeiner Ecke des Gartens taucht er auf. Auch er scheint sich zu freuen, denn er macht vor dem Hund katzbuckelnd einige drollige Bocksprünge. Dann springt er nach der in meiner Hand baumelnden Leine oder versteckt sich im Gebüsch, um spielerisch mich oder den Hund anzuspringen, wenn wir vorbeigehen. Auf dem Weg, der aus dem Dorf hinausführt in die Obstwiesen und Felder, läuft Prinz brav

Kaspar-Hauser-Tiere sind ohne Artgenossen aufgezogene Tiere, benannt nach Kaspar Hauser, einem rätselhaften Findelkind, das von 1812 bis 1833 lebte. Siehe dazu auch Band 1 dieser Reihe, Seite 53.

an der Leine neben mir her. Der Kater ist einmal hinter uns, dann überholt er uns und läuft ein gutes Stück voraus, worauf er sichernd wartet, bis ich mit dem Hund nachgekommen bin. Wenn Sascha besonders übermütig ist, erklettert er, nur so im Vorübergehen, geschwind einen Baumstamm.

Eigentlich ist es ein seltsames Gespann: Ein Mensch, ein Hund und eine Katze machen gemeinsam einen Spaziergang. Inwieweit gibt es zwischen ihnen überhaupt Gemeinsamkeiten? Was weiß ich, was in den Köpfen meiner tierischen Weggenossen vorgeht? Ob sie ein Bewußtsein und seelische Empfindungen haben? Oder sind Tiere reine Automaten, die ohne seelische Regung funktionieren?

Bewußtsein und seelische Empfindungen sind der direkten Erforschung nicht zugänglich. Ein Tier kann nicht erzählen, was in ihm vorgeht. Man kann sich nur in Gedanken in ein Tier hineinversetzen, und es gibt kein Gerät, das anzeigt, was ein Tier denkt und empfindet. Wenn wir uns in Gedanken in ein Tier hineinversetzen, laufen wir Gefahr zu vermenschlichen. Wir tun das, ohne es zu merken. Mein Bericht von Prinz und Sascha enthält eine ganze Anzahl solcher Vermenschlichungen: »wütend«, »furchtlos«, »peinlich berührt«, »freundlich«, »außer sich vor Freude«, »übermütig«. Ich schließe voreilig aus menschlichem Verhalten und Empfinden auf das der Tiere. Wenn man nur wüßte, was in den Tieren vor sich geht. Bei Menschen haben wir es damit leichter. Hier ist ein Austausch von Gedanken, Stimmungen und Empfindungen möglich, weil Menschen eine Sprache haben, die Möglichkeit besitzen, sich mit Mimik und Gestik zu verständigen. Es wäre doch eine feine Sache, wenn man über die Tiere so gut Bescheid wüßte wie über seine Mitmenschen – ja, wenn die Tiere reden könnten.

□ Schwirrenden Fluges zieht ein Starenschwarm vorüber. Wie verständigen sich die Vögel?

□ **Hund »Prinz« und Kater »Sascha«. Auch Hund und Katze können Freunde werden.**

Mein Hund stößt mich mit der Schnauze, dann bellt er und zieht an der Leine. Was will er? Möchte er wie seine wilden Vorfahren, die Wölfe, hinter den Rehen hersetzen, die wir aufgestöbert haben und die über den Berghang zum Waldrand fliehen? Mit seinesgleichen könnte sich der Hund sicher verständigen, so wie es auch im Wolfsrudel zu einer blitzschnellen Verständigung kommen muß, wenn sich das Rudel teilt. Wie bei einer eingespielten Mannschaft wird dieser Trick angewandt und damit dem gehetzten Wild der Weg abgeschnitten.

Ein Starenschwarm wird von einem Falken angegriffen. Die Staren führen alle Flugmanöver gleichzeitig und gleichsinnig aus, so daß dem Falken kaum eine Chance bleibt, aus der für ihn unangreifbaren Wolke fliegender Vögel einen einzelnen Star herauszuschlagen. Verständigen sich die Stare untereinander?

Am Weg finden wir einen Ameisenhaufen. Wir werfen ein Ästchen hinein, und schon entsteht heller Aufruhr. Die Ameisen rennen wild umher, um den Störenfried zu finden. Die Luft riecht nach Ameisensäure, die ziellos von den Ameisen herumgespritzt wird. Aus den Eingängen quellen immer neue Scharen von Ameisen. Wer hat sie benachrichtigt? Gibt es auch bei diesen Tieren eine Verständigung?

Im Gras umschlingen sich zwei Weinbergschnecken. Wozu tun sie das, und wie haben sich die Tiere gefunden?

Wo anfangen?

Überall in der Natur, wo wir auch immer auf Tiere stoßen, die sich mit Artgenossen fortpflanzen, die zur Nahrungsbeschaffung gemeinsam Jagd machen, die sich zum Schutz zusammenschließen und gemeinsam Feinde abwehren, die miteinander ihre Jungen aufziehen – überall dort muß eine Verständigung zwischen den Artgenossen erfolgen.

Wir haben uns vorgenommen, eben dieses Thema »Verständigung der Tiere« zu untersuchen, um Tiere besser zu verstehen, um Hinweise darauf zu bekommen, was in den Tieren vorgeht, um vielleicht herauszufinden, ob und was Tiere denken, was sie zur einen oder anderen Handlung bewegt.

Aber an welchen Tieren sollen wir unsere Untersuchung durchführen? Sollen wir es mit Sascha und Prinz versuchen? Sollen wir die Weinbergschnecken, den Starenschwarm, den Ameisenhaufen, die Rehe am Waldrand, das jagende Wolfsrufel als Untersuchungsobjekt wählen?

Über eine Million verschiedener Tierarten bevölkern die Erde. Fast täglich werden neue Arten, vor allem bei den Insekten, entdeckt. Wo sollen wir anfangen? Man wird fast erschlagen von der Fülle der Möglichkeiten.

Und wie sollen wir vorgehen? Um diese Frage zu beantworten, müßten wir wissen, *wozu* Tiere miteinander in Kontakt treten. Vielleicht könnten wir daraus Schlüsse ziehen, *worüber* sie sich verständigen. Wenn wir wüßten, *wie* Tiere sich verständigen, welche Ausdrucksmittel ihnen zur Verfügung stehen, um sich gegenseitig »etwas zu sagen«, so wäre das vielleicht ein Weg, um herauszufinden, *was* sie sich in ihrer Sprache sagen.

Forscher enträtseln die Sprache der Tiere

Fangen wir mit einem ganz einfachen Untersuchungsobjekt an, in der Hoffnung, daß auch dessen Verhaltensweisen entsprechend einfach und durchschaubar sind. Wählen wir uns ein Tier, das sich ohne Schwierigkeiten ernähren und züchten läßt. Wählen wir uns als erstes Beispiel für Verständigung unter Tieren eine Tierart, die keinen zu großen Aktionsradius hat und somit über Stunden und Tage in unserem Blickfeld zu halten ist.

Auf der Suche nach dem einfachen Leben

Wir haben uns aus einem kleinen Tümpel eine Probe von fauligem Schlamm geholt, das trübe Wasser in ein Einmachglas geschüttet und dieses zu drei Vierteln mit abgestandenem Leitungswasser aufgefüllt.

Wir lassen unser Gefäß einige Stunden lang ruhig stehen, damit die vielen tausend Kleinlebewesen, die in der Schlammprobe enthalten sind, sich beruhigen und den neuen Lebensraum besiedeln können. Als Futter geben wir ein oder zwei Tröpfchen Kondensmilch ins Wasser und setzen noch einige Wasserpflanzen dazu.

Am nächsten Tag holen wir uns ein winziges Schlammflöckchen aus dem Glas und bringen es mit einem Tropfen Wasser zwischen einen Objektträger und ein Deckglas. Unter dem Mikroskop erblikken wir ein Gewimmel der verschiedensten Kleinlebewesen. Von dem aufgeregten Gewusel der Pantoffel-, Glokken- und Trompetentierchen lassen wir uns diesmal nicht beeindrucken, sondern suchen nach einem ruhigeren Zeitgenossen. Mit etwas Ausdauer finden wir ihn, ein unscheinbares Schleimklümpchen. Dieses Lebewesen kann durch Zerfließen seiner Körpersubstanz, des Protoplasmas, und durch das Ausstrecken von fingerförmigen Ausstülpungen, der Pseudopodien, seine Gestalt fortwährend verändern und sich dadurch auch fortbewegen. Man nennt es deshalb »Wechseltierchen« oder »Amöbe«. Sein Körper, das durchsichtige Schleimklümpchen, besteht aus einer einzigen Zelle, die alle Eigenschaften des Lebens besitzt, denn sie kann sich bewegen, kann Nahrung aufnehmen und dadurch wachsen. Hat die Amöbe eine bestimmte Größe erreicht, so schnürt sie sich in der Mitte ab und vermehrt sich durch Zweiteilung. Alle 24 Stunden kann sich dieser Vorgang wiederholen ▷.

Zweiteilung der Amöbe, siehe auch Band 1 dieser Reihe, Seite 92.

Alle diese Vorgänge, Fortbewegung, Teilung des Körpers sowie Nahrungsaufnahme, können wir an unserer lebenden Amöbe beobachten. Mit großer Sicherheit kann sie zwischen einem ungenießbaren Sandkörnchen und einem Nahrungspartikelchen unterscheiden. Dies kann nur durch eine Prüfung der Substanzen geschehen. Die Amöbe muß also so etwas wie einen Sinn haben, mit dem sie die Unterschiede der Substanzen wahrzunehmen vermag. Mit Hilfe eines solchen, vielleicht sogar des gleichen Sinnes erkennt die Amöbe auch einen Artgenossen, auf den sie bei ihren Wanderungen stößt, denn gelegentlich kann man beobachten, wie sich zwei Amöben aneinanderlegen, um Kernmaterial auszutauschen ▷.

Den Austausch von Kernmaterial nennt man »Konjugation«. Siehe dazu Band 1 dieser Reihe, Seite 92.

Das Erkennen ist die Voraussetzung für diesen Vorgang. Die Amöben würden sonst gleichgültig aneinander vorbeiwandern. Hier haben wir nun unseren ganz einfachen Verständigungsfall: Amöben erkennen sich an irgendwelchen Signalen, die von der einen Amöbe ausgesandt und von der anderen Amöbe aufgefangen und verstanden werden. Aber was sind das für Signale? Woran erkennen sich Amöben?

In feuchter Erde leben Amöben der Art Dictyostelium discoideum. Bei Nahrungsmangel kommt über die vielen, aber als Einzelgänger lebenden Amöben eine seltsame Unruhe. Von allen Seiten streben sie zu einer Massenversammlung auf einen Punkt zu, Hunderttausende kommen da zusammen. Die Amöben kriechen aufeinander und übereinander, bis die Masse ihrer Körper einen spitzen Turm bildet, der schließlich umkippt und sich als Ganzes kriechend fortbewegt. Mit einer Länge von etwa 2 Millimeter ist dieser »Heerzug« aus Amöben mit bloßem Auge gut zu erkennen. Eine schleimige Spur hinter sich lassend, wandert dieses Gebilde lange Zeit umher, um eine helle und warme Stelle aufzusuchen.

Das ist an sich sehr bemerkenswert. Solange die Amöben noch einzeln und verstreut lebten, hatten sie das Bestreben, ins Dunkle und Feuchte zu gelangen, um der Gefahr des Austrocknens zu entgehen. Vereint in der Masse tun die Amöben genau das Gegenteil. Jetzt türmen sie sich erneut auf, bis sich auf einem zentimeterlangen, schlanken Stiel eine runde Kugel erhebt. Die Amöben, die den Stiel bilden, erzeugen Wände aus Zellulose, um dem Bauwerk eine größere Festigkeit zu geben. Auch das ist merkwürdig, weil sonst nur pflanzliche Zellen Zellulose herstellen können ▷.

Vergessen wir darüber die Amöben nicht, die am Miniaturmodell dieses »Fernsehturms« die Kugel an der Spitze bilden. Sie wandeln sich um, indem sie sich zusammenballen und eine derbe Hülle bekommen. Man nennt sie Cysten oder Sporen. Sie sind sehr widerstandsfähig gegen Kälte, Hitze und Trockenheit und können lange in diesem Zustand verharren. Vorüberkriechende Würmer und andere kleine Tiere, an denen diese Cysten hängenbleiben und woanders wieder abgestreift werden, sorgen für die Verbreitung.

An Orten mit günstigen Lebensbedingungen können aus den Cysten wieder neue Amöben werden, womit der Lebenskreis dieser Amöben von vorn beginnen kann. Die Cysten und die aus ihnen hervorgehenden Amöben sind überhaupt die einzigen Überlebenden dieser Massenveranstaltung. Die Amöben, die den Stiel bilden, gehen zugrunde, werden »aufgeopfert« für die Verbreitung der Art.

Für uns stellt sich die Frage, wie diese Amöbenart eine so erstaunliche Gemeinschaftsleistung vollbringen kann. Irgendeine Art von Verständigung, so vermuten wir, muß auch hier vorausgegangen sein. Ein weithin vernehmbares

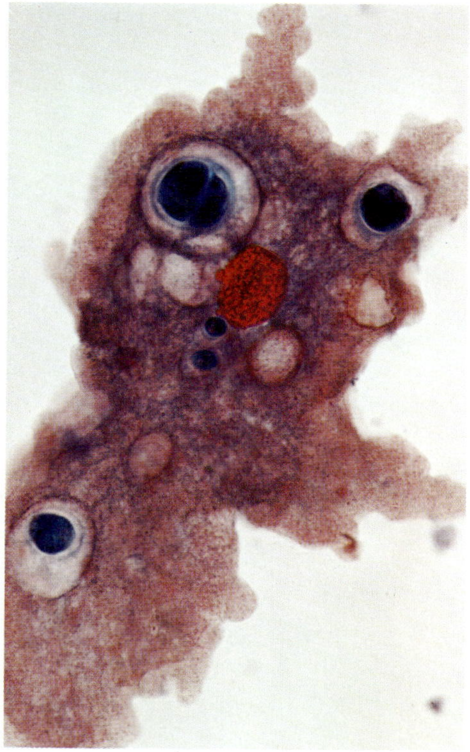

□ Eine Amöbe umfließt Nahrungsteilchen, um sie in ihren Körper aufzunehmen und in den Nahrungsbläschen zu verdauen.
Die Amöbe wurde künstlich angefärbt, damit sie besser zu erkennen ist.

Zellulose oder Zellstoff ist ein hochmolekulares Kohlenhydrat, dessen Molekül aus etwa 2000 Traubenzuckermolekülen aufgebaut ist.

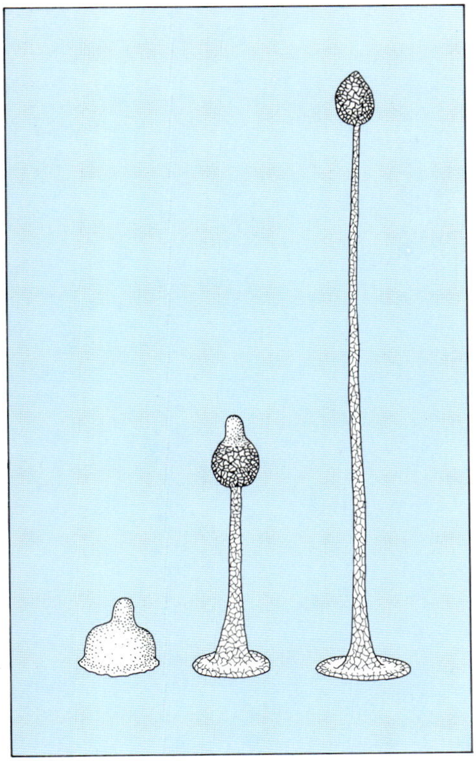

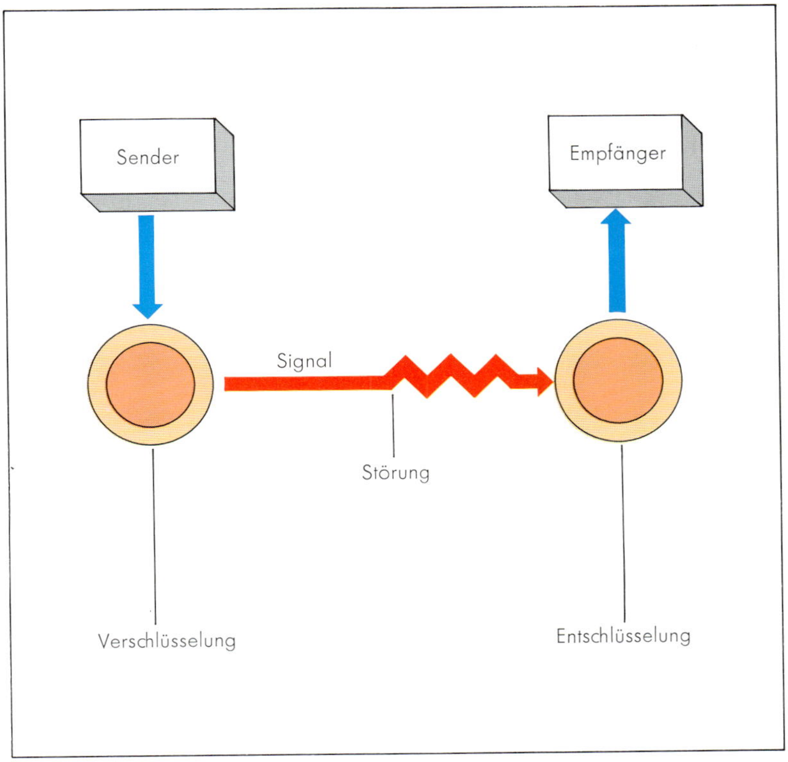

Signal muß die Amöben zusammengerufen haben. Dieses Signal ist bekannt. Es ist nichts weiter als ein chemischer Stoff, der von wenigen Amöben, den sogenannten Gründer-Amöben, ausgeschieden wird. Dieser chemische Stoff ist Acrasin. Dieser Wirkstoff, der in die Umgebung abgeschieden wird, lockt die übrigen Amöben mit unwiderstehlicher Gewalt herbei.

Es besteht also folgende einfache Beziehung: Eine Amöbe ist der Aussender eines Signals. Acrasin ist dieses Signal. Eine andere Amöbe ist der Empfänger des Signals. Sender, Signal und Empfänger schälen sich als drei Grundelemente für die Verständigung der Amöben heraus.

Diese drei Grundelemente erinnern in ihrer Einfachheit an entsprechende Elemente unserer Nachrichtentechnik. Denken wir an folgenden Fall: Hans möchte mit seiner Freundin Grete sprechen, die weit entfernt von ihm wohnt. Was tut er? Er greift zum Telefon, das seine gesprochenen Worte in elektrische Stromstöße umwandelt. In dieser Form können seine Signale eine weite Entfernung überbrücken. Durch die Umwandlung von Worten in elektrische Stromstöße sind die Signale, die Hans aussendet, gleichzeitig verschlüsselt worden, so daß sie unterwegs niemand hören kann. Diese Signale müssen nun aufgefangen und wieder entschlüsselt werden. Das geschieht im Telefonhörer, den Grete in der Hand hält. Dort werden die Stromstöße in Schallwellen umgewandelt. Nun kann Grete hören, was Hans ihr zu sagen hat. Auf diesem Weg haben wir ein weiteres Element gefunden: die Verschlüsselung oder Codierung des Signals ▷.

Die Verschlüsselung finden wir auch bei den Amöben. Der chemische Stoff Acrasin stellt bereits ein verschlüsseltes Signal dar. Der Sinn dieser Botschaft ist nur Amöben der Art Dictyostelium discoideum verständlich. Andere Lebewe-

□ Links: Amöben bauen einen »Turm«. Aus der Zusammenballung der Amöben erhebt sich ein schlanker Stiel mit einer Kugel an der Spitze. Die Amöben, die später zu Cysten werden, sind dunkler gezeichnet.
Rechts: Die Schemazeichnung der Übermittlung von Signalen enthält alle Grundelemente der Verständigung.

»Code« oder »Kode« nennt man den Schlüssel für eine Geheimschrift.

sen können mit diesem Signal nichts anfangen oder nehmen es überhaupt nicht wahr. Dies ist ein großer Vorteil. Er verhindert, daß andere Lebewesen, die ja auch räuberische Feinde sein können, auf den Aussender dieser Signale aufmerksam werden.

Chemische Stoffe scheinen sich als Geheimsignale ganz besonders gut zu eignen, weil es ungeheuer viele verschiedene davon gibt. Ein weiterer Vorteil chemischer Stoffe ist die Beständigkeit des Signals. Ein vom Sender ausgestoßener chemischer Stoff kann lange Zeit seine Signalwirkung ausüben, selbst dann noch, wenn der Sender längst verschwunden ist oder seine Sendetätigkeit eingestellt hat.

Weiterhin sind chemische Signale nur in relativ geringem Umfang störanfällig. Was ist damit gemeint? Erinnern wir uns an das Telefongespräch zwischen Hans und Grete. Manchmal – und wem ist das nicht schon so ergangen – kann die telefonische Verständigung durch von außen kommende Störungen beeinträchtigt sein. Es knackt, rauscht und prasselt »in der Leitung«, oder die Sprache ist verzerrt.

Störungen sind bei fast allen Arten von technischer Nachrichtenübermittlung ein lästiges Problem. Nicht so bei den chemischen Signalen. Störungen spielen hier eine recht geringe Rolle, einfach deswegen, weil chemische Stoffe meist sehr beständig sind und nicht leicht verändert werden.

Verlassen wir damit fürs erste unser Mikroskop, unsere kleinen, lebenden Schleimklümpchen, jene überraschenderweise geselligen Amöben und wenden wir uns einem weiteren Beispiel zu, in dem chemische Signale eine wichtige, jedoch viel kompliziertere Rolle spielen. Machen wir einen großen Sprung nach Nordafrika, wo wir in den kargen Wüstenlandschaften Tunesiens und Algeriens ein recht erstaunliches Tier beobachten.

Kleine Wüstentiere mit großem Familiensinn

Die kleinen Löcher im Sand haben nur einen Durchmesser von 1 Zentimeter. Sie fallen eigentlich erst durch den Wall auf, der im Abstand von 6 bis 15 Zentimeter um jedes Loch aufgeschüttet ist. Was sind das für merkwürdige Löcher, für eigenartige Wälle? Welches Tier lebt wohl hier in der Trockenheit und Hitze der Wüste? Welches Tier hat wohl diesen einfachen, aber auffälligen Bau gegraben und errichtet?

Wir legen uns auf die Lauer, warten, hoffen, daß sich im Loch etwas regt, daß sich der Baumeister am Eingang seiner Höhle zeigt. Als sich nach einer Stunde immer noch nichts tut, graben wir mit einer kleinen Schaufel den Sand auf, bis wir in etwa 20 Zentimeter Tiefe auf die eigentliche Höhle stoßen, in der eng zusammengedrängt zwei Asseln ▷ sitzen. Genaugenommen sind es eine männliche und eine weibliche Wüstenassel.

Asseln sind die einzigen Krebstiere, die auch auf dem Land leben können. Bekannt ist vor allem die an feuchten Orten lebende Kellerassel.

Jedes Loch, das wir aufgraben, ist immer von einem Asselpaar besetzt, gelegentlich entdecken wir neben den Alttieren bis zu 100 Jungtiere.

K.-Eduard Linsenmair ▷ und seine Frau haben sich intensiv und lange mit den Wüstenasseln der Sahara beschäftigt. Wir wollen im folgenden ihren Bericht und ihren umfangreichen Untersuchungen folgen. Das Ehepaar Linsenmair stellte zunächst einmal fest, daß jede Wohnhöhle der Wüstenasseln stets nur von einem Asselpaar mit oder ohne Jungtiere besetzt ist. Asselmännchen und Asselweibchen halten fest zusammen, sie scheinen sich zu erkennen und verteidigen ihre Wohnhöhle verbissen gegen alle Eindringlinge, auch gegen andere Wüstenasseln. In der Wohnhöhle schlüpfen die Jungen aus der Bruttasche des Muttertieres, sie werden sozusagen geboren, und verlassen in den ersten vierzehn bis zwanzig Tagen nicht die Höhle. Während dieser Zeit leben die Jungen von Nahrung, die die Elterntiere eintragen. Stets wird die Höhle von min-

K.-Eduard Linsenmair ist Professor für Zoologie an der Universität Würzburg.

destens einem Elternteil bewacht. Es scheint also, als diene diese Wohnhöhle als sichere Behausung für eine einzige Wüstenasselfamilie.
Um dies nachweisen zu können, markierte das Forscherehepaar die einzelnen Asselfamilien in ihren Wohnhöhlen mit Farbtupfen und stellte fest: Wenn die Jungtiere 3 bis 4 Millimeter groß sind und schon drei bis vier Häutungen hinter sich haben, verlassen sie erstmals die Wohnhöhle zu kleinen Ausflügen in die Umgebung. Geraten sie dabei in die Nähe einer anderen Wohnhöhle, so drehen sie sofort wieder um. In die eigene Höhle laufen sie schnell und ohne zu zögern. Wenn Jungtiere außerhalb ihrer Höhle auf eine fremde Assel treffen, berühren sie diese mit den Fühlerspitzen und fliehen dann sofort. Die Jungtiere zeigen dagegen keine Fluchtreaktion, wenn sie mit einem ihrer Elterntiere zusammentreffen. Gegenüber anderen jungen Wüstenasseln aus anderen Höhlen benehmen sich die Jungtiere ebenso wie gegenüber erwachsenen Tieren: Sie fliehen nach Fühlerkontakt. Geschwister, die sich unterwegs irgendwo treffen, fliehen niemals voreinander.
Wie gut aber kennen Jungtiere ihre Umgebung, ihre eigene Wohnhöhle? Professor Linsenmair nahm Jungtiere, die ihre Höhle noch nie verlassen hatten und deshalb die Umgebung nicht kannten, heraus und ließ sie vor der eigenen und vor fremden Höhlen wieder laufen. Das Ergebnis dieser Experimente war, daß die Jungtiere schon vor ihrem ersten Ausflug die sichere Fähigkeit haben,

- den eigenen Höhleneingang von einem fremden Höhleneingang zu unterscheiden;
- ihre Eltern von fremden, erwachsenen Wüstenasseln zu unterscheiden und auch
- ihre Geschwister von anderen Jungtieren aus fremden Höhlen zu unterscheiden.

Wie benehmen sich aber erwachsene Asseln fremden Jungtieren gegenüber? Treffen erwachsene Asseln auf fremde Junge, so reagieren die erwachsenen Tiere aggressiv. Niemals lassen sie fremde Jungtiere in ihre Höhle ein. Fremde Junge, die nicht sofort die Flucht ergreifen, werden geschlagen, dabei oft verletzt, manchmal auch gepackt und verzehrt. Die eigenen Jungtiere werden von ihren Eltern dagegen niemals angegriffen, wo immer sie ihnen auch begegnen.
Linsenmair konnte somit nachweisen, daß Wüstenasseln ihre Familienangehörigen sicher erkennen können. Aber woran erkennen sich die Mitglieder einer Familie? Um der Antwort auf diese Frage näherzukommen, führte Linsenmair sogenannte Isolationsexperimente durch. Er entnahm einer Höhle einige Jungtiere und hielt sie eine gewisse Zeit von ihren Eltern und ihren Geschwistern getrennt. Dann setzte er sie einzeln an die eigene und an fremde Höhlen und beobachtete die Reaktion der Tiere.
Die Auswertung seines Versuchsprotokolls ▷ ergibt, daß Jungtiere, die bis zu vierzehn Tagen von ihrer Familie isoliert waren, ohne Behinderung in die Höhle eingelassen wurden, obwohl sich die Jungtiere in der Isolation zum Teil bis zu dreimal gehäutet hatten.

Siehe Seite 16.

Jungtiere, die 14 bis 19 Tage isoliert waren, stießen schon auf heftige Abwehr der Eltern und der Geschwister. Nach längerer Abwehr wurden sie dann aber doch eingelassen. Niemals versuchten die Eltern, diese Jungen zu fangen und zu verzehren. Bei Trennungszeiten von mehr als 19 Tagen waren die Abwehrreaktionen noch kräftiger. Oft wurden die isolierten Tiere endgültig von den Elterntieren verjagt. Gelang es den isolierten Jungtieren, in die Höhle einzudringen, so wurden sie nicht selten von ihren Geschwistern umgebracht.
Auffallend war, daß die zurückgesetzten Tiere, auch wenn sie nur 2 bis 4 Tage getrennt gewesen waren, sich deutlich unsicherer benahmen als ihre nicht isolier-

Familien Nr.	Zahl der zurück-gesetz-ten Iso-lierten	Isola-tionszeit in Tagen	Reaktionen der zurückgesetzten Jungtiere					Reaktionen der adulten Wächter				Reaktionen der nicht-isol. Geschw.	
			Erkennen von Höhle und/oder Eltern u. Geschwi-stern	Intensives Bemühen >15 Min. trotz Ab-wehr des Wächters	Kein Er-kennen der eige-nen Höhle, Abdrehen vor Kon-takt mit Insassen	Kein Ein-dringver-such trotz Betasten des Wächters	Inten-sives Bemü-hen an fremden Höhlen	Einlas-sen ohne Behin-derung	Kurzzei-tiges Blockie-ren, leichtes Schlagen	Blockie-ren, Schieben, Schlagen >2 Min. letztlich Einlassen	endgül-tige Abwehr	feind-lich	nicht feindlich
1.	8	4	8				–	8					+
2.	11	6	11				–	11					+
3.	6	7	6				–	6					+
4.	7	8	7				–	7					+
5.	2	10	2				–	2					+
6.	5	14	5				–	5					+
7. 8.	17	14	14		3		–		14				±
9. 10.	14	14	13	6	1		–	4	2	7			±
11. 12.	6	15	6				–	1	5				+
13.	12	15	12	8			–		4	8		+	
14. 15. 16.	33	17	6		4	23	–			6		1x+	5x+
17.	4	18	4	4			–			3	1	+	
18.	7	18	5		2		–		5			+	
19.	3	19	3				–		3				±
20.	8	19	3	1		5	–				3	+	
21.	7	19			7		–					keine Begegnung	
22.	3	20	3	2			–			(1)	3	+	
23. 24. 25.	17	22	12		5		–			(4)	12	+	
26.	6	23	4	3		2	–			(1)	3	+	
27.	5	26			5		–					+	
28. 29. 30. 31.	17	32–35				17	–					keine Begegnung	

Die Versuchsergebnisse der Isolationsexperimente mit Wüstenasseln.

ten Geschwister. Je länger sie getrennt waren, um so größer war diese »Ängstlichkeit«. Trotzdem konnte der Beobachter deutlich ausmachen, ob ein zurückgesetztes Jungtier seine Höhle erkennt. Zunächst wagt es nicht, in die elterliche Höhle zu kriechen. Es dringt bis zum Eingang vor, schreckt dort aber immer wieder zurück und kehrt um, bis es den äußersten Rand des Kotwalls erreicht hat. Dort dreht es wieder um und sucht von neuem den Eingang auf.

Früher oder später geht das Jungtier aber doch in die Höhle und kommt dort mit einem Elterntier oder einem der Geschwister in Berührung. In diesem Augenblick verschwindet seine Ängstlichkeit. Es drängt sich in seine Familie und läßt sich nicht mehr vertreiben. Setzt man dagegen ein isoliertes Jungtier an einer fremden Höhle aus, dann strebt es möglichst schnell von dieser Höhle und dem dazugehörigen Kotwall weg und zeigt damit deutlich, daß es auch nach langer Zeit der Abwesenheit die eigene Höhle sicher von einer fremden unterscheiden kann.

Isolationsexperimente, bei denen die Elterntiere isoliert und später wieder zu den Jungtieren gelassen wurden, hatten ganz ähnliche Ergebnisse. Die Vermutung liegt daher nahe, daß es sich bei den Familienkennzeichen um Gerüche handelt, entweder um Gerüche, die am Körper der Tiere haften, oder um Geruchssekrete, die von den Tieren abgegeben werden.

Wie starr sind diese Familienkennzeichen? Sind es erbliche Merkmale oder sind es Kennzeichen, die erlernt werden? Um diese wichtige Frage zu klären, führten die Forscher sogenannte Austauschexperimente durch. Zu diesem Zweck wurden Elterntiere mit fremden Jungen in einem engen Gefäß zusammengesperrt. In den ersten 24 Stunden griffen die Elterntiere die fremden Jungtiere immer wieder an, danach hatten

sich die Tiere aneinander gewöhnt und lebten friedlich zusammen. Nun konnte man die Elterntiere mit den nunmehr adoptierten, fremden Jungtieren in eine Wohnhöhle setzen. Von nun an behandelten die Elterntiere die adoptierten Jungen wie ihre eigenen. Es sieht also ganz danach aus, daß die Elterntiere in der Lage sind, ein neues Familienkennzeichen zu erlernen. Stammen allerdings die Geruchsstoffe von den Elterntieren, so kann von einem Neulernen nicht die Rede sein, da dann das Familienkennzeichen den adoptierten Jungen von den Eltern gewissermaßen aufgezwungen würde. Um diesen Einwand zu prüfen, wurde ein weiteres Experiment angestellt.

Jungtieren, die aus einer Familie stammten, wurden die Eltern weggenommen, danach wurden die Jungtiere in zwei Gruppen getrennt. Die erste Gruppe erhielt Adoptiveltern, die zweite Gruppe wurde elternlos weitergepflegt. Nach einer gewissen Zeit wurden die Tiere der zweiten Gruppe wieder zur ersten Gruppe gebracht. Das Versuchsergebnis war völlig eindeutig: Die Adoptiveltern machten keinen Unterschied zwischen den Tieren der beiden Gruppen.

Haben die Eltern überhaupt einen Einfluß auf das Familienmerkmal? Um dies zu klären, brachte das Ehepaar Linsenmair die von fremden Eltern adoptierten Jungtiere wieder zu ihren richtigen Eltern zurück. Sofort wurden die Jungen von ihren richtigen Eltern wieder angenommen.

Aus all diesen Experimenten kann man insgesamt den Schluß ziehen, daß die Eltern nicht wesentlich an der Bildung des Familienmerkmals beteiligt sind. Durch den letzten Versuch ist außerdem bewiesen, daß ein individuelles Kennen eines jeden Einzeltiers ausgeschlossen werden kann, anders als in einer menschlichen Familie, in der jeder jeden kennt. Diese Möglichkeit des individuellen Kennens

□ **Eine Wüstenassel verläßt die Höhle zur Nahrungssuche, ihr Partner rückt sofort in Wächterposition nach.**

war schon von vornherein sehr unwahrscheinlich, da die Elterntiere bis zu hundert Junge haben können. Man kann also sagen, daß die Wüstenasseln streng geschlossene, aber anonyme Familienverbände ▷ bilden.

Nachdem nun bewiesen war, daß die Aseleltern wirklich ein neues Familienmerkmal erlernen können, stellte sich die Frage, ob es sich um ein Umlernen oder ein Neulernen handelt. Beim Umlernen müßte das neue Familienmerkmal das alte verdrängen. In diesem Falle dürften die Eltern nach der Adoption der fremden Jungen die eigenen Jungen nicht mehr erkennen. Da die Eltern auch nach tage- und wochenlangem Zusammenleben mit den Adoptivjungen noch ihre eigenen Jungen wiedererkennen, kann der Schluß nur lauten, daß kein mit einem Merkmalersatz verbundenes Umlernen stattfindet. Die Eltern sind also in der Lage, mindestens zwei Familienmerkmale zur gleichen Zeit zu erkennen und gegenüber den Trägern dieser Familienmerkmale ein gleichartiges Verhalten an den Tag zu legen.

Die nächste Frage, die sich nun zwingend stellt, ist die Frage nach der Natur des Familienkennzeichens. Vieles spricht dafür, daß es sich um einen chemischen Stoff handelt, der als Geruchs- oder Duftstoff wahrgenommen wird. (Natürlich könnte anstelle eines einzelnen Stoffes auch ein Stoffgemisch in Frage kommen.) Eine weitere Frage ist, woher dieser Geruchsstoff stammt. Es könnten aus der Umgebung stammende Substanzen sein, die am Körper der Tiere haften, es könnten aber auch Stoffe sein, die die Tiere selbst produzieren. Da die Elterntiere das Familienkennzeichen wenig oder gar nicht beeinflussen, müßten für die Eigenproduktion des Geruchsstoffes vor allem die Jungtiere in Frage kommen.

Übergehen wir die Experimente, die Linsenmair angestellt hat, um die Herkunft des gesuchten Stoffes aus der Umgebung oder aus der Nahrung nachzuweisen. Diese Versuche verliefen allesamt negativ. Es blieb also nur noch der Nachweis zu erbringen, daß die Duftstoffe von den Jungtieren als Sekrete abgeschieden werden.

In einer neuen Versuchsserie wurden jeweils zwanzig bis vierzig Jungtiere auf zwei gleich große, getrennt gehaltene Gruppen verteilt. Zur einen – der Versuchsgruppe V – wurden fremde Jungtiere gesetzt, die andere Gruppe, die Kontrollgruppe K, blieb unvermischt. 4 bis 14 Tage später wurden Tiere der Gruppen V und K an ihre heimische Höhle zurückversetzt. Die Ergebnisse waren wiederum eindeutig: Alle Tiere der Gruppe V wurden wie fremde behandelt, während alle aus der Gruppe K kommenden Tiere erkannt und in die Höhlen eingelassen wurden.

Offensichtlich muß sich das Kennzeichen der im gemischten Verband lebenden Tiere in kurzer Zeit sehr wesentlich verändert haben. Das kann aber nur geschehen, wenn man annimmt, daß die familienspezifischen Substanzen übertragen und dabei vermischt werden. Wie das im einzelnen vor sich gehen kann, macht die Beobachtung der Lebensgewohnheiten dieser Tiere verständlich.

In Ruhezeiten drängen sich die Tiere möglichst eng zusammen. Bei diesem Zusammensitzen und Aufeinanderherumsteigen können die familienspezifischen Substanzen übertragen und vermischt werden. Der Familiengeruch erweist sich so als eine gleichmäßige Mischung sämtlicher Individualgerüche.

Wir können somit zusammenfassend festhalten: Die Familienkennzeichen der Wüstenasseln sind chemischer Natur. Sie werden von den Jungen als Sekrete erzeugt; ihre Zusammensetzung ist höchstwahrscheinlich erblich festgelegt. Die Sekrete der verschiedenen Jungtiere einer Familie sind nicht völlig gleich, das gemeinsame Familienkennzeichen kommt erst durch Übertragung und Vermischung der verschiedenen Individualsekrete zustande.

Anonym: griech.-lat. ohne Namen, unpersönlich.

□ **Wüstenassel-Familie: Ein Elterntier läßt Jungtiere an sich vorbei, die sich auf Futtersuche begeben.**

Welche Bedeutung haben die Familienkennzeichen im Leben der Wüstenasseln? Welche Vorteile ziehen die Tiere aus der Möglichkeit, sich über die Familienzugehörigkeit mit Hilfe eines chemischen Signals zu verständigen?
Die Wüstenassel ist in ihrem Lebensraum nicht die einzige, aber bei weitem die häufigste Assel. Sie ist tausend- bis millionenmal häufiger als die übrigen Asseln. Der Grund dafür ist wahrscheinlich darin zu suchen, daß die Wüstenasseln sich, von einer kurzen Wanderzeit im Frühjahr abgesehen, während ihrer Ruhezeit in ihren selbstgegrabenen Höhlen aufhalten. Die anderen Asselarten suchen dagegen zur Ruhe irgendwelche natürlichen Verstecke auf, meist unter Steinen. Ist es also die Fähigkeit zu graben, die der Wüstenassel eine so große biologische Überlegenheit verleiht? Die anderen Asselarten besitzen ein annähernd ebenso gutes Grabvermögen, aber sie setzen es nicht so zielgerichtet zur Anlage von Wohnhöhlen ein wie die Wüstenasseln. Nicht das Grabvermögen allein, sondern erst seine Kombination mit dem Sozialverhalten hat der Wüstenassel ihre erstaunliche biologische Überlegenheit gegeben.
Wie mag sich wohl ein solches Sozialverhalten im Laufe der Zeit entwickelt haben? Junge Asseln führen in der Wüste ein höchst gefährliches Leben. Sie sind so klein und leicht, daß sie Gefahr laufen, von dem fast ununterbrochen heftig wehenden Wind fortgeblasen zu werden. Darüber hinaus sind alle Asseln sehr empfindlich gegen Austrocknung. Schließlich gibt es alle möglichen Feinde, die den jungen Asseln nachstellen. Vor allen diesen Gefahren sind die jungen Wüstenasseln in ihrer Höhle hervorragend geschützt, da sie diese in ihren ersten Lebenstagen überhaupt nicht verlassen.
Nun tritt allerdings als neues Problem die Nahrungsbeschaffung für die jungen

Wüstenasseln auf. Das Problem kann nur gelöst werden, indem die Elterntiere Futter herbeischaffen, also Brutpflege betreiben. Beginnt eine Tierart Brutpflege zu betreiben, so muß sie gleichzeitig dafür sorgen, daß diese Pflege auf die eigenen Nachkommen beschränkt bleibt. Für die Weiterentwicklung dieser Pflegeinstinkte ist es ganz wichtig, daß nur die Träger dieser erblich festgelegten Eigenschaft einen Fortpflanzungsvorteil haben. So kann sich zusammen mit den derart begünstigten Tieren auch die zugrundeliegende Erbanlage besser durchsetzen. Allmählich entwickelt sich so der geschlossene, anonyme Familienverband der Wüstenasseln.
Man kann sogar sagen, daß die Wüstenasseln unter allen sozial lebenden Gliederfüßlern die am strengsten geschlossenen Gemeinschaften bilden. Es konnte niemals beobachtet werden, daß unter natürlichen Bedingungen Asseln aus anderen Familien in die Höhlen eingelassen wurden. Bei Bienen, Ameisen und Termiten kann man dagegen immer wieder feststellen, daß gelegentlich auch Tiere aus fremden Völkern eingelassen werden. Bei den Asseln dagegen bestimmt ausschließlich die nach dem Fühlerkontakt erhaltene chemische Information die weitere Reaktion des prüfenden Tieres. Nur durch diese Strenge kann der Familienverband geschlossen gehalten werden, obwohl die Familien oft so nahe beisammen wohnen, daß sich ihre Nahrungsreviere, die sich in einem Umkreis von 0,5 bis 2 Meter von der Höhle aus erstrecken, gegenseitig überlappen. Auf der Fläche von der Größe eines Fußballfeldes können zwei Millionen Wüstenasseln leben!
Erst durch die Ausbildung chemischer Signale, die als Familienkennzeichen dienen, konnten die Wüstenasseln streng geschlossene Verbände erzwingen. Hand in Hand damit entstanden bestimmte Verhaltensformen, zum Beispiel Brutpflege und ein besonderes Aggressionsverhalten, das darin besteht, daß gegen Nichtmitglieder der Familie eine hohe Aggressivität, innerhalb der Familie dagegen eine möglichst geringe Angriffsbereitschaft besteht. Außerdem mußte das Orientierungsverhalten besonders leistungsfähig werden, denn nur diejenigen Asseln, die nach der Nahrungssuche zur Familiengemeinschaft zurückfinden, werden in die schützende Höhle eingelassen und haben damit eine bessere Überlebenschance. Somit wird deutlich, daß ein einziges Verständigungssignal – hier der Familienduft – ausreicht, um in alle Bereiche des Lebens einer Tierart – hier der Wüstenassel – ausstrahlende biologische Vorteile und Folgerungen nach sich zu ziehen.

Giftiger Monarch mit Duftorgan

Der Monarchfalter ▷ ist durch seine prächtig und auffallend gefärbten Flügel ein wahrer Fürst unter den Tagfaltern. Selbst die Vögel, die sonst Schmetterlinge als willkommenen Leckerbissen betrachten, »respektieren« ihn. Man kann einen erwachsenen Vogel unter keinen Umständen dazu bringen, einen Monarchschmetterling zu fressen. Nur junge und »respektlose« Vögel fressen den Falter. Nach einigen Minuten würgen sie allerdings ihren Mageninhalt mit allen Zeichen von Ekel und Übelkeit heraus und vergessen diese widerwärtige Erfahrung zeitlebens nicht mehr. Der Monarchschmetterling ist nämlich giftig und verursacht bei dem Vogel, der ihn gefressen hat, Übelkeit und Erbrechen. Die Giftstoffe hat sich der Schmetterling schon im Raupenstadium einverleibt. Die Raupen fressen an Schwalbenwurz- und Hundsgiftgewächsen, die dem Gift des Fingerhuts ähnliche Glycoside enthalten. Die Raupen, die Puppen und auch die Schmetterlinge speichern diese Herzgifte und sind so für die meisten Tiere völlig ungenießbar.
Interessanterweise gibt es einige Schmetterlingsarten, die mit den Monarchschmetterlingen nicht näher verwandt sind und nicht giftig sind, aber in

□ Rechte Seite:
Ein frisch geschlüpfter Monarchfalter sitzt auf seiner leeren Puppenhülle. Seine noch weichen Flügel müssen sich noch entfalten und hart werden.

Rechte Seite:
Mimikry ist Nachahmung als Schutzanpassung. Siehe dazu Band 5 dieser Reihe, Seite 75.

Der Monarchschmetterling (Danaus chrysippus), eigentlich ein Bewohner der Tropen und Subtropen, kommt stellenweise auch in Südeuropa vor und verirrt sich gelegentlich sogar nach Nordeuropa.

Form und Farbe ihrer Flügel den Monarchfalter täuschend nachahmen. Auch die Vögel lassen sich davon täuschen und verschmähen diese Schmetterlinge, obwohl sie gänzlich ungiftig sind. Kein Zweifel, diese ungiftigen Schmetterlinge segeln unter falscher Flagge, um von dem »Respekt« zu profitieren, den der giftige Monarchfalter sich verschafft hat. Man nennt diese Nachahmung Mimikry ◁. Dem Monarchschmetterling geht es also wie vielen großen Herren: »Wie er geht und wie er spuckt, wird ihm getreulich abgeguckt.«

Dem Monarch könnte das eigentlich gleichgültig sein, wenn nicht die Flügelfärbung und -zeichnung der Tagschmetterlinge eine andere Aufgabe hätte. Der eigentliche Zweck des bunten Flügelkleides ist es ja, das Zusammenfinden von Tieren derselben Art und damit besonders von Männchen und Weibchen der gleichen Art zu ermöglichen. Färbung und Zeichnung der Flügel sind ein weithin sichtbares, artspezifisches Erkennungszeichen.

Wie wird der Monarch mit diesem Problem fertig, wenn eine große Zahl von artfremden Schmetterlingen ihn in Form und Farbe nachahmt? Führt das nicht ständig zu Verwechslungen in der Paarungszeit?

Ein Monarchmännchen fliegt jeden anderen Schmetterling an, den es in der Luft erblickt hat, verfolgt ihn aber nur weiter, wenn dieser auf den Flügeln die Monarchfarbe und -zeichnung besitzt. Ist das der Fall, dann überholt das Monarchmännchen den verfolgten Schmetterling und fliegt knapp vor ihm her. Nun stülpt das Männchen aus seinem Hinterleib zwei auffallende Haarpinsel aus, die einen Durchmesser von fast 1 Zentimeter haben.

Wenn es sich bei dem verfolgten Schmetterling um ein echtes, paarungsbereites Monarchweibchen handelt, setzt dieses sich irgendwo nieder. Das Männchen bleibt flügelschlagend über dem Weibchen in der Luft stehen, immer

□ **Oben:** Ein Monarchfaltermännchen mit ausgestülpten Duftpinseln.
Unten: Die ausgestülpten Duftpinsel eines Monarchfaltermännchens in Großaufnahme.

Rechte Seite:
Siehe dazu das Kapitel »Flugspiele der Kaisermäntel« in Band 1 dieser Reihe, Seite 41–44.

Rechte Seite:
Pheromone sind Botenstoffe oder Wirkstoffe, die nach außen abgegeben werden und für Artgenossen bestimmt sind.

□ **Rechte Seite:**
Oben: Ein Monarchfaltermännchen saugt an vertrockneten Pflanzen. Die Markierungsziffer auf dem Papierscheibchen dient zur Erkennung.
Mitte: Die Pfeile deuten auf die Flügeltaschen eines Monarchfaltermännchens.
Unten: Die Flügeltasche am Hinterflügel eines Monarchfaltermännchens wurde ausgestanzt. Man erkennt, daß der Falter den nicht entfalteten Duftpinsel in das anstelle der Tasche befindliche Loch steckt. Nähere Erklärung dazu im Text auf Seite 25.

noch mit den ausgestülpten Haarpinseln. Erst dann läßt sich das Männchen zum Weibchen herabsinken, um es zu begatten ◁.

Handelt es sich bei dem verfolgten Schmetterling dagegen nicht um ein echtes Monarchweibchen, sondern um ein anderes Monarchmännchen oder um das Weibchen eines Monarchnachahmers, so fliegt das verfolgte Tier weiter und setzt sich nicht. Das verfolgende Monarchmännchen verliert daraufhin jedes Interesse und gibt die Verfolgung auf.

Der entscheidende Punkt im Balzverhalten der Monarchfalter ist also offensichtlich beim Männchen das Ausstülpen der Haarpinsel und beim Weibchen das Sich-Niedersetzen. Die Vermutung liegt nahe, daß das Männchen dem Weibchen mit den Haarpinseln ein chemisches Signal in Form eines Duftstoffes übermittelt, worauf das paarungsbereite Weibchen mit Sich-Niedersetzen reagiert.

Die Haarpinselorgane der Männchen bestehen aus zwei ausstülpbaren Schläuchen, die jeweils mit mehreren hundert Haaren von etwa 5 Millimeter Länge besetzt sind. In ausgestülptem Zustand haben die Haarpinsel eine sehr große Oberfläche, was die Vermutung noch verstärkt, daß die Haarpinsel der Aussendung von Duftstoffen dienen.

Entfernt man einem Monarchmännchen durch eine kleine Operation die Haarpinsel, so vermag es paarungsbereite Weibchen nicht mehr zum Absetzen zu bewegen. Den gleichen Mißerfolg haben Männchen, deren Haarpinsel ausgewaschen worden sind. Die Vermutung wird damit fast zur Gewißheit: Bestimmte chemische Signale, sogenannte Pheromone ◁, die die Männchen als Duftstoffe aus den Haarpinseln abgeben, werden von den Monarchweibchen wahrgenommen und veranlassen sie, sich begatten zu lassen, wenn sie paarungsbereit sind.

Alle Duftstoffe, die einen Geschlechtspartner auf die Paarung vorbereiten und erst benützt werden, wenn die Tiere

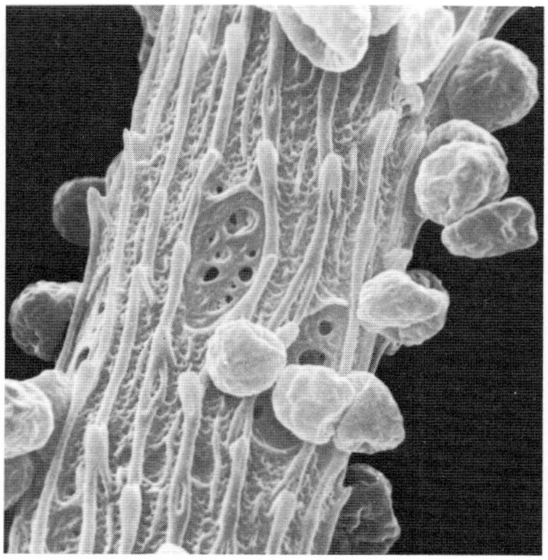

□ **Links: Die rundlichen Gebilde sind Pheromon-Transfer-Partikel. Der rauhe, dicke Stab ist das Stück eines Pinselhaars von einem Männchen der Monarchfalterart Danaus chrysippus. Rechts: Die gleichen Gebilde von Danaus sita.**

schon durch andere Signale zusammengefunden haben, nennt man Aphrodisiaca. Würde man auf oder im Haarpinsel des Monarchmännchens ein solches Aphrodisiacum finden und nachweisen können?

Von den Duftstoffen, die die Haarpinsel aussenden, sind die meisten noch unbekannt. Bisher konnte ein Stoff erkannt werden, das sogenannte Danaidon ▷. Bei diesen Untersuchungen fiel auf, daß Monarchmännchen, die im Labor gezüchtet worden waren, viel seltener die Paarung mit einem Weibchen vollziehen konnten als jene Männchen, die man im Freiland gefangen hatte. Bei der Untersuchung auf das Pheromon Danaidon stellte sich heraus: Gezüchtete Männchen haben kein Danaidon auf den Haarpinseln. Daraufhin beobachtete man Männchen im Freiland und sah, daß sie an bestimmten Pflanzenarten saugten: an Pflanzen aus den Familien der Rauhblattgewächse, der Korbblütler und der Schmetterlingsblütler. Und zwar saugen die Tiere an vertrockneten Stengeln, Blättern und Samenkapseln. Dazu geben sie durch den Rüssel Flüssigkeit auf die vertrockneten Pflanzenteile ab und saugen die Flüssigkeit wieder auf.

Von den genannten Pflanzen ist bekannt, daß sie Pyrrolizidin- oder Senecio-Alkaloide enthalten. Diese Alkaloide stimmen in ihrem chemischen Bau mit dem Danaidon stellenweise überein, so daß es auf der Hand liegt zu fragen, ob die Pflanzen-Alkaloide von den Schmetterlingen aufgenommen werden müssen, um als Vorstufe zur Herstellung von Danaidon zu dienen.

Man gab nun gezüchteten Männchen vertrocknete Pflanzenteile, die Pyrrolizidin-Alkaloide enthielten, damit sie daran saugen konnten. Tatsächlich waren die gezüchteten Männchen nun in der Lage, das Danaidon zu bilden. Verfütterung von reinem Pyrrolizidin-Alkaloid hatte den gleichen Erfolg. Erstaunlich ist, daß die Schmetterlinge die Pyrrolizidin-Alkaloide unbeschadet aufnehmen können, während diese für Wirbeltiere starke Gifte sind. Männchen und Weibchen speichern sogar das bitter schmeckende Gift in ihren Körpern und besitzen damit einen weiteren Schutz gegen das Gefressenwerden.

Fassen wir noch einmal zusammen: Die Raupen der Monarchfalter fressen an Schwalbenwurz- und Hundsgiftgewächsen, speichern deren Giftstoffe und sind dadurch als Raupe, Puppe und Falter vor dem Gefressenwerden geschützt. Die Falter saugen an trockenen Rauhblattgewächsen, Korbblütlern und Schmetterlingsblütlern und nehmen dabei die

Danaidon:

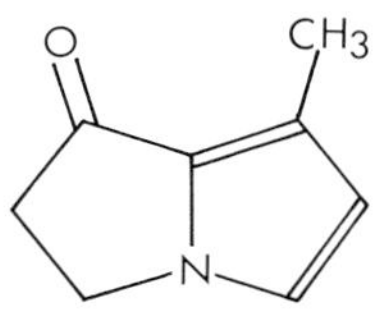

□ **Links: Pheromon-Transfer-Partikel auf einem Pinselhaar von Danaus formosa. Rechts: Im Inneren einer Flügeltasche von Danaus formosa befinden sich fadenförmige Gebilde. Wenn sie zerfallen, entstehen daraus viele Pheromon-Transfer-Partikel, wie sie auf dem vorhergehenden Bild in stärkerer Vergrößerung zu sehen sind.**

giftigen Pyrrolizidin-Alkaloide auf, die ihnen zusätzlichen Schutz verleihen und den Männchen außerdem die Vorstufe zur Herstellung des Pheromons Danaidon liefern.
Auf den Hinterflügeln der Monarchmännchen finden sich taschenartige Falten, die im Inneren mit Drüsenzellen und mit Schüppchen ausgekleidet sind. Beobachtet man die Lebensgewohnheiten der Tiere, so stellt man fest, daß sich die Männchen gern an sonnenbeschienenen Stellen hinsetzen und dann ihre Haarpinsel am Hinterleib in diese Taschen einführen.
Um herauszufinden, welche Bedeutung diese Gewohnheit hat, hat man gezüchteten Männchen gleich nach dem Schlüpfen diese Flügeltaschen ausgestanzt. Bei diesen Faltern kann man kein Danaidon auf den Haarpinseln finden, selbst wenn man den Tieren genügend Pyrrolizidin-Alkaloide zur Verfügung stellt. Das führt zu dem Schluß, daß kein Danaidon gebildet wird, wenn die männlichen Falter die Haarpinsel nicht in die Flügeltaschen stecken können.
Welcher chemische Vorgang sich in den Flügeltaschen abspielt, weiß man noch nicht genau, wahrscheinlich aber folgender: Auf den Pinselhaaren befinden sich, abgeschieden vom Tier, Pyrrolizidin-Alkaloide. In den Flügeltaschen wird von den Drüsenzellen ein Enzym ▷ produziert, das mit den Pyrrolizidin-Alkaloiden unter Bildung von Danaidon reagiert, sobald die Haarpinsel in die Flügeltaschen gesteckt werden.
Durch die Bildung von Danaidon und anderen, noch nicht bekannten artspezifischen Pheromonen steht also den Monarchfaltern ein genaues Signal zur Arterkennung zur Verfügung. Die vielen Vorbedingungen, die für eine erfolgreiche Paarung erfüllt sein müssen, kann sich der Monarchfalter leisten, da er durch seine Giftigkeit so gut wie keine Freßfeinde hat. Nachdem Flügelfärbung und Flügelzeichnung durch die vielen Nachahmer nicht mehr als genaues Arterkennungszeichen dienen können, haben sie als optische Signale einen Bedeutungswandel durchgemacht. Sie sind zum Warnsignal vor Giftigkeit geworden.
Die Haarpinsel der Monarchschmetterlinge warten noch mit einer weiteren Überraschung auf. Wenn man die Pinselhaare unter einem Mikroskop genauer betrachtet, stellt man fest, daß in den Haaren winzige Teilchen wie feiner Staub haften. Bei starker Vergrößerung erweisen sich diese Staubteilchen als zierlich geformte Körperchen, deren Gestalt bei jeder Art der Monarchschmetterlinge verschieden ist.

Enzyme oder Fermente sind Wirkstoffe, die Stoffwechselvorgänge steuern. Siehe dazu Band 4 dieser Reihe, Seite 27.

Nachdem man entdeckt hatte, daß diese Teilchen ebenfalls mit Pheromonen getränkt sind und vom Männchen im Fluge auf das Weibchen gestreut werden, nannte man diese Teilchen »Pheromon-Transfer-Partikel« ▷. Es ist also eine Art Parfümpuder, der über dem Weibchen ausgeschüttet wird. Ein Teil der Partikel fällt auf die Fühler des Weibchens, bleibt dort an den Riechhaaren haften und führt als »Dauerparfümierung« zu einer dauernden Reizung des Weibchens. Durch die Übertragung der Pheromone mit Hilfe dieser Pheromon-Transfer-Partikel wird erreicht, daß eine nur kurzzeitige Pheromon-Abgabe durch das Männchen zu einem lang andauernden Reiz für das Weibchen wird. Die durch die Transfer-Partikel übertragenen Pheromone dienen sicher und langanhaltend als Aphrodisiaca, um das Weibchen in einen paarungswilligen Zustand zu versetzen.

Duftorgane sind auch bei den Männchen unserer einheimischen Tag- und Nachtfalter zu finden. Weißlinge und Bläulinge ▷ haben auf den Vorderflügeln Duftschuppen. Duftwülste haben einige Edelfalter und Dickkopffalter ▷. Nachtfalter haben Haarbüschel, die ebenfalls Pheromone produzieren, an Brust, Hinterleib oder an den Beinen. Vermutlich dienen auch diese Pheromone als Aphrodisiaca. Genaue Untersuchungen dazu stehen noch aus. Im Gegensatz dazu erzeugen die Männchen der Wachsmotten ein Pheromon, das die Weibchen sogar aus großen Entfernungen anlockt.

Zusammenfassend können wir feststellen, daß viele Schmetterlingsmännchen chemische Stoffe, sogenannte Pheromone, erzeugen, die als Aphrodisiaca im letzten Stadium der Werbung um die Weibchen abgegeben werden. Diese Pheromone sollen die Weibchen in einen paarungswilligen Zustand versetzen. Da jedoch mindestens ein Teil dieser Pheromone artspezifisch ist, verhindern sie gleichzeitig eine Paarung mit artfremden Weibchen.

Kleine Atempause zum Nachdenken

Es wäre nicht sehr verwunderlich, wenn der eine oder andere Leser, der bis jetzt treu die Untersuchungen an Einzellern, Wüstenasseln und Schmetterlingen verfolgt hat, langsam etwas unruhig würde und zu fragen begänne: Wie soll es nun eigentlich weitergehen? Könnten wir nicht endlich auch einmal ein paar größere Tiere, eine Katze, einen Hund, Elefanten oder Affen auf ihre Verständigungsmöglichkeiten hin untersuchen? Mit Wüstenasseln oder irgendwelchen Schmetterlingen »ins Gespräch zu kommen« – das reizt mich nun wirklich nicht. Und was sollen überhaupt die ausführlichen Informationen über Pheromone?

Kann man bei den bisher besprochenen Tieren überhaupt von Verständigung reden? Setzt Verständigung nicht Verstand, also ein verständiges Verhalten voraus? Die sogenannte Verständigung zwischen Monarchfaltermännchen und -weibchen, auch die Verständigung der Wüstenasseln, sind doch im Grunde genommen recht langweilige Vorgänge, langweilig insofern, als jedes Signal in ganz bestimmter, vorhersagbarer Weise eine Antwort, eine Reaktion auslöst. Den ganzen bisher erörterten Verständigungsweisen haftet etwas ungeheuer Starres, Schablonen- und Automatenhaftes an.

Diese Fragen und Einwände sind sicher berechtigt und verlangen eine Antwort. Es ist die erklärte Absicht des Autors, gründlich vorzugehen und dabei das vermutlich Einfache zuerst zu behandeln und sich das allem Anschein nach Schwierigere für später aufzusparen. Pheromone zum Beispiel sind für eine große Anzahl von Tieren eine ganz wesentliche Verständigungsweise; im Leben des Menschen spielen sie kaum eine bedeutende Rolle.

Da die Verständigung durch chemische Signale eine uralte »Erfindung« ist, die sich bis zum heutigen Tag hervorragend bewährt hat, wollen wir und müssen wir

Transfer: lat. Übertragung.

Weißlinge (Pieridae) sind eine Familie der Schmetterlinge. Bekanntester Vertreter ist der Kohlweißling.
Bläulinge (Lycaenidae) sind eine Familie der Schmetterlinge.

Edelfalter (Nymphalidae) sind eine Familie der Schmetterlinge. Bekannte Edel- oder Fleckenfalter sind Tagpfauenauge, Admiral, Kaisermantel und Schillerfalter.
Dickkopffalter (Hesperiidae) sind eine Familie kleinerer Schmetterlinge, die sowohl Ähnlichkeiten mit den Tagfaltern als auch mit den Nachtfaltern haben.

uns gerade mit dieser Verständigungsweise beschäftigen. Unsere Nase, kein besonders leistungsfähiges Sinnesorgang, macht es uns allerdings schwer, in die Welt der Düfte einzudringen.
Mit den Verständigungsweisen von höheren Tieren werden wir uns selbstverständlich auch noch befassen. Wir müssen uns dabei der Gefahr der Vermenschlichung immer bewußt bleiben. Natürlich können wir unseren Menschenstandpunkt nicht aufgeben, aber wir können und müssen uns dessen bewußt werden. Zum Beispiel stimmt ja unser einfaches Verständigungsschema ▷ nur für den Fall, daß diese Verständigung unter Tieren unbeobachtet abläuft. Sobald der Naturforscher aber beobachtet, wird der Informationsaustausch zwischen Tieren angezapft. Der Beobachter muß nun versuchen, die für ihn zunächst unverständlichen Signale zu entschlüsseln und zu interpretieren.
Man bringt also auch hier den Menschen nicht aus dem Spiel, außer man wollte diese ganzen Vorgänge weiterhin unerforscht, unentdeckt und damit für den Menschen unzugänglich lassen. Unser Menschsein steht uns überall im Wege, es ist aber das einzige Instrument, mit dem wir verstehend und begreifend in das Reich der Natur eindringen können. Verständigung unter Menschen ist bekanntlich ein ungeheuer vielschichtiger und verwickelter Vorgang. Sobald der Leser dieses Buch in die Hand nimmt und aufschlägt, beginnt ein Kommunikationsvorgang zwischen ihm und dem Autor. Der Leser bemüht sich, den Autor zu verstehen, der Autor wird sich bemühen, sich mit Hilfe dieses Buches verständlich zu machen. Obwohl wir die gleiche Sprache sprechen und schreiben, wissen wir, wie schwer es schon ist, sich unter Menschen gleicher Sprache zu verstehen. Jedes Wort, jeder Satz, auch wenn er klar und deutlich ausgesprochen oder geschrieben ist, kann je nach Erfahrung, Intelligenz, Bildungsstand oder Gemütslage des anderen einen abweichenden, etwas anderen Sinn haben oder erhalten. Es ist deshalb besser, wenn wir uns mit der Verständigung einfacher Tiere befassen. Bei ihnen ist die notwendige Unvoreingenommenheit viel eher gegeben als bei Tieren, die uns nahestehen und uns ständig zu Vergleichen mit dem Menschen herausfordern, deren Verhalten unser Gefühl anspricht.
Verständigung soll »verständlich machen« bedeuten. Die einfachen Signale, die in klarer Form eine bestimmte Reaktion nach sich ziehen, sollen deshalb am Anfang stehen. Eben das Starre, das Schablonen-, Automatenhafte der Kommunikation unter einfacheren Tieren wird es uns erleichtern, in die vielfältigen Verständigungsmöglichkeiten der Tiere einzudringen. Damit ist natürlich nicht gesagt, daß diese Tiere Automaten sind. Sicher haben höhere Tiere mehr Wahlfreiheit in ihrer Reaktion auf bestimmte Signale; am größten und breitesten ist die freie Entscheidung beim Menschen. Aber auch wir Menschen handeln in bestimmten Situationen nicht selten automatenhaft.
Doch kehren wir nun zu unserem eigentlichen Thema, zur Verständigung der Tiere, zurück und werfen wir noch einen Blick auf ein Tier, das sich durch Töne verständigt und doch keine Ohren besitzt.

Siehe die Grafik auf Seite 13 oben rechts.

Auf den richtigen Ton kommt es an

Lähmendes Entsetzen verbreiteten die deutschen Sturzkampfbomber, die sogenannten Stukas, im Zweiten Weltkrieg, wenn sie sich mit ihrer Bombenlast vom Himmel stürzten. Um die demoralisierende Wirkung zu verstärken, hatten die Stukas zwischen Fahrwerk und Tragfläche Sturzflugsirenen eingebaut, die ein ohrenbetäubendes Geheul erzeugten.
Winzige Mini-Stukas aus dem Insektenreich stürzen sich an warmen Sommerabenden ebenfalls mit entnervendem Sirren auf ihre Opfer. Nur die Weibchen

der Stechmücken oder Schnaken belästigen uns als Blutsauger. Die Männchen sind harmlose Pflanzensauger oder nehmen keine Nahrung zu sich.
Das Sirren der Weibchen kommt durch die rasche Flügelbewegung zustande, es ist ihr Flugton. 300mal in der Sekunde bewegen weibliche Stechmücken ihre Flügel auf und ab und erzeugen dadurch einen Ton mit 300 Schwingungen in der Sekunde. Man sagt, sie erzeugen einen Ton mit 300 Hertz ▷. Die Männchen, die man leicht an ihren buschigen Fühlern erkennt – die Weibchen haben nur einfache, fadenförmige Fühler –, erzeugen einen anderen Flugton. Und zwar liegt die Tonhöhe ihres Flugtons mit 500 Hertz wesentlich höher.
Die männlichen Stechmücken vereinigen sich zu Schwärmen. Sobald eine weibliche Stechmücke in einem Abstand von 1 bis 2 Meter an dem Schwarm männlicher Tiere vorbeifliegt, lösen sich einige männliche Stechmücken aus dem Verband und fliegen das weibliche Tier gezielt an. Durch Versuche fand man heraus, daß es der Flugton des weiblichen Tieres ist, auf den die Männchen ansprechen. Verwunderlich ist nur, daß die Männchen, die im Schwarm fliegen, den verhältnismäßig schwachen Flugton eines einzelnen Weibchens überhaupt wahrnehmen können. Die vielen hundert oder tausend Tiere, die in einem Schwarm zusammen fliegen, machen nämlich für Schnakenbegriffe einen »Heidenlärm«, der den entfernten Flugton eines Weibchens eigentlich glatt übertönen müßte. Noch verwunderlicher wird das Ganze, wenn man Schnaken auf ihre Hörorgane hin untersucht. Sie haben nämlich gar keine, sie sind eigentlich taub. Schnaken hören also ihren eigenen Fluglärm nicht. Aber wie sollen sie dann den leisen Flugton eines Weibchens vernehmen?
Nach langem Rätseln und vielen Versuchen entdeckte man, daß nur Männchen mit intakten Fühlern auf den Flugton des Weibchens ansprechen. Männchen, de-

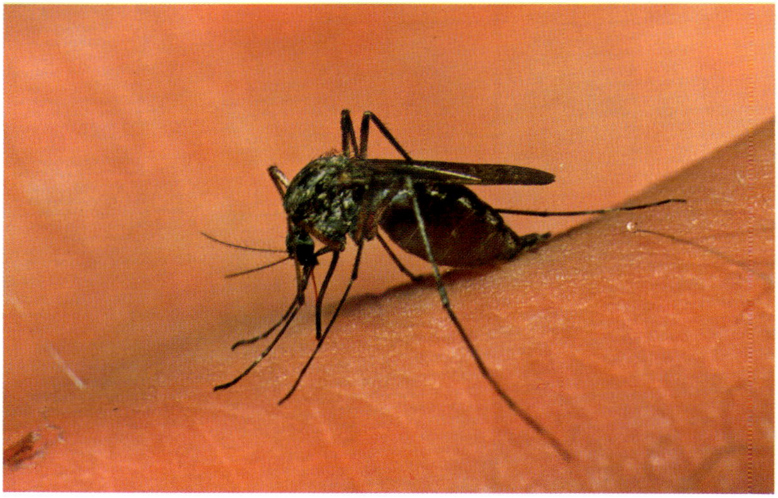

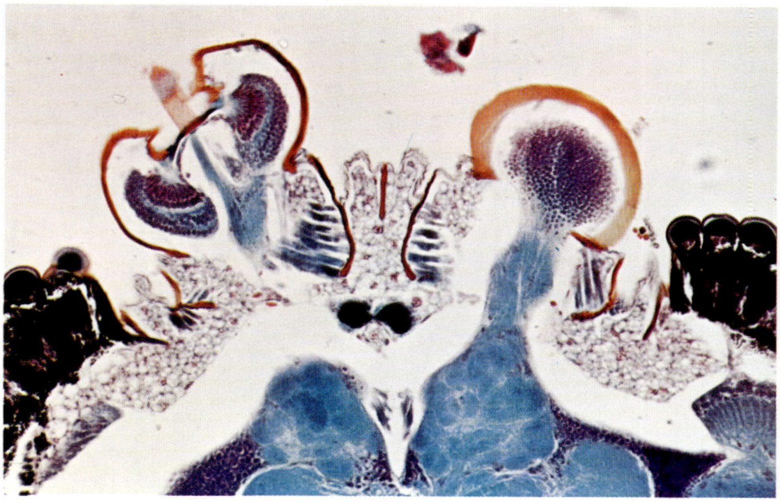

ren Fühler beschädigt oder ganz entfernt sind, zeigen keinerlei Reaktion auf vorbeifliegende Schnakenweibchen. Das Geheimnis hängt also ohne Zweifel mit den buschigen Fühlern der Männchen zusammen.

Erinnern wir uns, daß der Flugton der weiblichen Schnaken bei 300 Hertz liegt. Wenn männliche Schnaken tatsächlich auf 300 Hertz reagieren, dann müßte man eigentlich Schnakenmännchen mit einer Stimmgabel von 300 Hertz anlocken können.

Im Versuch ist das ganz eindeutig nachzuweisen. Schlägt man eine Stimmgabel von 300 Hertz Eigenschwingung an, so streben alle männlichen Schnaken im Raum zielgerichtet auf die Stimmgabel zu. Ja, es gelingt sogar, durch Singen in der richtigen Tonhöhe den weiblichen Flugton nachzuahmen und damit Schnakenmännchen vor das Gesicht, sogar bis in den Mund hinein zu locken. Aber womit und wie nimmt das Schnakenmännchen den Flugton des Weibchens wahr? Anscheinend mit den Fühlern.

Kehren wir nochmals kurz zur Stimmgabel zurück. Nicht nur, wenn man sie direkt anschlägt, sondern auch durch ankommende Töne kann eine Stimmgabel zum Mitschwingen angeregt werden, sofern diese Töne die gleiche Schwingung (Frequenz) wie die Gabel haben. Die Eigenschwingung der Stimmgabel und die Frequenz der ankommenden Töne müssen genau gleich sein, dann schwingt die Stimmgabel »in Resonanz« mit den ankommenden Schallwellen.

Funktionieren die Fühler der Männchen vielleicht wie Stimmgabeln? Betrachtet man die Resonanzkurve des Fühlers einer männlichen Stechmücke ▷, so sieht man, daß der Resonanzbereich des Fühlers tatsächlich bei 300 Hertz liegt. Zugleich zeigt sich, daß Schwingungen mit 500 Hertz (Eigenflugton) keinerlei Resonanz des Fühlers hervorrufen. Das aber bedeutet, daß Schnakenmännchen ihrem eigenen Flugton gegenüber völlig taub sind, ihn nicht vernehmen, auf den

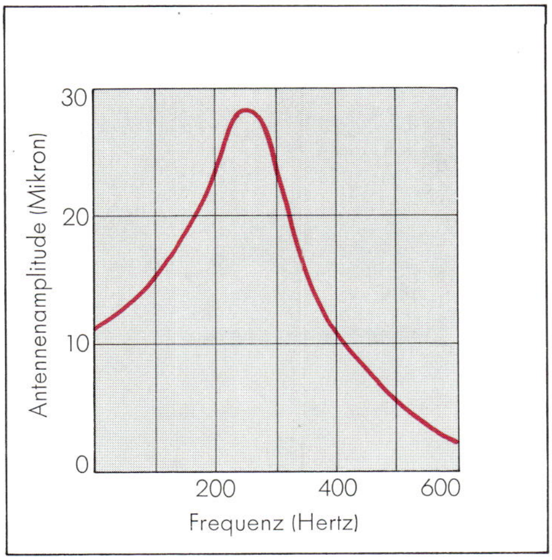

□ Rechts: Die Resonanzkurve des Fühlers einer männlichen Stechmücke. Durch experimentelle Fehlerquellen hat die Resonanzkurve ihre Spitze bei etwa 250 Hertz und nicht, wie zu erwarten wäre, bei 300 Hertz.

Flugton des Weibchens jedoch sofort ansprechen, weil der Fühler bei 300 Hertz in Eigenschwingung gerät. Zwar ändert sich der Flugton der Schnaken in Abhängigkeit von der Lufttemperatur, doch werden diese geringfügigen Schwankungen dadurch ausgeglichen, daß sich der Resonanzbereich der Fühler des Männchens ebenfalls und zwar gleichsinnig mit der Temperatur ändert.

Sehen wir uns nun die Fühler der Schnakenmännchen noch etwas genauer an. Am Grund, dort, wo sie am Kopf entspringen, stecken sie in großen, halbkugeligen Gebilden, den sogenannten Johnstonschen Organen.

Um den Feinbau dieser Organe zu verstehen, wollen wir uns einen umgedrehten, aufgespannten Regenschirm als Modell nehmen. Der Schirmstock entspricht dem Fühler, die Schirmstäbe entsprechen Chitinstäbchen, die vom Fühler abgespreizt in den Halbkugeln stecken.

Wenn sich der Fühler bewegt, wird die Bewegung wie über Hebel auf die Chitinstäbchen übertragen. Die Chitinstäbchen sitzen im Gewebe des Johnstonschen Organs, das reichlich Sinneszellen und Nervenzellen enthält. Bei den Bewegungen der Chitinstäbchen werden die Sinneszellen einmal gestaucht, einmal gezerrt. Das Ganze ist also ein Ver-

Heinrich Hertz (1857–1894), Professor für Physik in Karlsruhe und Bonn.

Siehe die Grafik auf dieser Seite oben.

□ Linke Seite:
Links oben: Ein Stechmückenweibchen beim Blutsaugen.
Links Mitte: Der Kopf eines Stechmückenmännchens von unten gesehen. Man erkennt die großen Augen und kurz darüber (auf dem Bild nach links) die Johnstonschen Organe als kleinere, kugelförmige Gebilde am Grund der büschelartigen Fühler.
Links unten: Mikroskopischer Schnitt durch den Kopf eines Stechmückenmännchens. Besonders auf der linken Seite sieht man das einer eingedellten Kugel gleichende Johnstonsche Organ.

stärkermechanismus, um schwache Bewegungen und Schwingungen wahrnehmen zu können.
Mit den Fühlern und den Johnstonschen Organen haben die Schnakenmännchen also einen auf 300 Hertz trennscharf eingestellten Empfänger für Schallschwingungen und sind dadurch in der Lage, die Weibchen an ihrem Flugton zu orten und zu finden. Der Flugton der Weibchen als Signal zum Finden der Geschlechter hat den Vorzug, daß er durch Luftströmungen, die Duftstoffe wegführen könnten, nicht beeinträchtigt wird. Gegenüber einem optischen Kommunikationsmittel hat der auf Schwingungen ansprechende Fühler einen weiteren Vorteil: Er funktioniert auch noch bei Dämmerung oder völliger Dunkelheit.

Grille mit Erdbebenmeßgerät

Ich liege im Gras auf dem Rücken und blinzle in den vor Licht und Hitze flimmernden Sommerhimmel. Ein kaum merklicher Wind treibt den süß-herben Duft des Thymians und der Wolfsmilch über die Steppenheide eines Berges der Schwäbischen Alb. Das Zirpen unzähliger Grillen hängt als unwirkliche Schwingung zwischen Himmel und Erde. Nur einer der schwarzen Musikanten ist mir so nah, daß ich meine, er führte sein Konzert direkt neben meinem Ohr auf. Um die Grille beobachten zu können, versuche ich, mich vorsichtig herumzudrehen und etwas aufzurichten. Doch sogleich verstummt die Grille und nimmt ihr Zirpen erst nach einigen Minuten wieder auf.
Dabei ist die Grille gegen Geräusche nicht sehr empfindlich. Sprechen, Summen oder Singen machen ihr nichts aus. Wenn ich aber nur ganz leicht auf den Boden klopfe, verstummt sie augenblicklich. Sie scheint die Erschütterungen des Erdbodens wahrnehmen zu können. Auch bei anderen Insekten, etwa bei Heuschrecken und Küchenschaben, hat man einen sehr feinen Erschütterungssinn feststellen können.
Hansjochem Autrum ▷ entdeckte, daß Schaben die winzige Schwingungsweite des Untergrundes von 10^{-9} Zentimeter wahrnehmen. Was sind 10^{-9} Zentimeter? Das ist ein milliardstel Zentimeter, eine unvorstellbar kleine Strecke. Sie entspricht $^{1}/_{5}$ des Abstandes zwischen einem Wasserstoffkern und der Bahn seines Elektrons. Aber auch dieser Vergleich sagt uns wenig. Wir wollen einmal in Gedanken die Schwingungsweite so stark vergrößern, daß wir sie mit bloßem Auge gut sehen könnten, also auf 0,5 Millimeter. Die Körperlänge einer Schabe, die in Wirklichkeit etwa 2 Zentimeter ausmacht, betrüge bei einer Vergrößerung im gleichen Maßstab 4000 Kilometer; das ist die Entfernung vom Nordkap bis nach Sizilien.
Wie mit einem superfeinen Erdbebenmeßgerät kann die Schabe die winzigen Schwingungen des Erdbodens registrieren, die ihr die Annäherung eines Feindes melden und es ihr ermöglichen, sich rechtzeitig in ihren Schlupfwinkel zurückzuziehen. Diese erstaunliche Leistung des Erschütterungssinnes nötigt uns auch dann noch erhebliche Bewunderung ab, wenn wir erfahren, daß das Trommelfell im Menschenohr auf Schwingungsweiten von annähernd gleicher Größenordnung ansprechen kann.
Wie sieht nun aber ein solches Sinnesorgan aus? Man findet es gleich unter dem Knie des Insektenbeins, im obersten Teil der Schiene. Sein Bau ist verhältnismäßig einfach: Zwischen der Wand des Beins und den Luftröhrchen, die im Bein verlaufen ▷, ist ein dünnes Segel ausgespannt. In diesem Segel befinden sich viele Sinneszellen. Wenn der Untergrund in Schwingungen versetzt wird, schwingt auch das Bein des Insekts. Auch das Innere des Beins schwingt ebenso wie die Luftröhrchen und das Segel. Dessen Schwingungen werden von den Sinneszellen wahrgenommen und weitergemeldet. Dabei wirkt das Segel wie ein Verstärker, indem es die Schwingungen erst um das Hundertfa-

Hansjochem Autrum, geb. 1907, Professor für Zoologie, ab 1958 Nachfolger Karl von Frischs an der Universität München; sein Hauptarbeitsgebiet ist die vergleichende Nerven- und Sinnesphysiologie.

Rechte Seite:
Über die Balz der Kreuzspinnen finden sich nähere Angaben in Band 1 dieser Reihe, Seite 81.

Rechte Seite:
Ocypode ceratophthalma.

Rechte Seite:
Siehe auch Seite 97.

Linke Seite:
Insekten und andere Gliederfüßler besitzen ein weit verzweigtes Luftröhren- oder Tracheensystem im Körper, das zur Atmung dient.

che verstärkt, ehe sie von den Sinneszellen aufgenommen werden.
Die meisten Insekten besitzen keine derartigen Erschütterungssinnesorgane und können dennoch Schwingungen oder Erschütterungen gut wahrnehmen. Dazu dienen entweder die Fühler, die – wie wir schon bei den Schnaken gesehen haben – mit Hilfe des Johnstonschen Organs Schwingungen aufnehmen können, oder Haare, die am Körper der Insekten sitzen und sowohl direkte Tastreize wie auch Schwingungen der Luft oder des Untergrundes wahrnehmen können.
Erschütterungsreize dienen den Insekten und anderen Gliederfüßlern auch zur Verständigung. Spinnenmännchen zupfen bei der Balz an den Fäden im Netz des Spinnenweibchens ◁. Krabben, die auf dem Land leben, schlagen mit ihren Scheren auf den Boden oder trommeln mit den Beinen. Die Reiterkrabbe ◁ kann damit auf über 7 Meter Entfernung Signale an Artgenossen übermitteln. Termiten schlagen mit ihrem Körper auf den Boden, wenn sie von Feinden gestört werden. Das veranlaßt die übrigen Termiten zur Flucht in die tiefer gelegenen Teile ihres Baues. Verschüttete Ameisen erzeugen durch eine Art Zirpen Schwingungen, die noch durch Erdschichten von 5 Zentimeter Dicke hindurch von anderen Ameisen wahrgenommen werden, worauf sie beginnen, ihre verschütteten Artgenossen auszugraben ◁. Hungrige Wespenlarven kratzen mit ihren Kiefern an den Wänden ihrer Zellen. Dies veranlaßt die Wespenarbeiterinnen, die Larven zu füttern.

Fische mit Blinklicht – sekundengenau

Wenn sich nach einem glutheißen Tag die Nacht über die Sinai-Wüste senkt und die letzten Reflexe der untergehenden Sonne über das klare Wasser des Roten Meers huschen, dann verblaßt mit dem schwindenden Licht auch die Formen- und Farbenpracht des Riffs nahe der Küste. Doch was ist das? Aus der Tiefe, dem schon nachtschwarzen Abgrund, irrlichtert es. Narrt uns ein Taucher, der noch mit seiner Taschenlampe den felsigen Meeresgrund ableuchtet? Sollte um diese Zeit noch ein Unterwasserfotograf mit Blitzlicht und Kamera auf Pirsch sein? Abend für Abend geschieht das gleiche, bis tief in die Nacht hinein.
Einige Meeresbiologen, besonders der amerikanische Forscher J. W. Hastings und seine Mitarbeiter, sind diesen geisterhaften Erscheinungen nachgegangen. Sie fanden den Urheber. Es ist ein bei Tag ziemlich unauffälliger Fisch, einer der unzähligen Riffbewohner. Das besondere an ihm ist ein Leuchtorgan unterhalb seines Auges. Dieses Leuchtorgan beherbergt leuchtende Bakterien, die fast ständig Licht erzeugen ▷.
Um das Licht auszuschalten, besitzt der Fisch eine schwarze Haut, die er wie

Die Fähigkeit von Tieren, Licht zu erzeugen, nennt man »Biolumineszenz«. Siehe dazu das Kapitel »Die Blinkfeuer der Glühwürmchen« in Band 1 dieser Reihe, Seite 20–22, und die Grafik ebenda auf Seite 38.

□ Erschütterungssinnesorgan im Bein einer Schabe. Das segelartig ausgespannte Sinnesorgan und die Nerven sind gelb gezeichnet. Dahinter liegen die Luftröhren (blaugrau). Zwei weitere Sinnesorgane sind zu sehen: Das eine (orange) nimmt Spannungsänderungen der chitinversteiften Haut (braun) wahr und kann auch auf langsame Schwingungen ansprechen. Wozu das rot gezeichnete Sinnesorgan dient, ist noch unbekannt.

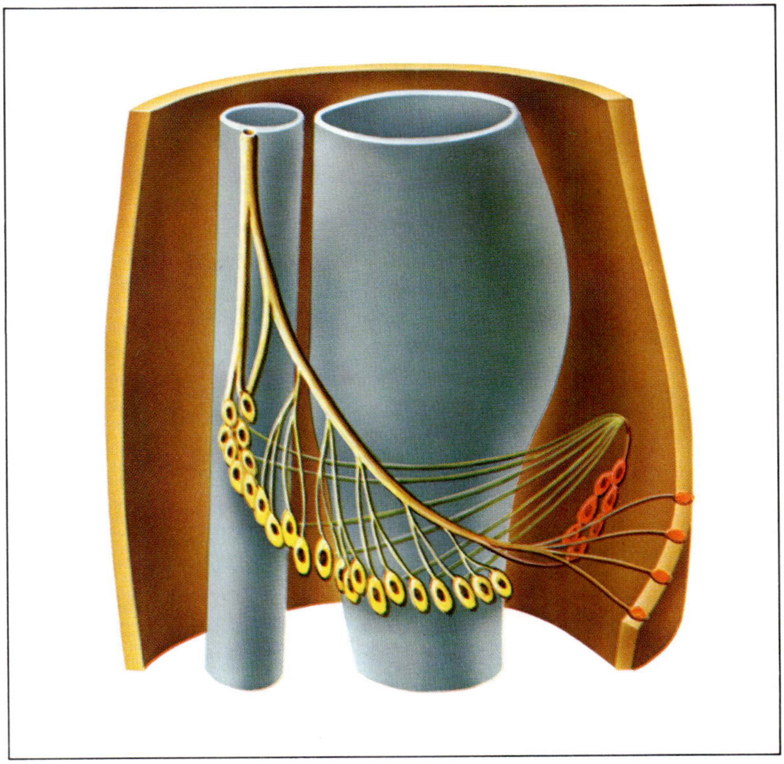

einen Vorhang blitzschnell vor sein Leuchtorgan ziehen kann, so daß kein Lichtschein mehr nach außen dringt. Durch kurzes Öffnen des Vorhangs entstehen kurze Lichtblitze. Sie dauern ziemlich genau 0,2 Sekunden lang an, das ist etwa die Dauer eines menschlichen Lidschlags. »Blitzlichtfisch« ist die treffende Bezeichnung für dieses Tier im anglo-amerikanischen Sprachbereich ▷. Wie oft hintereinander sendet nun der Fisch seine Lichtblitze aus? Das kann sehr verschieden sein. Oft folgt nur alle paar Sekunden ein Lichtblitz auf den anderen. Die schnellste Folge beträgt fünfzig Blitze pro Minute, also fast jede Sekunde ein Blitz. Diese verhältnismäßig schnelle Blitzfolge zeigt der Fisch, wenn er erregt ist. Wozu benützt nun der Blitzlichtfisch sein Blinklicht? Er soll, so glaubt der Forscher Hastings, damit Beutetiere anlocken, so wie die Fischer des Mittelmeers mit starken Lampen am Bug ihrer Schiffe bei Nacht auf Fang ausziehen. Das Licht des Blitzlichtfisches ist so stark, daß es den Fisch in die Lage versetzt, die angelockten Beutetiere zu sehen. Auch kann er damit seine Umgebung erleuchten, etwa um Feinde rechtzeitig erblicken zu können. Wie Beobachtungen zeigten, versteht es der Blitzlichtfisch, seine Feinde in Verwirrung zu bringen. Er flüchtet im Zickzack und läßt dabei sein Blinklicht während langsamer Fortbewegung eingeschaltet. Dann schaltet er ab und flüchtet schnell in eine ganz andere Richtung. Dieses Spiel kann er mehrmals hintereinander ausführen und sich wie ein hakenschlagender Hase seiner Feinde entledigen.
Wenn sich zwei Blitzlichtfische im Dunkeln einander nähern, dann blinken sie sich erregt an. Sollte das Blinklicht auch zur Verständigung der Fische untereinander benützt werden? Um diese Vermutung zu prüfen, baute ein Mitarbeiter von Hastings eine Blitzlichtfisch-Attrappe. Mit einem Lämpchen konnte er Blinksignale erzeugen. Er beobachtete, wie Blitzlichtfische auf das Blinken des künstlichen Artgenossen ansprachen. Als er bei diesen Versuchen die Blinksignale etwas abwandelte, stoben die Fische plötzlich in wilder Panik nach allen Seiten auseinander. Auf ein anderes Blinksignal hin rückten die gleichen Fische zu einem Schwarm dicht zusammen. Offensichtlich können die Blitzlichtfische mit einer Art Blinksprache Alarmsignale an ihre Artgenossen aussenden.
Die Untersuchungen darüber, wie sich Blitzlichtfische untereinander verständigen, dauern noch an. Es ist zu vermuten, daß es noch weitere Verständigungsmöglichkeiten durch Blinksignale gibt.

Der wissenschaftliche Name dieses Tieres ist Photoblepharon palpebratus steinitzi.

Obwohl wir noch Hunderte von Beispielen für Kommunikation zwischen Tieren anführen könnten, wollen wir hier einhalten. Die wenigen Beispiele zeigen uns schon deutlich, daß Tiere mit sehr unterschiedlichen Signalarten – Düfte, Töne, Erschütterungen, Blinklicht – Verbindung zu Artgenossen herstellen und daß die wichtige Aufgabe der Empfänger für die ausgesandten Signale von Sinnesorganen übernommen wird.

Im folgenden Kapitel wollen wir uns nun etwas genauer mit den verschiedenartigen Signal- und Empfangseinrichtungen der Tiere befassen und vor allem in Erfahrung bringen, wie die aufgefangenen Signale zum Gehirn weitergeleitet werden, zur Zentrale, in der die Signale gedeutet und beantwortet werden.
Die Verbindungskabel zwischen Empfänger und Zentrale sind Nervenleitungen, über die in Form von Nervenerregungen Signale aus der Umwelt des Tieres transportiert werden. Aber was ist das überhaupt – eine Nervenerregung?

Sinne melden, Nerven leiten weiter

Im Jahre 1791 experimentierte der italienische Arzt und Naturforscher Luigi Galvani ▷ mit Fröschen und entdeckte dabei, daß zwischen elektrischen Vorgängen und den Vorgängen im Nerv Zusammenhänge bestehen. Es bedurfte jedoch der Erfindung einiger technischer Geräte in diesem Jahrhundert, um diese Dinge überzeugend nachzuweisen. Erst mit Hilfe des Kathodenstrahloszillographen und guter Verstärker war es möglich, die schwachen und sich schnell ändernden elektrischen Spannungen in den Nerven zu messen.

Luigi Galvani (1737–1798), italienischer Arzt, später Professor an der Universität Bologna.

Mit Elektronik im Labor

Der Kathodenstrahloszillograph ist eine Art Fernsehbildröhre. Von einer Glühkathode geht ein Elektronenstrahl durch eine Öffnung in der Anode, wird dann gebündelt und gelangt auf den Leuchtschirm, auf dem er als heller Lichtfleck sichtbar wird. An zwei in der Röhre befindliche Plattenpaare kann man elektrische Spannungen anlegen. Durch die entstehenden elektrischen Felder wird der Kathodenstrahl abgelenkt. Das eine Plattenpaar bewirkt eine waagerechte (Horizontal-)Ablenkung, das andere eine senkrechte (Vertikal-)Ablenkung. An die Platten, die die waagerechte Ablenkung bewirken, legt man eine gleichmäßig ansteigende Spannung an, die nach Erreichen eines Höhepunktes wieder auf Null zurückgeht und dann aufs neue ansteigt.
Durch diese Ablenkung bewegt sich der Lichtpunkt vom linken Rand des Bildschirms zum rechten Rand, entsprechend dem Ansteigen der ablenkenden Spannung. Mit dem Zurückspringen dieser Spannung auf Null springt auch der Lichtfleck wieder zum linken Rand zurück und beginnt dann seine Wanderung über den Bildschirm von neuem. An die Platten für die senkrechte Ablenkung wird die Spannung angelegt, die man messen und beobachten will. Durch diese Spannungen wird der Kathodenstrahl nach oben oder nach unten ausgelenkt. In Verbindung mit der waagerechten Ablenkung beginnt dann der Lichtfleck Kurven auf den Bildschirm zu zeichnen, die aus diesen waagerechten und senkrechten Ablenkungen zusammengesetzt sind ▷.

Siehe dazu die Grafik auf Seite 35 oben.

Die zu messenden Spannungen müssen allerdings immer mindestens einige Volt betragen, es bedarf darum der vorher erwähnten vielfachen Verstärkung der ursprünglich schwachen Spannungen an den Nerven. Die Ablenkung des Elektronenstrahls ist frei von Trägheit im Gegensatz zum Meßwerk auch der empfindlichsten Zeigerinstrumente. So war es erst nach diesen Fortschritten in der Elektrotechnik und der Elektronik möglich, die Vorgänge bei der Nervenerregung aufzuklären.
Um die feinen Ströme von den Nerven abzunehmen und abzuleiten, benützt man Elektroden. Das sind im einfachsten Fall dünne Stahlnadeln. Das Schaltbild einer solchen elektrophysiologischen Apparatur ist in der Abbildung auf Seite 38 dargestellt. Ganz so einfach wie es in dieser Abbildung aussieht, ist es in Wirklichkeit allerdings nicht. Zum Beispiel darf kein nennenswerter Strom von den Elektroden zum Verstärker fließen, sonst würden sich die in den Nerven ge-

bildeten Spannungen sofort ändern oder total zusammenbrechen. Man kann deshalb nur Verstärker benutzen, die einen sehr hohen Eingangswiderstand ▷ haben.
Durch diesen hohen Eingangswiderstand wirkt nun aber jede Elektrode wie eine Antenne und nimmt alle möglichen Störungen auf. Der Verstärker macht keinen Unterschied zwischen Störungen und der vom Nerv kommenden Spannung, und so kann es sein, daß die vom Nerv ausgehende Spannung vor lauter Störungen nicht mehr zu erkennen ist. Beseitigen lassen sich diese Störungen nur, indem man die Versuchsapparatur und die Zuleitungen durch einen Käfig aus geerdetem Drahtgeflecht, einen sogenannten Faraday-Käfig ▷, abschirmt.
Ein weiteres Problem entsteht aus der Verwendung von zwei verschiedenen Verstärkertypen. Es gibt nämlich Gleichspannungs- und Wechselspannungsverstärker. Der Gleichspannungsverstärker verstärkt ganz gleichmäßig. Der Kurvenverlauf der zu verstärkenden Spannung bleibt voll erhalten. Der Wechselspannungsverstärker dagegen verstärkt nur eine sich rasch ändernde Spannung. Gleichbleibende Spannungen werden nicht verstärkt. Dadurch wird der Kurvenverlauf verzerrt und läßt nur indirekt Schlüsse auf die zu verstärkende Spannung zu. Die Frage, warum man dann überhaupt Wechselspannungsverstärker verwendet, ist berechtigt. Der Grund dafür ist, daß Wechselspannungsverstärker viel billiger sind und sich leichter bedienen lassen.
Zusätzliche Probleme entstehen durch die Elektroden. Verwendet man dünne Metalldrähte als Elektroden, so entstehen beim Eintauchen der Elektroden in Salzlösungen schwache Spannungen. Taschenlampenbatterien erzeugen ihren Strom aus dieser Wechselwirkung von Metallen mit Salzlösungen. Da alle Körperflüssigkeiten der Organismen Salzlösungen sind, entstehen bei der Verwendung von Metallelektroden immer solche schwachen Spannungen, die das Meßergebnis verfälschen können. In Verbindung mit Wechselspannungsgleichrichtern können Metallelektroden benutzt werden, da diese Verstärker ja nur auf Spannungsänderungen ansprechen, die gleichbleibende Grundspannung aber nicht registrieren.
Mit Gleichspannungsverstärkern können nur Elektroden verwendet werden, die selbst keine Spannungen erzeugen, sogenannte nichtpolarisierbare Elektroden. Das sind zum Beispiel Silberdrähte, die mit einer Silberchloridschicht überzogen sind. Die allerdünnsten Elektroden sind nicht aus Metall. Man füllt haarfeine Glasröhrchen mit einer Salzlösung. Da Salzlösungen ebenfalls den elektrischen Strom leiten, können solche feinen Glasröhrchen als Elektroden dienen.

Erste Versuche

Für die ersten Versuche, die wir in Gedanken mit unserer elektrophysiologischen Versuchsapparatur ausführen wollen, benötigen wir eine ganz gewöhnliche Nervenfaser ▷. Wir wählen eine möglichst dicke Nervenfaser, damit wir leicht damit hantieren können. Die dicksten Nervenfasern hat ein verhältnismäßig kleines Tier, nämlich der Tintenfisch. Bei ihm kann eine einzige Nervenfaser etwa 0,5 Millimeter dick sein. Für den ersten Versuch benötigen wir nur ein kurzes Stück einer solchen Riesennervenfaser.
Wir legen das Riesennervenfaserstück für diesen Versuch in Meerwasser. Als Elektroden dienen eine Glaskapillare und eine größere, nicht polarisierbare Elektrode. Die Glaskapillare ist mit konzentrierter Kaliumchloridlösung gefüllt und dadurch stromleitend. In die obere Öffnung der Glaskapillare taucht ein mit Silberchlorid überzogener Silberdraht ein. Dadurch ist auch die ganze Glaselektrode nicht polarisierbar.
Zu Beginn des Versuches tauchen beide Elektroden in das Meerwasser ein. Der Oszillograph zeigt wie erwartet keinen

Der Eingangswiderstand muß mindestens 1 MΩ (Megohm) = 10^6 Ω (Ohm) betragen.

Der Faraday-Käfig, nach dem englischen Physiker und Chemiker Michael Faraday (1791–1867) benannt, schirmt sein Inneres gegen elektrische Felder ab.

Die wissenschaftliche Bezeichnung dafür lautet Axon.

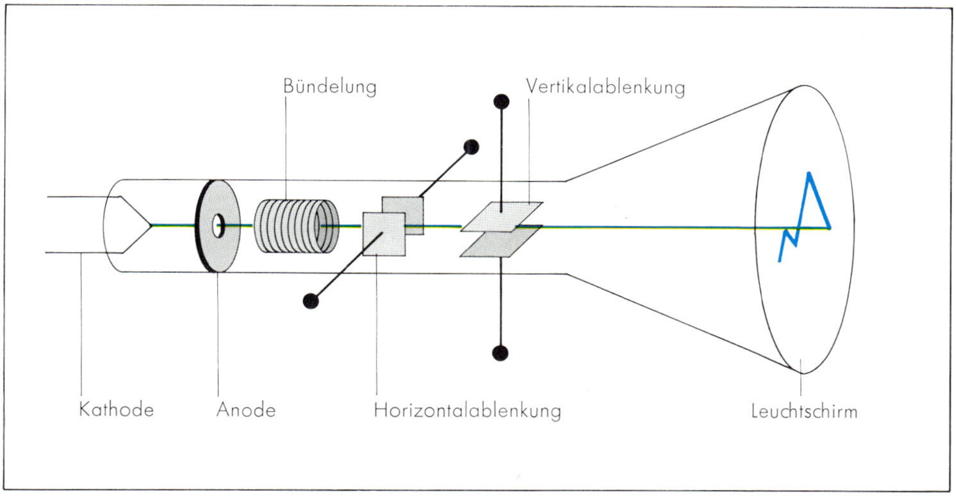

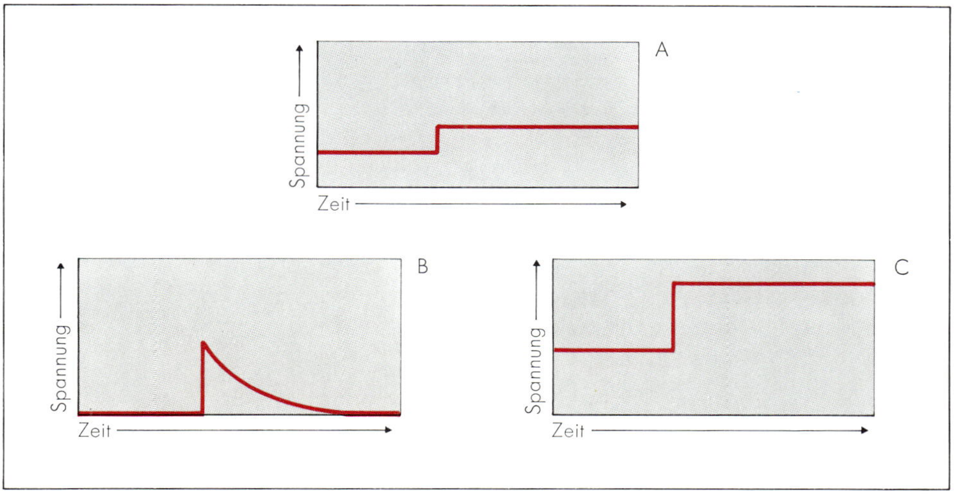

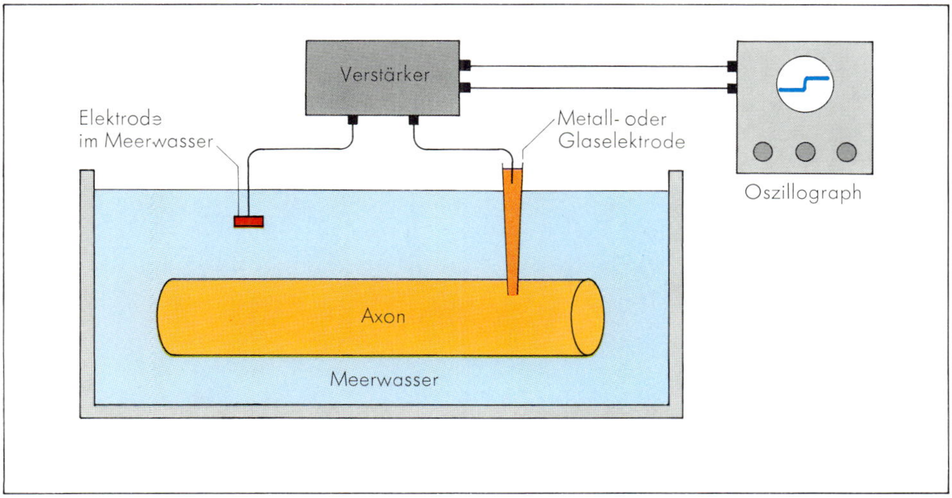

□ Oben: Kathodenstrahlröhre. Grün: Kathodenstrahl; blau: Die vom Kathodenstrahl auf dem Leuchtschirm erzeugte Kurve.
Nähere Erläuterungen dazu im Text auf Seite 33.
Mitte: A. Verlauf einer vorgegebenen Spannung, die verstärkt werden soll.
B. Spannungsverlauf nach Verstärkung auf das Doppelte mit einem Wechselspannungsverstärker.
C. Spannungsverlauf nach Verstärkung auf das Doppelte mit einem Gleichspannungsverstärker.
Näheres im Text auf Seite 34.
Unten: Versuchsanordnung zur Messung des Ruhepotentials.

Spannungsunterschied an. Nun schiebt man mit einem Mikromanipulator ▷ die Glaselektrode auf die Nervenfaser zu. In dem Augenblick, in dem die Glaskapillare in die Nervenfaser eingestochen wird, zeigt der Oszillograph eine Spannung von 50 bis 90 Millivolt ▷ an. Diese Spannung ändert sich nicht, solange die Spitze der Glaselektrode im Inneren der Nervenfaser ist. Dabei ist das Innere der Faser negativ, die Außenseite positiv elektrisch geladen. Diese Spannung zwischen außen und innen nennt man »Ruhespannung« oder »Ruhepotential«. Wie kommt dieser Spannungsunterschied zustande?

Im Inneren der Nervenfaser findet man hauptsächlich positiv geladene Kaliumionen und negativ geladene, organische Ionen ▷ . Außerhalb der Nervenfaser sind hauptsächlich positiv geladene Natriumionen und negativ geladene Chloridionen vorhanden. Das Innere und Äußere der Nervenfaser ist also durch die ungleiche Verteilung verschiedener Ionen gekennzeichnet. Wie kommt diese ungleiche Verteilung der Ionen zustande?

Membranen sind, sehr vereinfacht gesagt, wie Siebe gebaut. Durch die Poren der Membran können Ionen hin- und herwandern und dadurch zwischen innen und außen einen Konzentrationsausgleich herstellen. Bei einer Membran mit entsprechend großen Poren würden sich also bald außen und innen etwa gleich viel Natrium-, Kalium-, Chlorid- und organische Ionen befinden.

Nun ist aber die Membran der Nervenfaser für die verschiedenen Arten von Ionen nicht gleichermaßen durchlässig. Sie läßt Kalium- und Chloridionen leichter durch als Natrium- und organische Ionen. Trotzdem müßte sich allmählich ein gewisser Ausgleich einstellen. Dieser Ausgleich wird durch eine ganz besondere Eigenschaft der Membran verhindert: Die von außen nach innen eindringenden Natriumionen werden ständig wieder nach außen, die von innen nach außen wandernden Kaliumionen ständig wieder nach innen befördert. Diese aktive Transportleistung der Nervenfasermembran wird als »Natrium-Kalium-Pumpe« bezeichnet, obwohl der Ausdruck »Pumpe« etwas irreführend ist. Nirgends in der Nervenfaser befindet sich eine Pumpe. Die Membran selbst »pumpt« – sie vollbringt eine aktive Leistung, bei der sie nachweisbar Energie verbraucht.

Halten wir uns nochmals vor Augen: Im Ruhezustand ist eine Nervenfaser außen positiv, innen dagegen negativ geladen. Der meßbare Spannungsunterschied von rund 70 Millivolt wird »Ruhepotential« genannt. Das »Ruhepotential« kommt durch einen aktiven Ionentransport durch die Membran hindurch zustande. So wird eine ungleiche Verteilung der Ionen außerhalb und innerhalb der Nervenfaser hergestellt (Natrium-Kalium-Pumpe). Das Ergebnis dieses Vorgangs ist die Anhäufung von Natrium- und Chloridionen außen und von Kaliumionen und organischen Ionen innen.

Die Membran der Nervenfaser ist für Kalium- und Chloridionen leichter durchlässig als für Natriumionen und organische Ionen. Deshalb wandert ein Teil der Kaliumionen nach außen und ein Teil der Chloridionen nach innen. Dadurch entsteht außen ein Überschuß an positiver Ladung und innen ein Überschuß an negativer Ladung. Grob gesagt, kann man die Nervenfaser mit einer Taschenlampenbatterie vergleichen und so die ruhende Nervenfaser als eine Ionenbatterie bezeichnen.

Vereinfacht könnte man auch sagen, daß die Membran die Ursache für die ungleiche Verteilung der Ionen außen und innen ist, und zwar »aktiv« durch ihre Transporttätigkeit und »passiv« durch ihre unterschiedliche Durchlässigkeit für Ionen.

Schauen wir uns diese Membran noch etwas genauer an. Sie ist außerordentlich dünn, sie hat eine Wandstärke von nur

Ein Mikromanipulator ist ein Gerät, mit dem man unter dem Mikroskop kleine und genaue Bewegungen ausführen kann.

1 Millivolt = 1 tausendstel Volt.

Ionen (griech. Wandernde) sind elektrisch geladene Teilchen, die aus neutralen Atomen oder Molekülen durch Aufnahme oder Abgabe von Elektronen entstehen.

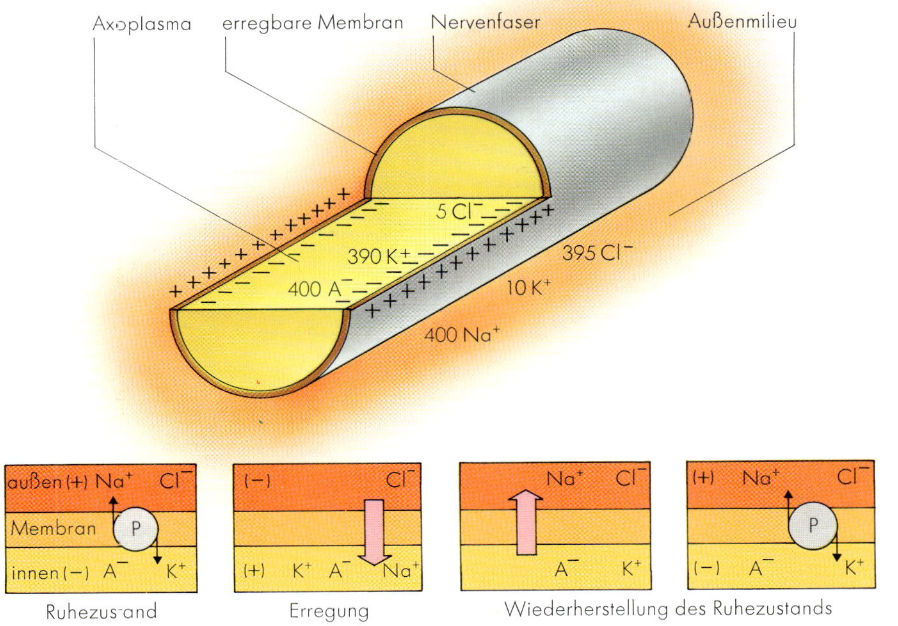

□ Oben: Das Zustandekommen des Ruhepotentials durch die ungleiche Verteilung verschiedener Ionen. Unten: Wiederherstellung des Ruhepotentials nach einem Aktionspotential durch die Ionenpumpe (P). A^-: Eiweißionen, die zu groß sind, um durch die Membran zu wandern; Cl^-: Chlorionen; K^+: Kaliumionen; Na^+: Natriumionen.

8 millionstel Millimeter. Sie besteht aus einer Doppelschicht von Eiweiß- und Lipoidmolekülen und enthält winzige Löcher, von denen jedes einen Durchmesser von nur 2 zehnmillionstel Millimeter hat.

Diese Löcher, die man sich besser als dünne Kanäle vorstellt, sind so eng, daß die Kaliumionen, die nur einen dünnen Wassermantel ▷ besitzen, hindurch können. Die Natriumionen haben eine dicke Wasserhülle und kommen deshalb kaum durch diese engen Durchlässe. Selbst für die Kaliumionen sind die Kanäle so eng, daß sie nur immer zu zweit oder zu dritt, gewissermaßen im Gänsemarsch, hindurchgelangen können. In entgegengesetzter Richtung, nämlich von außen nach innen, müßten sich im Laufe eines längeren Zeitraums schließlich auch so viele Natriumionen durch die engen Durchlässe gezwängt haben, daß die ungleiche Verteilung der Ionen ausgeglichen wäre. Diese Vorgänge finden tatsächlich an einer abgestorbenen oder vergifteten Nervenfaser statt. Als Folge kann man dann beobachten, daß das Ruhepotential allmählich auf Null absinkt.

In der lebenden Zelle dagegen werden die eingedrungenen Natriumionen wieder hinausgeworfen (Natriumpumpe) und die hinausgewanderten Kaliumionen wieder nach innen gebracht (Kaliumpumpe). Der aktive Transport erfordert Energie, zu deren Bereitstellung Sauerstoff nötig ist. Wir verstehen jetzt schon, weshalb ein Nerv, dem nicht genügend Sauerstoff zur Verfügung steht, sein Ruhepotential nicht aufrechterhalten kann.

Im Wasser gelöste Ionen umgeben sich mit einem Wassermantel, da sie durch ihre elektrische Ladung die Wassermoleküle aufgrund ihrer Dipoleigenschaften anziehen. Kleine Ionen, wie zum Beispiel das Na^+-Ion, üben eine stärkere Anziehung aus und haben deshalb eine dickere Wasserhülle als größere Ionen, wie das K^+-Ion.

Ein Nerv wird erregt

Wir erweitern nun unsere Versuchsanordnung, mit der wir das Ruhepotential der Nervenfaser entdeckt haben. In der Nähe der ersten Kapillarelektrode stechen wir eine weitere Kapillarelektrode in die Nervenfaser ein. Eine zusätzliche Elektrode lassen wir in das umgebende Meerwasser eintauchen. Die beiden neuen Elektroden sind nicht mit dem Verstärker verbunden, wir können sie jedoch mit einer schwachen Gleichstromquelle verbinden. Wenn wir nun eine schwache Gleichstromspannung von einigen Millivolt an die beiden zusätzlichen Elektroden anlegen, so stellen wir fest, daß sich das vom Oszillographen angezeigte Ruhepotential erniedrigt, daß es sich also der Null-Linie nähert.

Je höher die angelegte Spannung ist, um so stärker sinkt die Ruhespannung ab. Ist die Ruhespannung aber auf etwa 60 Millivolt abgefallen, so ereignet sich etwas Dramatisches. Der Bildschirm des Oszillographen zeigt förmlich einen Kurzschluß an. Der Lichtfleck macht einen starken Ausschlag nach oben, um sich dann wieder auf den normalen Wert des Ruhepotentials einzustellen. Diesen kurzen, heftigen Ausschlag bezeichnet man als »Aktionsspannung« oder »Aktionspotential«, auch als »Spike« ▷ oder »Impuls«.

Diese Spikes sind auf dem Bildschirm immer gleich hoch, egal wie stark die Spannung ist, die sie ausgelöst hat. Entscheidend ist, daß die Spannung den sogenannten Schwellenwert von etwa 60 Millivolt erreicht. Sobald dieser Wert erreicht ist, kommt ein Aktionspotential zustande, und zwar stets von gleicher Amplitude ▷.

Die Verhältnisse liegen also ganz ähnlich wie bei einer Haustürklingel: Wenn man den Klingelknopf sehr zaghaft drückt, ertönt kein Klingelzeichen. Man hat den Schwellenwert noch nicht erreicht. Drückt man ein wenig stärker, überschreitet also den Schwellenwert, so fängt die Klingel an zu läuten. Durch noch heftigeres Drücken auf den Klingelknopf kann man kein stärkeres Läuten der Klingel erreichen. Die Haustürklingel folgt also ebenso wie das Aktionspotential der Nervenfaser dem sogenannten Alles-oder-Nichts-Gesetz.

Wie kommen diese Aktionspotentiale aber zustande und wozu dienen sie? Die Forscher Alan Lloyd Hodgkin und Andrew Fielding Huxley stellten fest, daß durch die Erniedrigung des Ruhepotentials die Durchlässigkeit der Membran für Natriumionen verbessert wird. Dabei bleibt jedoch, ehe der Schwellenwert erreicht wird, die Durchlässigkeit der Membran für Natriumionen immer noch geringer als die für Kaliumionen. Erst nach Überschreiten des Schwellenwertes wird die Durchlässigkeit für Natriumionen größer als die für Kaliumionen. Somit strömen nun mehr Natriumionen nach innen als Kaliumionen nach außen. Dadurch verringert sich das Ionenungleichgewicht, und als dessen Folge verringert sich die Spannung zwischen innen und außen.

Als Folge der verringerten Spannung wird die Durchlässigkeit für Natriumionen noch größer, schließlich können sie 500mal leichter eindringen als vorher und strömen als nicht aufzuhaltende Lawine in das Innere der Nervenfaser ein. Diese Teilchen bringen soviel positive Ladungen mit, daß das Innere positiv und das Äußere negativ wird. Das Einströmen der Natriumionen bewirkt also nicht nur einen Kurzschluß, sondern sogar eine Umladung der Membran.

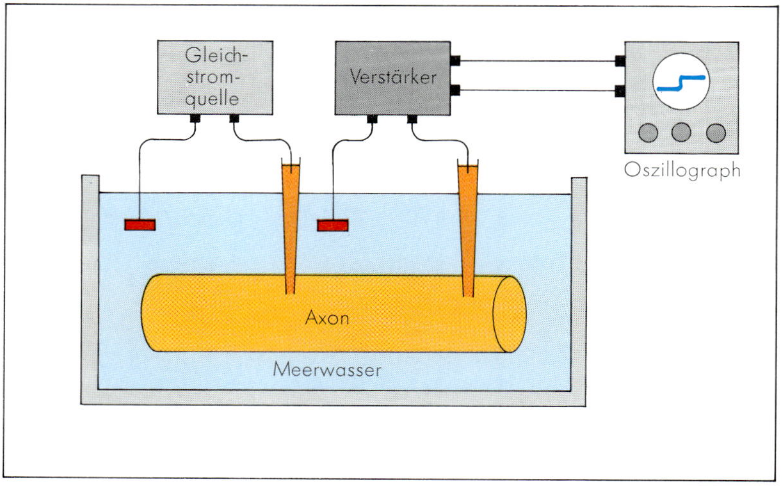

□ Schaltbild mit zweitem Elektrodenpaar.

Spike: engl. Spitze oder Stachel.

Amplitude: lat. Weite; Schwingungsweite oder Ausschlag.

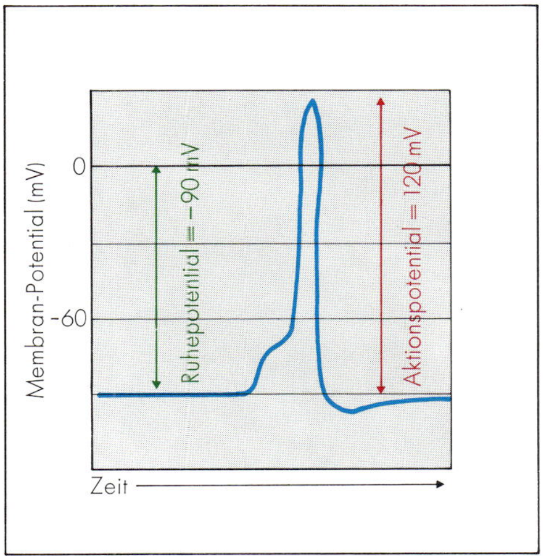

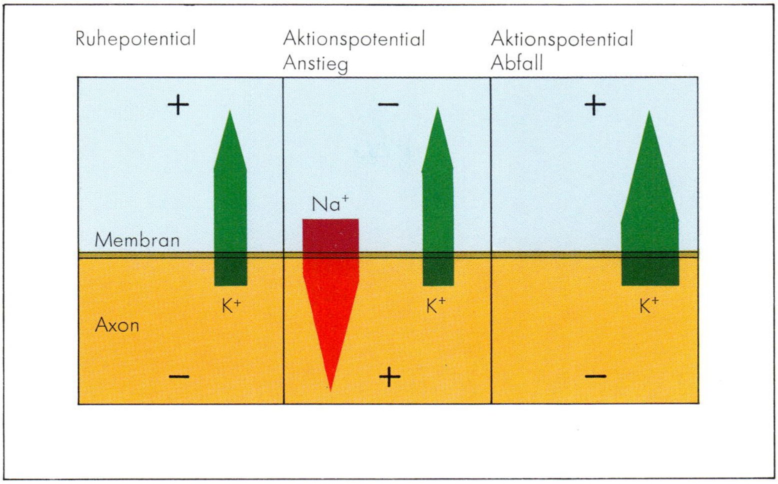

Man nennt dies eine »Umpolarisierung« oder ein »Überschußpotential«. Die Membran ist nun umgekehrt geladen. Allerdings verebbt der Natriumioneneinbruch schon nach ganz kurzer Zeit, denn nur ein bis zwei Millisekunden lang dauert die Durchlässigkeit der Membran für Natriumionen.
Auch für Kaliumionen ist die Membran in dieser Zeit erhöht durchlässig, sogar noch länger als für Natriumionen. Diese über längere Zeit ausströmenden Kaliumionen können nun die Außenseite der Membran besetzen und dadurch das Ruhepotential wieder herstellen. Diesen Vorgang nennt man auch »Repolarisation«. Das ganze Aktionspotential dauert nicht länger als ein Tausendstel einer Sekunde. Einen drastischen Beweis dafür, daß Aktionspotentiale durch das Einströmen von Natriumionen in die Nervenfaser zustandekommen, erhielten Forscher, als sie die Wirkung eines ungemein starken Giftes untersuchten.
In Japan gilt der Kugelfisch Fugu als besondere Delikatesse, obwohl die Eingeweide, besonders die Gallenblase, ein starkes Gift enthalten, das dreimal so stark ist wie das Gift der Kobra. Das Fleisch des Fisches ist ungiftig und soll köstlich schmecken. Wird der Fisch jedoch vor der Zubereitung nicht sauber ausgenommen und sorgfältig ausgewaschen oder beschmutzt die Gallenflüssigkeit auch nur ein wenig das Fleisch, so kommt es beim Verzehr des Fisches unweigerlich zur tödlichen Vergiftung. Der Vergiftete erstickt, weil seine Atemmuskeln keine Nervenimpulse mehr erhalten. Durch Versuche hat man herausgefunden, daß das Gift dieses Kugelfisches, das Tetraodotoxin, an den Nervenfasern den Einstrom von Natriumionen blockiert.
Weinbergschnecken sind merkwürdigerweise ganz und gar unempfindlich gegen das Gift des Fugu. Der Grund für diese Resistenz stellte sich bei der Untersuchung der Nervenfasern der Weinbergschnecke heraus: In der Nervenfaser dieses Weichtiers finden sich – und das ist des Rätsels Lösung – keine Natrium-, sondern Kalziumionen. Da das Tetraodotoxin ein ausgesprochener Natriumionenblocker ist, kann es den Kalziumionen der Weinbergschnecke nichts anhaben.

Erklärungsschwierigkeiten

Bei den Versuchen mit der Nervenfaser können wir feststellen, daß es nicht möglich ist, während eines Aktionspotentials ein neues Aktionspotential auszulösen. Erst wenn nach einem Aktionspotential die Ruhespannung wieder erreicht ist, kann ein neues Aktionspotential erfol-

□ Links: Ruhe- und Aktionspotential.
Nähere Erläuterung dazu im Text auf Seite 38.
Rechts: Ionenströme bei Ruhe- und Aktionspotential. Die Dicke der Pfeile zeigt die Menge der durch die Membran hindurchtretenden Ionen an. Der Rücktransport der Ionen durch die Ionenpumpe ist hier nicht dargestellt.

gen. Man nennt den Zeitraum, in dem die Nervenfaser vorübergehend nicht erregbar ist, die »Refraktärzeit«.
Es soll nicht verschwiegen werden, daß bei unseren Erklärungen einige Denkschwierigkeiten auftauchen, zum Beispiel wenn wir der Frage nachgehen, wie die Natriumionen durch die Membran eindringen. Wir haben uns das Ruhepotential so erklärt, daß die Kanäle in der Membran gerade so groß sind, daß die kleineren Kaliumionen hindurchkönnen, während die dickeren Natriumionen draußen bleiben müssen und sich so vor der Membran aufstauen. Beim Aktionspotential dringen aber die Natriumionen durch die Membran, solange die Kaliumionen noch an ihrem Platz bleiben.
Diese Erklärung ist nicht ganz einleuchtend. Wenn sich die Durchlässe durch die Membran zu Beginn eines Aktionspotentials einfach nur ausweiten würden, dann müßten beide Ionenarten sofort die Membran durchdringen können, da sie beide angehäuft und frei beweglich vor der Membran auf eine günstige Gelegenheit lauern, auf die andere Seite zu gelangen. Es müßten also gleichzeitig die Natriumionen nach innen und die Kaliumionen nach außen strömen. Warum das für die Kaliumionen nicht zutrifft, hat auch den Forschern starkes Kopfzerbrechen bereitet. Im folgenden Erklärungsversuch geben sie eine mögliche Antwort auf die Frage, warum die Natriumionen die Membran nicht aus eigener Kraft durchdringen, sondern von Trägermolekülen hindurchbefördert werden.
Während des Ruhepotentials stehen alle Träger bereit. Zu Beginn des Aktionspotentials transportieren sie die Natriumionen durch die Membran ins Innere. Dort laden sie die Natriumionen ab. Erst nach einer gewissen »Erholungszeit« können die Trägermoleküle wieder aktiviert werden, um dann erneut ihre Schleppertätigkeit auszuführen. Auf dem Höhepunkt der Depolarisation sind gewissermaßen alle Träger ausgefallen, es gibt also keine Transportmöglichkeit für Natriumionen mehr.
Diese Vorstellung würde auch erklären, warum während dieser Zeit die Nervenfaser refraktär, also nicht erregbar ist. Erst wenn die Faser wieder ihr Ruhepotential erreicht hat, stehen auch wieder genügend Träger bereit, um einen erneuten Natriumionentransport ausführen zu können, was ja die Voraussetzung für den Ablauf eines erneuten Aktionspotentials ist. Dieser Erklärungsversuch, die sogenannte Hypothese des Natriumträgersystems, ist ein Denkmodell, das erst durch weitere Forschungen bewiesen oder widerlegt werden muß.

Weiterleitung der Erregung

Doch zurück zu den Aktionspotentialen. Wozu dienen sie eigentlich? Was wird durch sie bewirkt? Ein weiterer Versuch soll uns darüber Aufschluß geben.
Wir verwenden für unseren Versuch ein frisches Stück einer Riesennervenfaser. Diesmal stechen wir jedoch die Elektroden nicht ins Innere, sondern begnügen uns damit, zwei Elektroden in einem gewissen Abstand außen an der Faser anzulegen. Diese Elektroden verbinden wir mit Verstärker und Oszillograph. Am Ende der Nervenfaser befestigen wir nun entweder außen oder durch Ein-

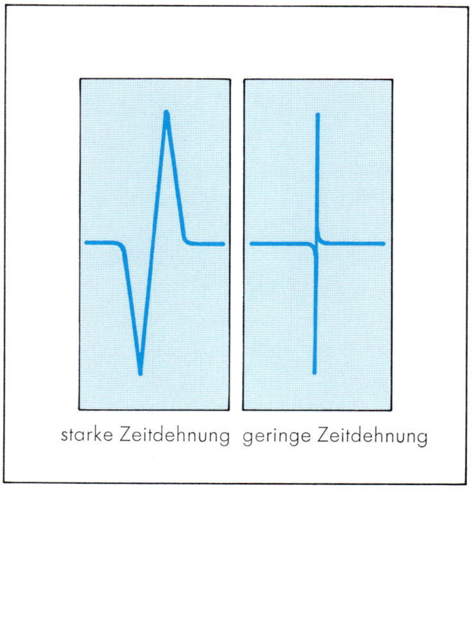

□ **Aktionspotentiale auf dem Bildschirm.**

stich eine weitere Elektrode, die wir mit einer Gleichstromquelle verbinden. Diese Elektrode soll uns als Reizelektrode dazu dienen, ein Aktionspotential durch Überschreiten des Schwellenwertes auszulösen.
Sobald wir über unsere Reizelektrode ein Aktionspotential auslösen, zeigt der Schirm des Oszillographen ein Bild, das offensichtlich durch ein sich längs der Nervenfaser ausbreitendes Aktionspotential zustandegekommen ist. Der Ausschlag nach unten entstand, als die erste Elektrode ein Aktionspotential registrierte. Die Kurve geht wieder gegen Null, wenn die Aktionswelle die erste Elektrode schon passiert, die zweite aber noch nicht passiert hat.
Sobald das Aktionspotential die zweite Elektrode erreicht hat, zeigt der Oszillograph einen Ausschlag nach oben. Der Ausschlag muß nach oben erfolgen, weil nun die linke Elektrode wieder positiv und die rechte negativ ist. Wie aber können wir uns die Ausbreitung eines Aktionspotentials erklären?
Wenn sich an einer Stelle der Nervenfaser ein Aktionspotential ereignet, so grenzen an dieser Stelle innerhalb der Nervenfaser positiv und negativ geladene Stellen direkt aneinander. Es entstehen Ausgleichsströmchen, die kräftig genug sind, um das Ruhepotential der benachbarten Bereiche unter den Schwellenwert zu erniedrigen, so daß dann auch hier ein Aktionspotential entsteht. Dies wiederum hat die Ausgleichsströmchen an den nächsten benachbarten Bezirken zur Folge, worauf ein weiteres Aktionspotential ausgelöst wird. Auf diese Weise kann sich ein Aktionspotential an einer Faser entlang ausbreiten.
Unter den künstlichen Bedingungen unseres Versuchs kann sich die Erregung der Nervenfaser nach beiden Richtungen gleich gut ausbreiten. Unter natürlichen Bedingungen kommt das nicht vor, da die Erregung immer nur von einem Ende der Faser ihren Ausgang nimmt.
Weil die erregten Stellen kurzzeitig nicht erregbar, also refraktär sind, wird eine weitere Erregung in diese Richtung blockiert. Man kann die Fortleitung des Aktionspotentials auch einen »wandernden Kurzschluß« nennen. Der Impuls wird ja immer wieder in voller Höhe ausgelöst, es gilt auch hier das Alles-oder-Nichts-Gesetz. Das hat den großen Vorteil, daß es beim Weiterschreiten der Aktionspotentiale keine Abschwächung gibt. Wir haben somit herausgefunden, daß die Weiterleitung von Erregungen im Nerv durch eine fortschreitende Serie von Aktionspotentialen zustandekommt.
Wir verstehen jetzt auch, warum der Vergleich der Nerven mit elektrischen Drähten oder Kabeln in vielen Punkten nicht stimmt. Das Kabel leitet den elektrischen Strom mit Lichtgeschwindigkeit ▷. Im Nerv ist die Fortleitungsgeschwindigkeit viel geringer, hier hängt die Geschwindigkeit davon ab, wie schnell die Aktionspotentiale nacheinander ablaufen. So sind im Nerv Geschwindigkeiten von »nur« einigen Metern in der Sekunde gemessen worden. Dafür läuft die Nervenerregung ohne Abschwächung in gleicher Stärke durch, während ein elektrischer Strom im Kabel bei seiner Weiterleitung ständig an Stärke abnimmt. Die Leitung im Kabel

Die Lichtgeschwindigkeit beträgt rund 300 000 km pro Sekunde.

□ Die Weiterleitung eines Aktionspotentials. Die Pfeile stellen die Ausgleichsströmchen dar.

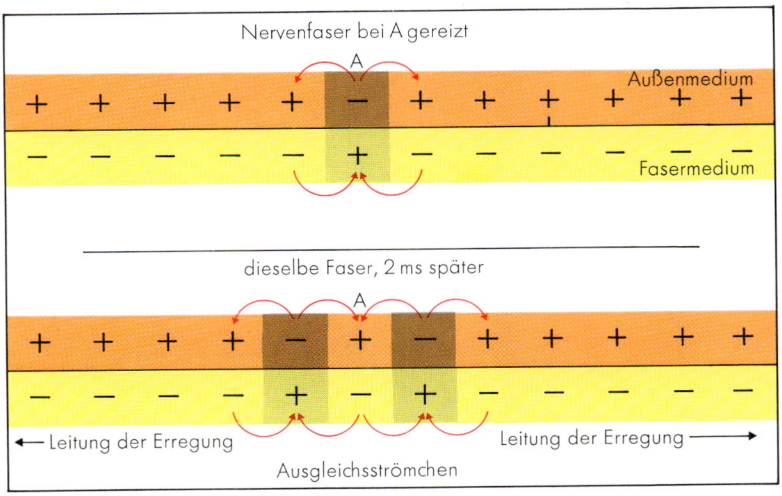

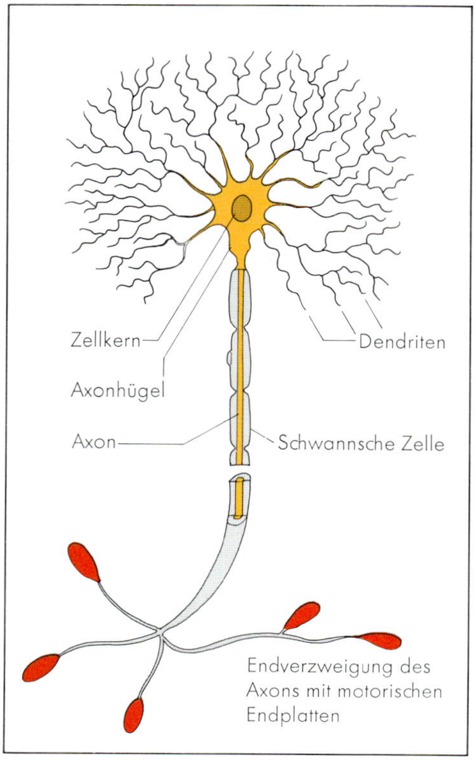

□ Eine Nervenzelle mit ihren Fortsätzen.

ist ein rein elektrischer Vorgang, während die Weiterleitung der Nervenerregung ein vorwiegend chemischer Vorgang ist, an dem elektrische Vorgänge mitbeteiligt sind.
Fassen wir nochmals zusammen: Ein Aktionspotential kommt zustande, wenn die Ruhespannung unter den Schwellenwert erniedrigt wird, worauf es durch das lawinenartige Einströmen von Natriumionen in die Nervenfaser zu einer Umpolarisierung kommt. Dieser Vorgang folgt dem Alles-oder-Nichts-Gesetz. Solange nach einem Aktionspotential die Ruhespannung nicht wieder erreicht ist, bleibt die Nervenfaser refraktär. Durch Ausgleichsströmchen kann ein Aktionspotential benachbarte Bezirke mitreißen. Die Weiterleitung von Erregungen im Nerv erweist sich als eine fortlaufende Serie von Aktionspotentialen.
Nun wollen wir uns eine Nervenfaser einmal unter dem Mikroskop ansehen. Besonderheiten können wir nicht daran erkennen. Verfolgen wir jedoch die Nervenfaser ein Stück weit, so kann es sein, daß wir irgendwo auf eine größere Zelle stoßen, von der unsere Nervenfaser ihren Ausgang genommen hat. Von dieser Nervenzelle entspringen noch viele andere Fortsätze. Einige davon sind kurz und verästelt. Man nennt sie nach ihrer Form »Dendriten« ▷. Die Nervenfaser, die wir verfolgt haben, ist sehr viel länger als die Dendriten und nicht verzweigt. Man nennt sie auch »Neurit« oder »Axon«. Das Axon entspringt an einer deutlich abgesetzten Stelle der Nervenzelle. Diese Stelle wird als »Axonhügel« bezeichnet. In der Nervenzelle ist der Zellkern zu erkennen. Die gesamte Einheit von Nervenzelle mit Dendriten und dem Neuriten wird als »Neuron« bezeichnet.

Dendriten: baumartig verästelte Fortsätze.

Untersuchen wir Neuriten von Wirbeltieren, so können wir feststellen, daß sie meistens nicht frei verlaufen wie die Riesennervenfasern der Tintenfische, sondern zu mehreren in den Körper einer anderen Zelle eingesenkt sind. Man nennt diese Zellen nach ihrem Entdekker »Schwannsche Zellen« ▷.

Schwannsche Zellen, benannt nach dem deutschen Naturforscher Theodor Schwann (1810–1882).

Diese Neuriten sind von einer dicken, mehrfachen Hülle umgeben, der Schwannschen Scheide oder Myelinscheide. Diese Myelinscheide entsteht, indem sich die Schwannsche Zelle um den Neuriten wickelt. Auf Querschnitten sieht man deutlich die vielen Lagen der Plasmamembran der Schwannschen Zelle. Da nun die Neuriten außerordentlich lang sein können, reicht eine Schwannsche Zelle nicht aus, um den Neuriten über seine ganze Länge einzuhüllen. Es sind dazu viele Schwannsche Zellen nötig, etwa auf jeden Millimeter eine andere. Die Grenzen zwischen den einzelnen Schwannschen Zellen machen sich durch Einschnürungen der Myelinscheide bemerkbar. Es sind die sogenannten »Ranvierschen Schnürringe« ▷. Neuriten, die in der genannten Weise mit einer Schwannschen Scheide um-

Ranviersche Schnürringe, benannt nach dem französischen Naturforscher Louis Antoine Ranvier (1835–1922).

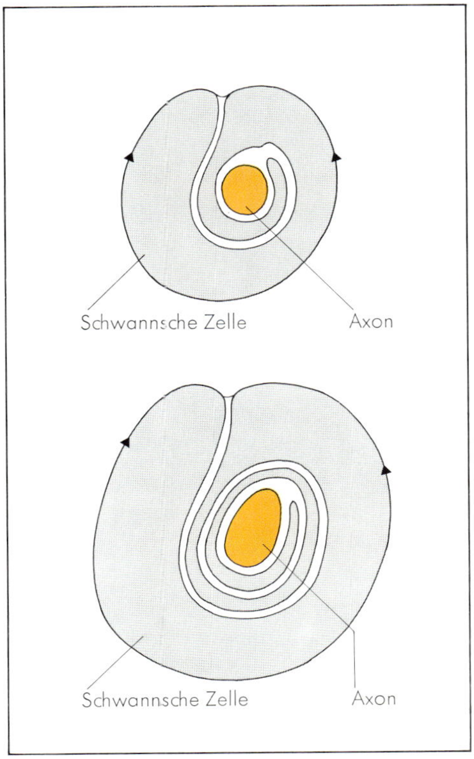

□ **Die Myelinscheide entsteht, indem sich die Schwannsche Zelle um das Axon wickelt.**

geben sind, werden als »markhaltige Nervenfasern« bezeichnet, im Gegensatz zu Nervenfasern, die keine solche Schwannsche Scheide haben; sie nennt man »marklose Nerven«. Bei genauerer Untersuchung der Erregungsleitung in den markhaltigen Nerven stellt sich heraus, daß diese Nerven eine besonders schnelle Erregungsleitung haben. Während in marklosen Neuriten Erregungsgeschwindigkeiten von einigen Zentimetern in der Sekunde bis zu 25 Meter in einer Sekunde gemessen wurden, erreichen markhaltige Neuriten Geschwindigkeiten bis zu 120 Meter in der Sekunde.

In den markhaltigen Neuriten kann im Bereich der Myelinscheiden bei Erregung kein Aktionspotential nachgewiesen werden. Nur in den schmalen Bereichen der Ranvierschen Schnürringe sind Aktionspotentiale festzustellen. Ionen können dennoch nur an den Schnürringen zwischen außen und innen ausgetauscht werden, die dazwischen liegenden Bezirke sind durch die Myelinscheide nach außen förmlich isoliert. Diese Isolation erleichtert andererseits die Weiterleitung von Ausgleichsströmchen von Schnürring zu Schnürring. Die Nervenerregung wird also in den markhaltigen Nerven so weitergeleitet, daß nur an den Schnürringen Aktionspotentiale entstehen, die dann durch Ausgleichsströmchen zum nächsten Schnürring weitergegeben werden. Dabei ist die Weiterleitung durch die Ausgleichsströmchen ein elektrischer und damit ein schneller Vorgang. Man sagt, die Erregung hüpft von Schnürring zu Schnürring und nennt sie deshalb »saltatorische Nervenleitung« ▷.

Saltatorisch: lat. sprunghaft.

Dies erklärt uns nun die größere Leitungsgeschwindigkeit der markhaltigen Fasern. Darüber hinaus hat die saltatorische Erregungsleitung den großen Vorzug, daß mit viel weniger Aufwand gearbeitet wird. Es müssen nicht über die ganze Länge der Nervenfaser Ruhe- und Aktionspotentiale ablaufen, sondern nur an den schmalen Schnürringen. Da der Aufbau der Ruhepotentiale und der Ablauf der Aktionspotentiale Vorgänge sind, die Energie verbrauchen, wird in markhaltigen Nerven Energie eingespart.

Erregungsübertragung

Wir wissen jetzt, was ein Ruhepotential ist, was ein Aktionspotential ist und wie es sich an einer Nervenfaser entlang ausbreitet. Was geschieht jedoch mit einer Nervenerregung, nachdem sie eine Nervenzelle von Anfang bis Ende durchlaufen hat? Erlischt sie oder kann die Erregung auch von einer Nervenzelle auf die andere umgeschaltet werden?

Sehen wir uns nochmals einige Nervenzellen und ihre Ausläufer unter dem Mikroskop genau an. Wir entdecken, daß ein Axon oder Neurit sich am Ende verzweigt und daß die Endverzweigungen Knöpfchen tragen. Diese Endknöpfe legen sich dicht an den Zellkörper oder die

Dendriten einer anderen Nervenzelle an.
Da Nervenerregungen tatsächlich von einem Neuron auf ein anderes umgeschaltet werden können, haben wir hier die gesuchten Umschaltstellen vor uns. Man nennt sie »Synapsen«. Obwohl sich die Endknöpfe scheinbar dicht an den Zellkörper oder die Ausläufer eines Neurons anlegen, ist zwischen ihnen und der Membran des Neurons immer noch ein kleiner Spalt, der sogenannte »synaptische Spalt«. An einem einzelnen Neuron liegen meist unzählige Synapsen von anderen Neuronen. Nervenzellen können mit solchen Synapsen förmlich übersät sein.
Wie funktioniert nun die Erregungsübertragung von einer solchen Synapse auf das Neuron? Zuerst wurden die Synapsen zwischen Nervenfasern und Muskelfasern, die sogenannten »motorischen Endplatten«, untersucht. Diese Endplatten sind viel größer als sonstige Synapsen, sind aber grundsätzlich genauso gebaut. In den Endknöpfen finden sich viele Bläschen, die synaptischen Bläschen. Die Membran der Zelle, an die sich die Endknöpfe angelegt haben, ist im Bereich der Synapse verdickt. Wenn ein Aktionspotential vom Axon herkommend den Endknopf erreicht hat, so kann man in der darunterliegenden Muskelfaser eine Verringerung des Ruhepotentials feststellen. Dadurch wird in der Muskelfaser ein normales Aktionspotential ausgelöst, das sich ausbreitet und die Muskelfaser veranlaßt, sich zusammanzuziehen.
Zwischen dem Eintreffen eines Aktionspotentials am Endknopf und der Verminderung der Ruhespannung der Muskelfaser vergeht etwa eine Millisekunde. Würde die Erregung genauso über den Spalt hinweg geleitet werden wie am Axon entlang, müßte das viel schneller gehen. Eine elektrische Übertragung der Erregung vom Nerv zur Muskelfaser scheidet somit aus. Wie erfolgt dann aber die Erregungsübertra-

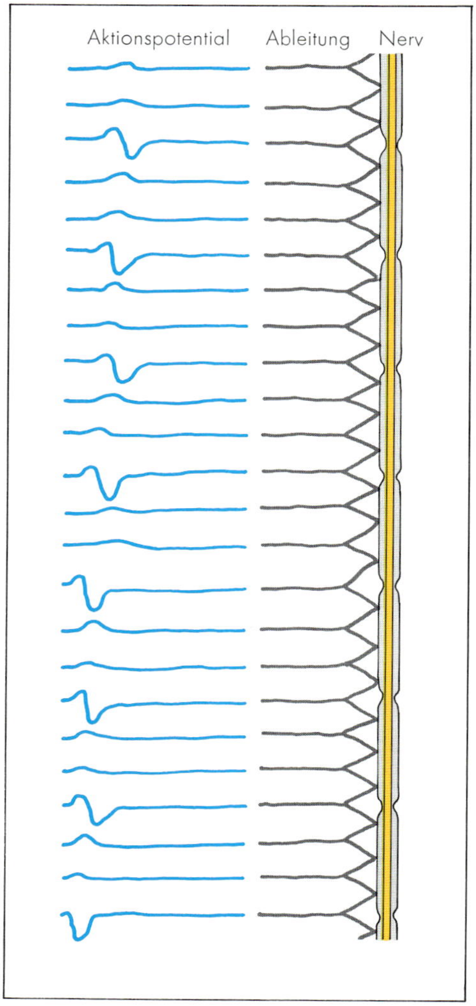

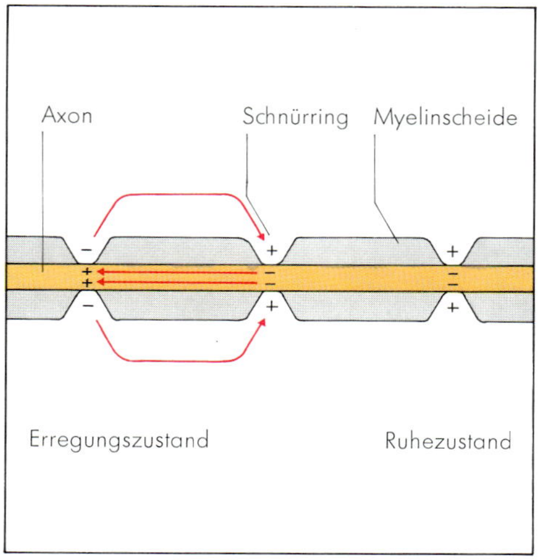

□ Oben: Saltatorische Erregungsleitung in markhaltigen Nerven. An einem markhaltigen Nerv (in der Abbildung rechts; Nerv = gelb; Myelinscheide = grau) werden an verschiedenen Stellen Elektroden angelegt (»Ableitung«) und diese mit einem Verstärker und einem Oszillographen verbunden. Die auf dem Leuchtschirm erscheinenden Bilder (blau) zeigen, daß echte Aktionspotentiale nur an den Schnürringen festzustellen sind. Näheres im Text auf Seite 43.
Unten: Saltatorische Erregungsleitung in einer Nervenfaser. Die Pfeile geben die Ausgleichsströmchen an. Nähere Erläuterungen dazu im Text auf Seite 43.

Rechte Seite:
Acetylcholin entsteht im Organismus durch Veresterung des Cholins mit Essigsäure. Es leistet die Reizübertragung am synaptischen Spalt und wirkt, im Blut verteilt, verlangsamend auf die Herztätigkeit und blutdrucksenkend.

□ Rechte Seite:
Oben: Der Zelleib und die Dendriten einer Nervenzelle sind mit einigen tausend Endknöpfen anderer Nervenzellen besetzt.
Mitte: Motorische Endplatte zwischen Nerv und Muskelfaser, nach einem elektronenmikroskopischen Bild gezeichnet.
Unten: Motorische Endplatten, die an quergestreiften Muskelfasern anliegen, im Lichtmikroskop.

gung zwischen Synapse und Neuron? Wenn man einen Muskel über seinen Nerv häufiger reizt, so kann man geringe Mengen eines chemischen Stoffes, des Acetylcholins, im Bereich des synaptischen Spalts nachweisen. Bringt man Acetylcholin künstlich in die Nähe einer Endplatte, so kann dort ein Potential ausgelöst werden. Das Acetylcholin scheint also eine Art Überträgerstoff ◁ zu sein.

Als man schließlich sogar in den synaptischen Bläschen Acetylcholin fand, erklärte man sich die Erregungsübertragung folgendermaßen: Ein Aktionspotential kommt an der Nervenendigung an und setzt dort aus den synaptischen Bläschen den Stoff Acetylcholin frei. Das Acetylcholin gelangt durch Diffusion über den Spalt zur Muskelfasermembran. Dadurch wird dort ein Aktionspotential ausgelöst. Das Acetylcholin wird dann durch ein Enzym in kurzer Zeit in Essigsäure und Cholin gespalten und dadurch unwirksam gemacht. Essigsäure und Cholin gelangen wieder in die Nervenendigung und werden dort erneut zu Acetylcholin aufgebaut. Das Acetylcholin wird in den synaptischen Bläschen gespeichert, womit der Kreislauf des Acetylcholins geschlossen ist.

Die Synapsen zwischen Nervenzellen arbeiten grundsätzlich genauso wie diejenigen zwischen Nervenzelle mit motorischer Endplatte und Muskelfaser. Als Überträgerstoffe kommen neben dem Acetylcholin noch Noradrenalin, Amino-Buttersäure und andere Stoffe vor.

Da diese Überträgerstoffe immer nur in den Endknöpfchen gebildet werden, kann die Erregung auch nur in dieser Richtung weiterschreiten. Die Synapsen haben dadurch eine Art Gleichrichterwirkung. Dies ist letztlich der Grund dafür, daß Nervenerregungen, die sich grundsätzlich nach beiden Richtungen eines Axons ausbreiten könnten, tatsächlich von den Nerven immer nur in einer Richtung weitergeleitet werden.

Eine einzelne Synapse, die eine Nerven-

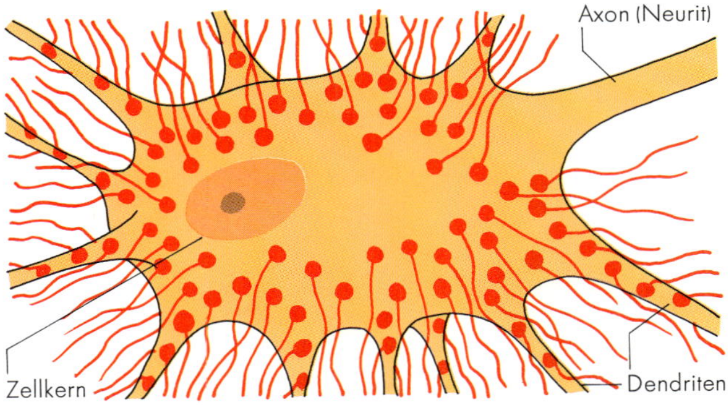

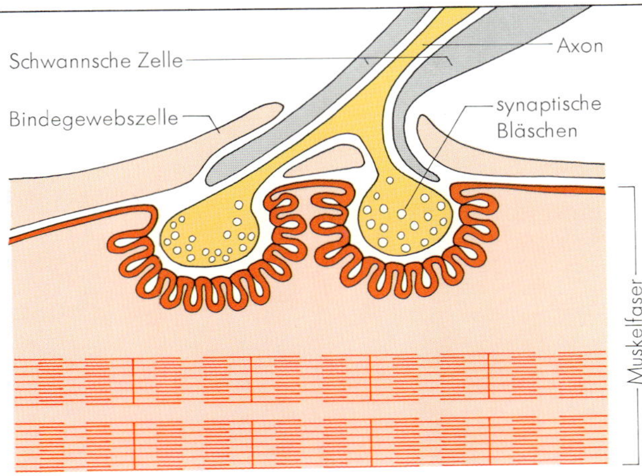

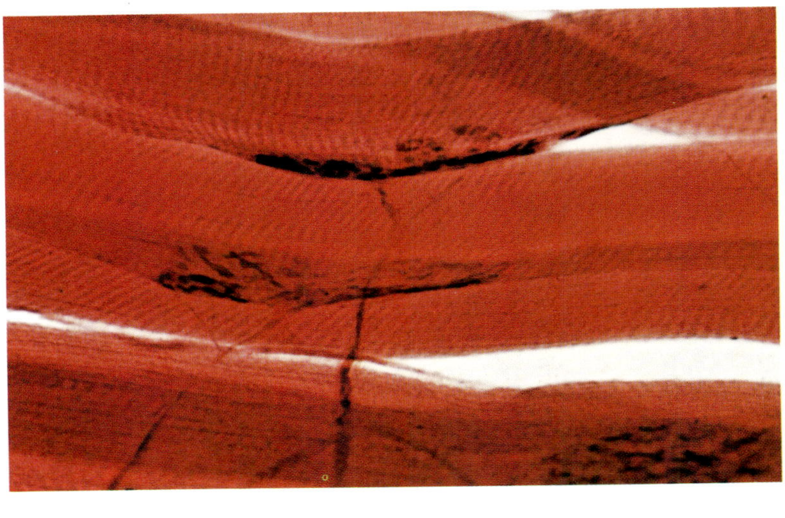

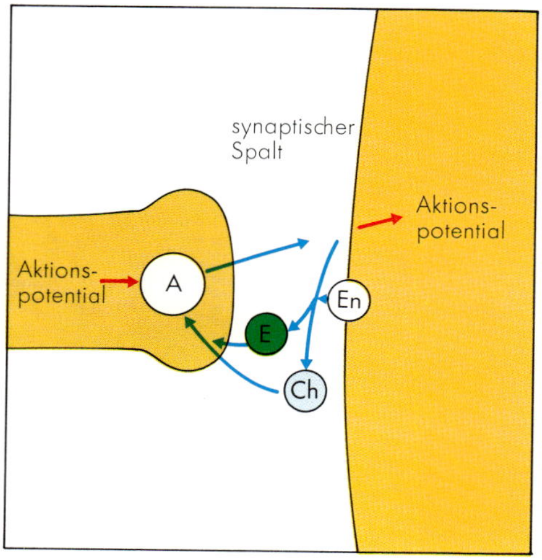

□ **Der Acetylcholin-Kreislauf. Nähere Erklärung dazu im Text auf Seite 45.**

erregung an eine Nervenzelle herangeführt hat, ist im allgemeinen nicht in der Lage, dort ein Aktionspotential auszulösen. Dazu ist die Menge an Acetylcholin, die von der einzelnen Synapse freigesetzt wird, viel zu gering. Erst wenn mehrere Synapsen fast gleichzeitig tätig werden, reicht ihre vereinte Kraft aus, um in der Nervenzelle ein Aktionspotential auszulösen.
Nun gibt es im Nervensystem neben den beschriebenen Synapsen, die man »erregende Synapsen« nennt, auch hemmende Synapsen. Durch die Überträgerstoffe der hemmenden Synapsen wird in der Nervenzelle das Ruhepotential erhöht. Dadurch wird die Auslösung eines Aktionspotentials sogar noch erschwert. Die vielen erregenden und hemmenden Synapsen, die an einer Nervenzelle sitzen, sind Gegenspieler. Die hemmenden Synapsen machen die Wirkung der erregenden Synapsen wieder zunichte. Um ein Aktionspotential auszulösen, kommt es darauf an, daß einen Augenblick lang die Wirkung der erregenden Synapsen überwiegt, denn jede Nervenzelle »verrechnet« in jedem Augenblick die Summe der Wirkungen der erregenden und hemmenden Synapsen. Das ist der Grund dafür, daß man eine Nervenzelle schon mit einer Minirechenmaschine verglichen hat.

Die Tätigkeit der Synapsen kann durch bestimmte Gifte entscheidend beeinflußt werden. Strychnin, das Gift der indischen Brechnuß, schaltet zum Beispiel die hemmenden Synapsen aus, läßt aber die erregenden Synapsen ungestört. Dadurch breitet sich im Nervensystem ein gewaltiger Erregungsstrom aus, der zu einer krampfartigen Anspannung aller Muskeln führt. Auch die Muskeln, die für die Atmung verantwortlich sind, werden so hart angespannt, daß keine Atembewegungen mehr möglich sind. Der Tod tritt durch Ersticken ein.
Ähnlich wirkt das Gift des Tetanusbazillus, der den Wundstarrkrampf hervorruft. Auf einen kurzen Nenner gebracht, können wir also sagen: Nervenerregungen werden durch Synapsen von einer Nervenzelle auf eine andere umgeschaltet. Die Übertragung erfolgt nur in eine Richtung (Gleichrichterwirkung) und wird durch chemische Überträgerstoffe bewerkstelligt.

Reizaufnahme durch Sinneszellen

Im Experiment haben wir mit Hilfe von Reizelektroden Aktionspotentiale an der Nervenfaser künstlich auslösen können. Wie entstehen Aktionspotentiale aber in Wirklichkeit? Von wo aus nehmen sie ihren Anfang, um sich als Nervenerregung auszubreiten?
Da wir schon wiederholt festgestellt haben, daß es Sinneszellen beziehungsweise Sinnesorgane sind, die Umweltreize wie Düfte, Schall- und Lichtreize empfangen, wollen wir uns den Fühler eines Insekts ansehen.
Der Insektenfühler enthält ebenso wie unsere Riechschleimhaut primäre Sinneszellen. Unter dem Mikroskop stechen wir mit einer unpolarisierbaren Kapillarelektrode eine solche Sinneszelle an. Die zweite Elektrode liegt irgendwo in dem Gewebe, das die Sinneszelle umgibt. Die Elektroden haben wir mit einem Gleichspannungsverstärker und einem Oszillographen verbunden.

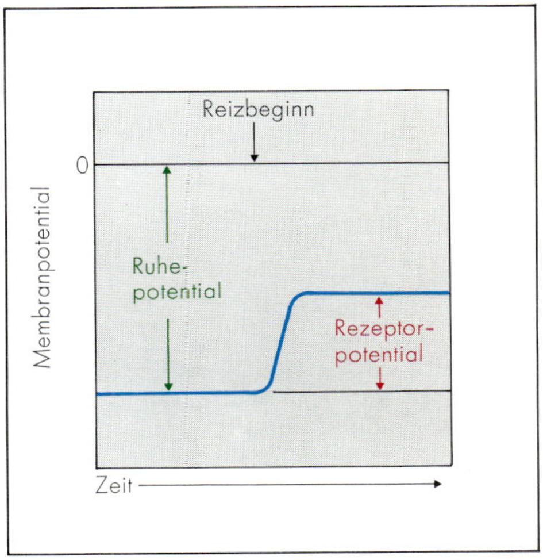

□ **Ruhepotential und Rezeptorpotential. Nähere Erklärung im Text.**

Zu Beginn des Versuchs können wir mit unserer Versuchsapparatur an der Nervenzelle ein gleichbleibendes Ruhepotential messen. Nun beginnen wir, die Sinneszelle zu reizen. Dazu brauchen wir je nach Art der Sinneszelle, die wir verwenden, eine zusätzliche Apparatur, auf deren Beschreibung hier verzichtet werden kann, da wir diese Versuche ja nur in Gedanken nachvollziehen.

Gleichzeitig mit der Reizung der Sinneszelle zeigt unsere Apparatur ein Absinken der Ruhespannung. Den Unterschied zwischen der Ruhespannung und der durch Reizung verminderten Spannung nennt man »Rezeptorpotential« oder auch »Generatorpotential«. Durch weitere Versuche mit schwacher und mit starker Reizung der Sinneszelle finden wir heraus, daß die Ruhespannung um so stärker absinkt, je stärker der Reiz ist. Wir können auch sagen, das Rezeptorpotential ist um so größer, je größer die Reizung der Sinneszelle ist.

Mit Hilfe weiterer Elektroden könnten wir feststellen, daß sich das Rezeptorpotential gleichmäßig über die Sinneszelle ausbreitet. Dabei erreicht das Rezeptorpotential einen Teil der Zelle, den man die »Generatorregion« der Zelle nennt. Unterschreitet das im Generatorteil ankommende Rezeptorpotential einen bestimmten Schwellenwert, so werden im Generatorteil Aktionspotentiale ausgelöst. An den Generatorteil der primären Sinneszelle schließt sich ein langer Ausläufer an, ähnlich dem Axon einer Nervenzelle. Über diesen Axon-Ausläufer pflanzen sich die Aktionspotentiale fort und werden über die Endverzweigungen und Synapsen an eine Nervenzelle weitergegeben. In vielem entspricht also die Auslösung von Aktionspotentialen in primären Nervenzellen der experimentellen Auslösung von Aktionspotentialen in einer Riesennervenfaser.

Durch Reizung einer primären Sinneszelle entsteht also ein Rezeptorpotential, das im Generatorteil der Sinneszelle Aktionspotentiale auslösen kann. Diese Aktionspotentiale pflanzen sich über das Axon der Sinneszelle fort. Über Synapsen erreichen die Aktionspotentiale Anschluß an das Nervensystem. Solche primären Sinneszellen sind am meisten verbreitet.

Eine Information wird codiert

Wir verstehen nun, wie Sinnesreizungen Nervenerregungen verursachen. Ungeklärt ist allerdings noch folgendes: Wie kann eine Sinneszelle schwache und starke Reize in Meldungen umwandeln, da die Sinneszellen ihre Meldungen in Form von Aktionspotentialen weitergeben? Diese aber folgen dem Alles-oder-Nichts-Gesetz.

Weiterhin stellt sich die Frage: Die Sinneszellen setzen alle Sinnesreize, zum Beispiel Licht, Schall, Duft, Geschmack, Tastempfindungen, in ganz und gar gleichartige Aktionspotentiale um. Wie wird im Gehirn festgestellt, daß ein Aktionspotential »grünes Licht« bedeuten soll, ein anderes eine süße Geschmacksempfindung? Wie kommen überhaupt die Sinnesempfindungen zustande?

Der ersten Frage können wir mit unserer zuletzt benützten Versuchsapparatur zu Leibe rücken. Wir reizen die primäre Sinneszelle des Insektenfühlers zuerst schwach und dann stärker und nehmen mit der Elektrode an der nachfolgenden Nervenzelle die Aktionspotentiale ab. Etwas höchst Überraschendes stellt sich heraus: Die schwache Reizung führt zu Aktionspotentialen, die in größerem zeitlichen Abstand aufeinanderfolgen, die stärkere Reizung verursacht Aktionspotentiale, die rasch aufeinanderfolgen. Wie rasch die Potentiale aufeinanderfolgen, ist also ein Maß für die Stärke des ursprünglichen Reizes. Wir erkennen, daß die Reizstärke verschlüsselt wird: Aus stark und schwach wird schnell und langsam.

Die Häufigkeit der aufeinanderfolgenden Potentiale kann man deren »Frequenz« nennen. Da also die Reizstärke in die Frequenz der Potentiale übersetzt wird, könnte man sagen, um einen technischen Ausdruck zu gebrauchen, daß die Reizstärke »frequenz-moduliert« wird.

Gehen wir mit Hilfe unserer Versuchsapparatur der zweiten Frage nach. Wir füttern Lichtsinneszellen mit Lichtreizen, Tastsinneszellen mit Druckreizen, Riechsinneszellen mit Düften und nehmen die Aktionspotentiale jeweils von den ableitenden Nervenfasern ab. Das Ergebnis ist überraschend und enttäuschend zugleich: Alle ableitenden Nervenfasern liefern Aktionspotentiale, die sich nur in der Frequenz voneinander unterscheiden. Es gibt also keine Möglichkeit, aus den ankommenden Aktionspotentialen zu ersehen, von welcher Art Sinneszelle sie kommen und ob diese Meldung »süß« oder »grün« oder »schriller Ton« oder »Rosenduft« bedeuten soll. Aktionspotential ist gleich Aktionspotential, da gibt es keine Unterschiede. Wenn trotzdem gleichartige Aktionspotentiale die verschiedensten Sinnesempfindungen hervorrufen, so kommt es offensichtlich darauf an, woher die Nervenerregung kommt und wohin sie geht.

Ein Beispiel: Alle Aktionspotentiale, die vom Auge kommen, gehen über den Sehnerv und gelangen im Gehirn in das Sehzentrum. Das Sehzentrum verarbeitet die vom Auge kommenen Aktionspotentiale als Seheindrücke und als nichts anderes. Würde das Auge oder der Sehnerv durch künstliche Reize erregt, so würde das Sehzentrum im Gehirn die ankommenden Aktionspotentiale nur als Seheindrücke empfinden. Das ist der Grund dafür, daß man beispielsweise bei einem Boxschlag aufs Auge (kein Experiment zur Nachahmung!) Sternchen oder Funken sieht, obgleich doch der auslösende Reiz kein Lichtreiz war.

Bringt man die Zungenspitze an die beiden Pole einer Taschenlampenbatterie (als Experiment empfohlen), so schmeckt es sauer. Auch hier ruft der künstliche Reiz, nämlich der elektrische Strom, Aktionspotentiale der Geschmackssinneszellen hervor, die, von der Zunge kommend und ins Geschmackssinneszentrum im Gehirn weitergehend, nur Geschmacksempfindungen hervorrufen können.

Könnte jemand boshafterweise die von den Sinnesorganen ins Gehirn führenden Nervenbahnen umschalten, dann könnten wir Töne sehen, Farben hören, Tastempfindungen riechen und Geschmack fühlen. Es entstünde ein heilloses Durcheinander unserer Sinnesempfindungen, wie es unter dem Einfluß mancher Giftstoffe und Rauschdrogen tatsächlich geschieht.

Die Verarbeitung der Sinneseindrücke im Gehirn ist demnach für die Sinnesempfindung von ganz großer Bedeutung. Wenn wir uns später verschiedene Sinnesorgane genauer ansehen, dann wollen wir nicht vergessen, uns jeweils auch über die Verarbeitung des Sinneseindrucks im Gehirn klarzuwerden.

Auf den richtigen Duft kommt es an

»Das war aber ganz schön schwierig!« mag der eine oder andere unserer Leser nun stöhnen, der sich redlich bemüht hat, in die Geheimnisse der Nerven- und Sinneszellen einzudringen. Zweifellos, wir haben eine kleine Erholungspause verdient und stürzen uns deshalb – wenigstens in Gedanken – kopfüber ins kühle Meerwasser.

Falschmeldung, um die Konkurrenz zu täuschen

Auf dem Meeresgrund lebt neben einer großen Anzahl verschiedenster Wasserpflanzen eine braune, verzweigte Alge mit dem Namen Cutleria multifida. Eine andere, kleinere Braunalge, Ectocarpus siliculosis, die so fein verzweigt ist, daß sie wie ein Federbüschel aussieht, hat sich auf Felsklippen oder auch kurzerhand auf den anderen, größeren Algen angesiedelt. Von diesen beiden Algen, Cutleria und Ectocarpus, handelt unser nächstes Stück. Hauptdarstellerin ist Cutleria, und besonders bemerkenswert ist ihre Fortpflanzung.

Es gibt bei Cutleria männliche und weibliche Pflanzen, die sich allerdings äußerlich nicht voneinander unterscheiden. Beide Pflanzen können frei bewegliche Zellen erzeugen, die sich äußerlich ebenfalls kaum voneinander unterscheiden. Von diesen frei beweglichen, im Meerwasser umherschwimmenden Zellen müssen sich eine männliche und eine weibliche Zelle miteinander vereinigen, damit sich die aus der Verschmelzung hervorgehende Keimzelle irgendwo festsetzen und zu einer neuen Braunalge entwickeln kann. Diesen Vorgang kann man mit der Vereinigung von Eizelle und Samenzelle bei Tieren vergleichen ▷. Es ist fast ein Wunder, daß sich die männlichen und weiblichen Zellen von Cutleria, die wie kleine Stäubchen verloren in den weiten Meeresfluten herumschwimmen, überhaupt finden.

Siehe dazu das Kapitel »Die Verschmelzung von Ei- und Samenzelle« in Band 1 dieser Reihe, Seite 76–79.

Drei Forscher, Lothar Jaenicke und Dieter Gerhard Müller von der Universität Köln und R. E. Moore aus Hawaii, haben sich mit diesem Problem beschäftigt. Sie fanden heraus, daß die weiblichen Zellen von Cutleria Duftstoffe ins Meerwasser entlassen, von denen die männlichen Zellen angelockt werden. Es war für die drei Forscher sehr schwierig herauszufinden, welche chemischen Stoffe es sind, die die männlichen Zellen anlocken können. Die Forscher züchteten zunächst eine große Zahl von weiblichen Cutleria-Braunalgen. Fünf Monate lang sammelten sie täglich die von diesen Pflanzen abgegebenen, frei beweglichen Zellen. Dadurch konnten sie sich eine größere Menge der von den weiblichen Zellen ins Meerwasser abgegebenen Lockstoffe beschaffen. Die chemische Analyse ergab, daß es drei verschiedene Stoffe sind, die von den Cutleria-Zellen abgegeben werden. Alle drei Stoffe haben die gleiche chemische Summenformel $C_{11} H_{16}$ und unterscheiden sich nur im Bau der Moleküle.

Jeweils eine der drei Substanzen wurde nun in ein kleines Wachskügelchen eingeknetet, und die drei verschiedenen Kügelchen wurden daraufhin in Meerwasser gebracht, in dem sich männliche Geschlechtszellen befanden. Unter dem Mikroskop entdeckten die Forscher, daß sich die männlichen Zellen stets nur um das Kügelchen mit der Substanz 1 sam-

melten. Nur die Substanz 1 kam also als Lockstoff in Frage. Die beiden anderen Substanzen waren unwirksam. Die Forscher nannten die Substanz 1 »Multifiden«.
Wir können diesen Lockstoff durchaus mit den Pheromonen vergleichen, die wir bereits kennengelernt haben und die ebenfalls zur Anlockung des Sexualpartners dienen. Die Substanz 2 erwies sich in weiteren Versuchen merkwürdigerweise als Lockstoff für die männlichen Zellen der Braunalge Ectocarpus. Was hatte das zu bedeuten? Die weiblichen Zellen von Cutleria stellen die Substanz 2 her und locken damit die männlichen Zellen von Ectocarpus an. Was sollte das für einen Sinn haben?
Offensichtlich locken die weiblichen Zellen von Cutleria die männlichen Ectocarpus-Zellen an und führen sie damit in die Irre. Dadurch wird die Fortpflanzung von Ectocarpus gestört, so daß Cutleria einen Vorteil im Kampf um den Lebensraum erhält. Die Braunalge benutzt eindeutig ein Pheromon, nämlich die Substanz 2, und täuscht oder schädigt mit dieser »Falschmeldung« den Konkurrenten.
Und noch etwas zeigen uns diese Braunalgen. Als Pflanzen besitzen sie mit Sicherheit keine Nervenzellen und kein

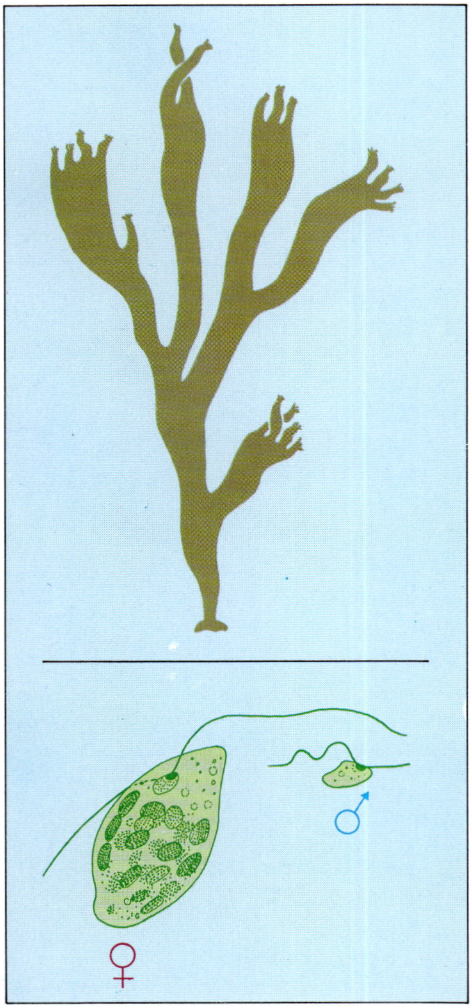

□ **Links: Die Braunalge Cutleria multifida.**
Links unten: Eine männliche und eine weibliche Fortpflanzungszelle (stark vergrößert).
Rechts: Die Braunalge Ectocarpus siliculosis.
Rechts unten: Eine weibliche Fortpflanzungszelle, von vielen männlichen Zellen umgeben (stark vergrößert).

Nervensystem. Ebensowenig besitzen sie Sinneszellen oder Sinnesorgane. Dennoch haben sie eine, wenn auch sehr einfache Verständigungsmöglichkeit durch Pheromone. Verständigung ist also nicht an das Vorhandensein von Nervensystemen oder Sinnesorganen gebunden. Schon einzelne Zellen sind in der Lage, sämtliche Funktionen auszuüben, die zur Verständigung notwendig sind. Sie sind Sender und Empfänger von Verständigungssignalen. Wir konnten das übrigens schon bei den Amöben beobachten. Besitzen Lebewesen aber Nervensystem und Sinnesorgane, dann sind diese Lebewesen insgesamt viel leistungsfähiger; das kommt dann auch ihren Möglichkeiten, sich zu verständigen, zugute.

Vom Regenwurm hinters Licht geführt

Im Jahre 1912 baute Robert Mearns Yerkes ▷ eine Versuchseinrichtung, die aus einem T-förmigen Glasrohr bestand. Im linken Schenkel des Glasrohrs waren zwei Elektroden eingeschmolzen, die mit einer schwachen Stromquelle in Verbindung standen. Durch das Glasrohr ließ Yerkes einen Regenwurm kriechen. An der T-Verzweigung angekommen, mußte sich der Regenwurm entscheiden, ob er sich nach links oder nach rechts wenden sollte. Wandte er sich nach links, so erhielt er, sobald er die Elektroden berührt hatte, einen leichten elektrischen Schlag. Erschreckt zuckte er zurück und wandte sich nach rechts, wo er seinen Weg unbehelligt fortsetzen konnte. Nach einigen Wiederholungen war der Regenwurm dressiert, er hatte gelernt, die Abzweigung nach links zu meiden.

Generationen von Biologen sahen in diesem Versuch den Beweis für die Lernfähigkeit eines Regenwurms. Zwei Wissenschaftler von der Universität von Missouri zweifelten jedoch daran und wiederholten den Versuch. Zunächst lief alles wie bei dem Versuch von Yerkes. Als die Wissenschaftler daraufhin nach jedem Durchgang das T-förmige Glasrohr durch ein neues oder ein frisch gereinigtes ersetzten, versagten die »dressierten« Regenwürmer völlig. Ihren schlechten Erfahrungen zum Trotz versuchten sie ebensooft ihren Weg nach links wie nach rechts fortzusetzen.

Auf der Suche nach dem Grund für diese widersprüchlichen Ergebnisse fanden die Forscher, daß der Regenwurm, wenn er sich fortbewegt, immer ein wenig Schleim abscheidet: Er hinterläßt ein dünnes Schleimband als Fährte. Wird der Regenwurm durch den Elektroschock erschreckt, dann scheidet er kurzzeitig mit dem Schleim einen Stoff aus, den man als »Schreckstoff« oder »Alarmpheromon« bezeichnet ▷. Dieser Schreckstoff warnt den Regenwurm beim nächsten Durchgang vor dem Einkriechen in die linke Röhre. Der Schreckstoff ist sehr beständig und wirkt noch nach Monaten. Die Wirkung ist die gleiche, ob es sich um den Regenwurm handelt, der das Schreckhormon abgeschieden hat, oder um ganz neue, undressierte Tiere. Die Bedeutung dieses Alarmpheromons wird also von den anderen Regenwürmern einwandfrei verstanden. Damit war nun klar, daß sich Yerkes von seinem Regenwurm hatte täuschen lassen. Das Verhalten des Tieres war kein Erfolg einer Lernleistung, sondern durch ein Alarmpheromon verursacht.

Natürlich ist damit nicht bewiesen, daß der Regenwurm nicht in der Lage ist, etwas zu lernen. Der beschriebene Versuch überstieg jedoch seine »geistigen Fähigkeiten«. Die Ausscheidung des Schreckstoffs erlaubte dem Regenwurm in dieser Situation aber ein so »intelligentes« Verhalten, daß sich sogar ein Naturforscher davon täuschen ließ.

Siehe dazu das Kapitel »Alarm im Elritzenschwarm« in Band 5 dieser Reihe, Seite 121–122.

Robert Mearns Yerkes (1876–1956), bedeutender Menschenaffenforscher und Begründer des größten Menschenaffenzentrums der Welt in Atlanta, Georgia (USA).

Auch Borkenkäfer »sprechen« chemisch

Im Bergwald hat ein Frühjahrssturm den Stamm der alten Weißtanne 4 Meter über dem Boden einfach abgedreht. Im

□ Linke Seite:
Oben: Borkenkäfer bohren sich ins Holz ein.
Unten: Fraßgänge von Borkenkäfern mit Larven.

□ Rechte Seite:
Fraßgänge des Borkenkäfers mit Käfern und Larven.

Fallen hat der mächtige Baum noch zwei Kiefern mitgerissen und eine Fichte mit ihrem Wurzelteller halb aus der Erde gehebelt. Einige Bäume, die um dieses Bild der Verwüstung herumstehen, haben schwere Beschädigungen davongetragen.

Bald darauf sehen wir kleine, braunschwarze Käfer heranfliegen, die ohne Umschweife damit beginnen, sich durch die Rinde der vom Sturm gefällten Bäume zu nagen. Den noch stehenden, aber durch die Verletzungen schon todkranken Bäumen ergeht es nicht besser. Ein Käfer benötigt nur eine halbe Stunde, bis er sich durch die Rinde genagt hat und unter ihr verschwunden ist. So dauert es nicht lange, und von den Käfern ist nichts mehr zu sehen. Nur wenn wir das Ohr an den Stamm legen, können wir hören, wie die Käfer nagen. Um zu sehen, was unter der Rinde vor sich geht, lösen wir mit dem Taschenmesser ein großes Rindenstück ab. Auf seiner Innenseite zeigt sich ein seltsames Gangsystem ▷. Wie ist es entstanden?

Siehe die Abbildungen auf Seite 52 und 53.

Landet ein Borkenkäfermännchen auf der Rinde eines Baumes, so nagt es sich zuerst durch diese hindurch, um dann unter der Rinde eine kleine Höhle auszuräumen. In dieser Höhle finden sich recht bald ein, zwei oder mehr Weibchen ein. Jeder dieser weiblichen Borkenkäfer treibt von der Höhle aus einen senkrechten Gang mit vielen seitlichen Nischen vor, den sogenannten Muttergang. In jeder Nische wird ein Ei abgelegt.

Die ausschlüpfenden Larven nagen nun ihrerseits Gänge, die man an zweierlei Merkmalen erkennt: Einmal führen diese Larvengänge senkrecht vom Muttergang weg, zum anderen beginnen sie eng und werden mit dem Wachstum der Larve immer breiter. Auf diese Weise entsteht ein regelmäßiges Fraßbild, bei dem die waagerechten Larvengänge eine entfernte Ähnlichkeit mit den Zeilen ei-

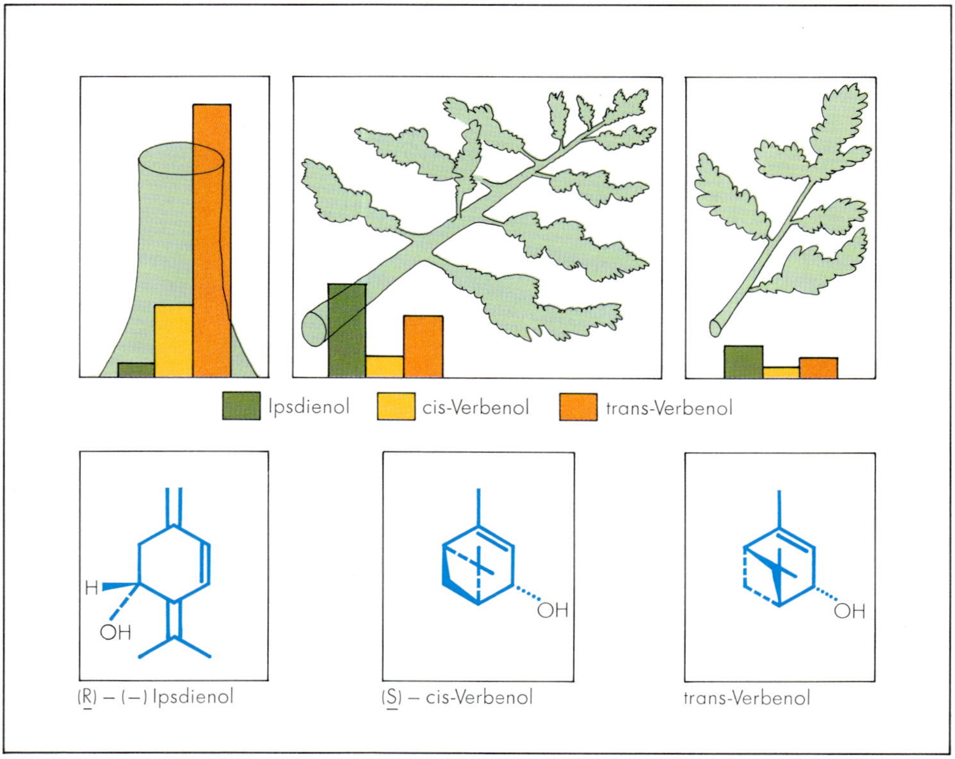

□ **Erzeugung von Versammlungsduftstoffen durch Borkenkäfermännchen der Art Ips calligraphus in Abhängigkeit vom Zustand des Wirtsbaumes. Die Höhe der Säulen gibt die Menge des erzeugten Lockstoffes an, links im stehengebliebenen Stammfuß, in der Mitte im gefällten Stamm und rechts im schnell austrocknenden Ast.**

ner Buchseite haben. Man nennt diesen Borkenkäfer deshalb auch »Buchdrukker«.

Jedes Weibchen legt etwa sechzig Eier, die wohlgeschützt unter der Rinde ihre Entwicklung über das Larven- und das Puppenstadium durchmachen. Die gesamte Entwicklung dauert nur sechs bis zehn Wochen. Kein Wunder, daß es bald zu einer Massenvermehrung der Borkenkäfer kommt. Schließlich greifen die Käfer nicht nur die kranken und gefällten, sondern auch die gesunden Bäume an. Solchen Massenvermehrungen der Borkenkäfer sind schon wiederholt ganze Wälder mit Millionen von Bäumen zum Opfer gefallen.

Für uns stellen sich einige wichtige Fragen: Wie schaffen es die Borkenkäfer, die nachweislich von weither zusammenkommen, im Wald die kleine Stelle des Windbruchs zu finden, die ihnen und ihrer Brut besonders gute Lebensbedingungen bietet? Wie finden die Weibchen die kleine Kammer, die von einem Männchen in die Rinde genagt wurde?

Frisch geschlüpfte Buchdrucker fliegen ohne Kontakt zueinander regellos überall im Wald umher, um geeignete Bäume zu finden. Da sie es als Einzeltiere nicht schaffen, in gesunde Bäume einzudringen, suchen sie bevorzugt gefällte oder durch Windbruch, Blitzschlag, Dürre oder Pilzbefall beschädigte und noch nicht ausgetrocknete Bäume auf. Haben nun einige Käfer einen günstigen Fraßplatz gefunden, so findet sich merkwürdigerweise recht schnell eine große Anzahl von Artgenossen ein. Wer hat sie auf für uns unsichtbare, unhörbare Weise zusammengetrommelt? Wodurch werden sie aus allen Himmelsrichtungen angelockt?

Sobald sich Buchdrucker durch die Rinde nagen, nehmen sie Stoffe auf, die im Harz der Bäume enthalten sind. Diese Terpene wandeln sie in ihrem Körper in Versammlungsduftstoffe ▷ um, die sie über den Enddarm mit dem Kot abgeben. Die Borkenkäfer können nur so lange Versammlungspheromone erzeugen, wie an den befallenen Bäumen Harz austritt. Betrachten wir die Grafik auf Seite 54, so erkennen wir, daß die Bildung der Versammlungspheromone vom Zustand des Wirtsbaumes abhängt, ja, daß je nach Zustand des Baumes verschiedene Mengen von Duftstoff erzeugt werden. Vermutlich stecken in den Duftstoffen also zwei Informationen für umherfliegende Borkenkäfer. Sie rufen sich in ihrer chemischen Duftsprache nicht nur zu: »Hierher, hier ist ein für uns Borkenkäfer geeigneter Baum!«, sie können gleichzeitig genauere Angaben über den Zustand des Baumes machen, zum Beispiel: »schmackhafte und nahrhafte Kiefer, leider schon etwas ausgetrocknet!«.

Wenn der Harzfluß der Bäume allmählich versiegt, entweder weil zuviel Käfer darin nagen oder weil das Holz austrocknet, dann bilden die Käfer immer

Siehe die Grafik auf Seite 54.

□ Der Ameisenbuntkäfer (Thanasimus formicarius) stellt den Borkenkäfern nach.

weniger Pheromone. Dadurch wird die Anziehungskraft auf andere Käfer geringer. Schließlich wird überhaupt kein Pheromon mehr erzeugt, – der Zeitpunkt ist gekommen, da diese Stelle im Wald den Borkenkäfern keine Lebensmöglichkeit mehr bietet.
Andere Borkenkäfer, zum Beispiel die Bastkäfer, können bei Übersiedlung durch pheromonartige Abweisungsstoffe gerade das Gegenteil bewirken wie mit Versammlungspheromonen. Sie sagen gewissermaßen: »Schau, daß du weiterkommst, hier ist kein Platz mehr!«. Hier sind es die Weibchen, die die Ablenkstoffe abgeben.
Dieses Verhalten der Borkenkäfer, das durch die chemische Sprache der Pheromone ermöglicht wird, kann durchaus als eine Vorstufe sozialen Verhaltens angesehen werden. Die Tiere leben nicht für sich, sondern können Artgenossen einiges mitteilen, wodurch eine erfolgreichere Besiedlung des Lebensraumes ermöglicht wird. Somit sollte die Sprache der Pheromone für die Borkenkäfer eigentlich nur Vorteile bringen – wenn nicht einer der ärgsten Feinde der Borkenkäfer, der Ameisenbuntkäfer (auch »Borkenkäferfresser« genannt), sich von den Versammlungspheromonen leiten ließe und gerade durch sie seine Beutetiere, die Borkenkäfer, mit »tödlicher« Sicherheit fände ▷.
Fassen wir zusammen: Borkenkäfer verständigen sich durch Versammlungspheromone über geeignete Fraßbäume. Einer Überbevölkerung kann durch Abweisungsstoffe vorgebeugt werden. Da diese Verhaltensweisen nicht nur dem Finden der Geschlechter dienen, können sie als Vorstufen sozialen Verhaltens angesehen werden.

Schädlinge werden überlistet

Dem Ameisenbuntkäfer ist es gelungen, sich in die chemische Signalsprache der Borkenkäfer einzuschleichen und daraus für sich Vorteile zu ziehen. Sollte es dem Menschen nicht auf ähnliche Weise möglich sein, Herr über den Waldschädling Borkenkäfer zu werden?
Seit fast zwei Jahrhunderten bekämpft man den Borkenkäfer mit sogenannten Fangbäumen. Das sind von Natur aus kranke oder absterbende Bäume, die man absichtlich stehenläßt, oder frisch gefällte Bäume, die man als Lockbäume liegenläßt. Für die Borkenkäfer ist der Fangbaum ein »gefundenes Fressen«. Sie stürzen sich in Scharen darauf. Nach einiger Zeit, aber noch ehe die nächste Käfergeneration wieder ausschwärmt, wird die Rinde des Fangbaumes abgeschält und verbrannt oder mit Insektengift überschüttet. Der Fangbaum wird so zur tödlichen Falle für alle angelockten Borkenkäfer. Dieses Fangbaumverfahren will man noch verbessern, indem man durch künstliche Versammlungspheromone die Käfer in noch größerer Menge an und in den Fangbaum lockt, um sie dann vernichten zu können.
In Getreidespeichern und Lagerräumen von Schiffen richtet der Khapra-Käfer ▷ riesige Schäden an. Der Mensch versucht durch regelmäßiges Vergasen, die Schädlinge in den Speichern kurzzuhalten. Dieser »Gaskrieg« ist teuer und gefährlich.
Nach anderen Wegen suchen Hermann und Anna Levinson am Max-Planck-Institut für Verhaltensphysiologie in Seewiesen. Seit vielen Jahren beschäftigen sie sich mit den Möglichkeiten, die Schadinsekten zu überlisten. Die erste Schwierigkeit ergab sich, als sie versuchten, das Pheromon, mit dem Khapra-Weibchen die Männchen anlocken, für eine chemische Untersuchung in größeren Mengen zu gewinnen. Es war ein fast unmögliches Unterfangen, da ein Khapra-Weibchen pro Tag nur ein bis zwei milliardstel Gramm dieses Lockstoffes ausscheidet.
Die Forscher bauten eine allseits geschlossene Durchlüftungsanlage. Zehnmal hintereinander wurden 2000 Khapra-Weibchen in die Anlage gesetzt. Aus der Luft, die über die Weibchen

Der Khaprakäfer (Trogoderma granarum) aus der Familie der Speckkäfer ist ein Getreideschädling warmer Länder.

Thanasimus formicarius.

hinwegstrich, wurden die Lockstoffe ausgefiltert. Mit Luftpost ging die winzige Substanzmenge an eine Gruppe von Wissenschaftlern in New York, die den chemischen Aufbau des Pheromons klärten und in dreijähriger Arbeit ein Verfahren herausfanden, durch das man den Lockstoff in größeren Mengen künstlich herstellen konnte.

Nachdem man eindeutig nachgewiesen hatte, daß Khapra-Männchen auf den künstlichen Lockstoff reagierten, konnte man Fallen bauen. Diese bestehen aus zusammengefalteten Wellpappestreifen, die mit Spuren des Lockstoffes getränkt sind. In den zu schützenden Vorratslagern werden sie ausgelegt. Durch das Sexualpheromon lassen sich männliche und zur allgemeinen Überraschung auch weibliche Khapra-Käfer anlocken. Die Schädlinge verkriechen sich gern in den engen Röhren der Wellpappe, die ihnen als Schlupfwinkel willkommen sind. Man braucht nur von Zeit zu Zeit die Wellpappefallen einzusammeln, sie mitsamt den darinsitzenden Käfern zu vernichten und die Fallen durch neue zu ersetzen.

Die Kosten für diese wirksame Art der Schädlingsbekämpfung sind lächerlich gering. »Kleine Ursache, große Wirkung« könnte man sagen, wobei man freilich nicht vergessen darf, daß die Voraussetzungen für diese elegante biologische Schädlingsbekämpfung die mühsame Arbeit vieler Wissenschaftler war. Erst mußte das Sexualpheromon isoliert, sein chemischer Bau geklärt und dann der Stoff künstlich hergestellt werden. Anders ausgedrückt: Um die Khapra-Käfer überlisten zu können, mußte der Mensch die chemische Sprache dieser Insekten erlernen.

Fruchtfliegen heiraten keine Geschwister

An überreifem Obst stellen sich häufig kleine Fliegen ein, die Frucht- oder Taufliegen ▷ . Die Fruchtfliegen sind beliebte Versuchstiere für die Vererbungsforschung. Bei solchen Züchtungsexperimenten kreuzt man bestimmte Tiere miteinander, das heißt, man läßt sie sich paaren und züchtet eine große Anzahl von Nachkommen heran.

Zwei Forscher beobachteten, daß man nicht einfach ein beliebiges Fruchtfliegenmännchen mit einem beliebigen Fruchtfliegenweibchen zur Paarung bringen kann. Oft waren es die Männchen, die sich mit bestimmten Weibchen nicht paaren wollten, es gab aber auch Weibchen, die bestimmte Männchen ablehnten.

Auf der Suche nach dem Grund für dieses unerwartete Verhalten stellte sich bald heraus, daß die Verwandtschaft eine Rolle spielte. Und zwar waren die Tiere um so paarungsunwilliger, je näher sie miteinander verwandt waren. Genauer: Wenn sowohl das Männchen wie das Weibchen ein X-Chromosom hatten, das die genau gleiche Erbinformation zum Inhalt hatte, so war das Männchen nicht zur Begattung bereit. Die Vermutung, daß Duftstoffe im Spiel waren, bestätigte sich. Für das Männchen ist der Sexuallockstoff eines zu nahe verwandten Weibchens nicht attraktiv genug.

Man konnte jedoch das Männchen überlisten und zur Begattung des »ungeliebten« Weibchens veranlassen, indem man seine Fühler mit dem Sexualpheromon eines anderen Weibchens betupfte. Weiterhin fanden die Forscher heraus, daß bei erbmäßiger Übereinstimmung der Chromosomen Nr. 2 und 3 die Männchen von den Weibchen abgewiesen werden. Hier gelang es, die Weibchen zu überlisten, indem man die Fühler der Weibchen mit einem andersartigen Pheromon betupfte. Waren gar bei Männchen *und* Weibchen die X-Chromosomen und die Chromosomen Nr. 4 genetisch identisch ▷, dann halfen alle Tricks nicht, die Weibchen lehnten die Begattung rundweg ab.

Diese Verhaltensweisen der Fruchtfliegen sind biologisch sinnvoll. Eine Paa-

Chromosomen (chroma: griech. Farbe; soma: griech. Körper) sind leicht anfärbbare, fadenförmige Gebilde des Zellkerns. Sie sind die Träger der Erbinformation. Siehe dazu Band 1 dieser Reihe, Seite 74 und 77.

Frucht- oder Taufliege: Drosophila melanogaster.

rung von Tieren, die erbmäßig sehr verschieden sind, bewirkt bei den Nachkommen eine große Streuung der Eigenschaften, also eine große Verschiedenheit. Diese Verschiedenheit steigert die Überlebenschancen, weil dann immer wenigstens einige Tiere dasind, die auch mit besonderen und extremen Umweltbedingungen fertig werden.

Jetzt zerbrechen sich die Wissenschaftler darüber den Kopf, wie der bekannte Verhaltensforscher Thomas Hunt Morgan und seine Mitarbeiter bei der Kreuzung von Fruchtfliegengeschwistern für ihre berühmten Erbversuche zu den sogenannten »reinen Linien« ▷ kamen. Ein wissenschaftliches Problem, das noch der Lösung harrt, obwohl die dazu nötigen Versuche mit einigen Fruchtfliegen eigentlich von jedermann leicht durchgeführt werden könnten. Man sieht, es gibt noch Neuland, auch für private Forschertätigkeit.

Noch etwas können uns die Fruchtfliegen lehren. Der Zusammenhang zwischen der Erbinformation in den Chromosomen und der Ausbildung der Pheromone ist offenkundig. Ohne Zweifel wird die Bildung eines Pheromons so genau von den in den Chromosomen enthaltenen Erbinformationen gesteuert, daß eine geringfügige Änderung der Erbinformation ebenfalls eine Änderung der Ausbildung der Pheromone bedeutet. Aus den Beobachtungen können wir selbst ableiten, daß es sehr wahrscheinlich so ist:

- Im X-Chromosom sind Informationen zur Bildung des weiblichen Sexual-Pheromons enthalten.
- In den Chromosomen Nr. 2 und 3 finden sich Informationen zur Ausbildung der männlichen Sexualpheromone.
- Bei der Kombination von X-Chromosom und Chromosom Nr. 4 ist sowohl die Herstellung von männlichem wie auch von weiblichem Sexualhormon betroffen.

Alles in allem ist es erstaunlich, daß ein kleines Insekt die Fähigkeit besitzt, Verwandtschaftsverhältnisse zu riechen. Wir Menschen, die wir immer schnell geneigt sind, die Verständigungsmöglichkeiten der Tiere gering zu achten, scheinen über nichts Derartiges zu verfügen. Manchmal freilich hat man den Eindruck, als könnten auch wir Sympathie und Antipathie mit dem Geruchssinn feststellen. Ein Neuling muß erst »beschnuppert« werden. Von einem Menschen, der einem zuwider ist, sagt man, man könne ihn »einfach nicht riechen«.

»Reine Linien« erhält man durch fortgesetzte Inzucht.

Pünktlich zum Fest kommen die Würmer

Rasch fällt die Nacht über die Insel in der Südsee. Die Bewohner, braunhäutige Polynesier, haben sich am Ufer versammelt. Sie feiern ein großes Fest, unter Gesang und Tanz vergeht die Nacht. Beim Morgengrauen schaffen die Männer ihre schlanken Boote ins Wasser, werfen Körbe und Schüsseln hinein und treiben mit den Rudern ihre Fahrzeuge aufs Meer hinaus. Dort draußen über der Riffplatte scheint das Wasser zu kochen: Eine brodelnde, milchigtrübe Masse bedeckt die Oberfläche. Beim Näherkommen erkennt man Millionen weißlicher Meereswürmer, die sich schlängelnd umwinden. Die braunen Männer schöpfen mit Körben und Schüsseln die wimmelnde Masse in die Boote und streben eilig zurück an den Strand. Es gibt großen Jubel, als sie ihre Fracht ausladen, ehe sie erneut aufs Meer hinausfahren. Mehrere Stunden lang fischen die Polynesier. Dann ist alles wie ein Spuk vorbei. Glatt und unbewegt liegt das Meer wieder da.

Der reiche Fang gilt auf den Südsee-Inseln als begehrte Delikatesse. »Palolo« nennen die Insulaner die Speisen, die sie roh, gekocht oder geröstet aus den Meereswürmern zubereiten. Einige Tage lang können die Polynesier in diesen Köstlichkeiten schwelgen. Dann vergeht wieder etwa ein Jahr bis zum nächsten

Palolo-Fest. Es wird im voraus auf Anfang November festgelegt, acht Tage vor Vollmond. Und pünktlich zum Fest werden wieder die Palolo-Würmer kommen.
Was sind das für Würmer, die pünktlich nach dem Kalender erscheinen? Der pazifische Palolo-Wurm ▷ wird bis zu 40 Zentimeter lang und lebt in den Kalkhöhlen der Korallenriffe. Bei Nacht weiden die Tiere Algen vom Riff. Niemals verlassen sie ihre Höhle vollständig, damit sie sich bei Gefahr schnell wieder dorthin zurückziehen können. So führen sie einige Jahre lang ein verstecktes Leben. Dann bilden sich in den einzelnen Körperabschnitten des Hinterleibes eigene Lichtsinnesorgane.
Diese »Bauchaugen« bekommen nur das Mondlicht zu sehen, da die Tiere ausschließlich bei Nacht aus ihren Höhlen kommen. So können die Würmer den Wechsel der Mondphasen wahrnehmen. Der Mond ist ihr Kalender und Zeitgeber ▷. Die Entwicklung aller Palolo-Würmer wird durch die Mondphasen »im Gleichschritt« gesteuert, so daß sie dann in einer bestimmten Nacht bereit sind zum Schwärmen. Nun schnüren die Würmer ihr Hinterende ab, das prall mit Eizellen oder mit Samenzellen gefüllt ist. Die abgeschnürten Hinterenden schwimmen zur Meeresoberfläche, um sich dort fortzupflanzen, während die zurückgebliebenen Vorderteile im Laufe der nächsten Monate das verlorene Hinterende regenerieren ▷.
Das eigentliche Schwärmen der abgeschnürten Hinterenden wird durch ins Wasser abgegebene Stoffe gefördert. Pheromonartige Stoffe halten auch den Schwarm an der Wasseroberfläche zusammen. Diese unwahrscheinlich anmutende Fortpflanzung bietet dem Palolo-Wurm deutliche Vorteile: Durch das Abschnüren des Hinterleibes braucht sich das Vorderende keiner Gefahr auszusetzen und kann sich im nächsten Jahr durch erneutes Abschnüren des inzwischen regenerierten Hinterendes wiederum an der Fortpflanzung beteiligen, wenn auch immer nur indirekt. Durch das gleichzeitige Schwärmen wird sichergestellt, daß sich sowohl die abgeschnürten Hinterenden wie die von den Hinterenden abgegebenen Eizellen und Samenzellen finden. Die zeitliche Steuerung erfolgt durch den Mond. Eine Verständigung über den genauen Zeitpunkt und den Ort des Schwärmens wird durch pheromonartige Stoffe erreicht.
Ganz anders verläuft die Partnersuche der Geschlechter beim Meereswurm Platynereis ▷. Hier steigen die ganzen Tiere, Männchen wie Weibchen, bei Nacht im Wasser nach oben. Die Männchen erzeugen kurze Lichtblitze, während die Weibchen, die im Kreise schwimmen, jeweils 10 bis 20 Sekunden lang aufleuchten. Das Zusammenfinden wird hier dadurch ermöglicht, daß die Tiere Licht erzeugen und dieses mit ihren Augen wahrnehmen können.

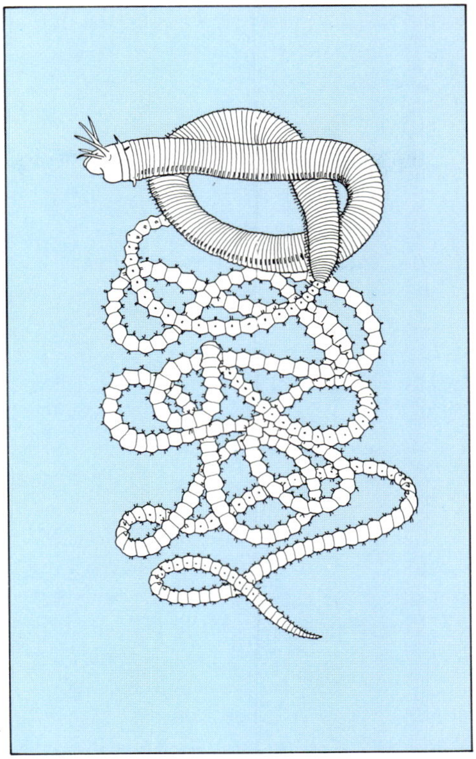

□ Ein Palolowurm. Die Punkte mitten auf den Bauchschildern sind die Lichtsinnesorgane, die sogenannten »Bauchaugen«.

Der Palolowurm (Eunice viridis) ist ein im Meer lebender Ringelwurm.

Die Mondphasen, verursacht durch die verschiedenen Stellungen von Mond und Sonne zur Erde, dauern von Vollmond bis zum nächsten Vollmond 29 Tage, 12 Stunden und 44 Minuten.

Regenerieren: Ersetzen verlorengegangener Körperteile.

Der Meereswurm Platynereis dumerilii gehört zu den Ringelwürmern.

Schmusekater und Schmeichelkatze

Die Familie setzt sich zum Mittagessen um den großen Tisch. Vor der Glastür auf der Terrasse erscheint der Umriß einer Katze. Es ist Kater Sascha, er hat sich pünktlich zur Essenszeit eingestellt. Mit erhobenem Schwanz steht er vor der Tür und wartet auf Einlaß. Ich öffne. Der Kater stolziert herein und beginnt, um meine Beine herumzustreichen. Zuerst reibt er seinen Kopf an meinem Hosenbein, dann seine ganze Körperseite. Sogar seinen Schwanz versucht er um mein Bein herumzuschlingen. Dann wiederholt er das Ganze mit der anderen Körperseite: Kopfreiben, mit der Körperseite vorbeistreichen und den Schwanz herumschlingen. Oder er macht mit dem Vorderkörper eine Verbeugung und reibt seine Wange auf meinem Schuh. »Schmusekater, Schmeichler« sagen die Kinder, wenn Sascha so um uns herumstreicht.

Was soll das Schmeicheln und Reiben des Katers, welchen Sinn hat es? Um hinter dieses für Katzen so typische Verhalten zu kommen, haben die niederländischen Forscher Gerda Verberne und Jaap de Boer innerhalb von vier Jahren eine Reihe von Versuchen und Beobachtungen unternommen. Für ihre Experimente standen ihnen 23 Katzen zur Verfügung, sowohl weibliche wie männliche Tiere. Einige wenige Kater waren kastriert. Die Forscher teilten alle Tiere in drei Gruppen auf. Eine Gruppe bestand nur aus Katern, eine weitere aus weiblichen Tieren, die dritte Gruppe war gemischt. Die Tiere waren in Käfigen mit den Ausmaßen 2 × 2 × 3 Meter untergebracht. Zudem stand jeder Gruppe noch ein größeres Freigehege zur Verfügung.

Nach 1200 Beobachtungen schälten sich für Gerda Verberne und Jaap de Boer folgende Ergebnisse heraus:

Alle Katzen reiben gleichermaßen ganz bestimmte Körperteile an Gegenständen.

1. Wangenreiben bei geöffnetem Maul;
2. Reiben der Nasenspitze an vorstehenden Ästchen, Blättern oder an Vorsprüngen von Möbeln;
3. Reiben der Kopfoberseite;
4. Reiben vom Kinn bis zur Kehle an niederen Gegenständen;
5. Reiben der ganzen Körperseite und des Schwanzes an Wänden oder Kanten;
6. Reiben der Schwanzoberseite an einem waagerecht stehenden Gegenstand, zum Beispiel an einem Stuhl, beim Darunterhindurchschlüpfen (nur Katzen);
7. Gründliches Beschnuppern jener Stellen, an denen sich die Tiere selbst oder an denen sich andere Tiere gerieben haben (Kater und Katzen).

Untersucht man die bevorzugt geriebenen Körperpartien der Katzen, so entdeckt man, daß dort die Talgdrüsen sehr zahlreich sind, besonders dicht in der Wangenregion.

Allem Anschein nach hinterlassen Katzen durch das Reiben Geruchsinformationen über sich selbst, sie hinterlegen damit eine Art Visitenkarte. Mit den gesetzten Geruchsmarken stecken sie zudem ihren Aktionsraum ab, weniger um Artgenossen abzuweisen, vielmehr um sich selbst im Lebensraum orientieren zu können. Mit Sicherheit erkennen alle Katzen ihre eigenen Marken wieder und erneuern sie regelmäßig. Sie können fremde Duftmarken individuell auseinanderhalten, sind jedoch nicht daran interessiert, sie mit Eigenparfüm zu überdecken ▷.

Die Geruchsmarken scheinen auch eine Art Revierabgrenzung zu sein, die allerdings mehr zur Eigenorientierung als zur Revierbehauptung dient.

Diese Ergebnisse sind zunächst erstaunlich, weil man Katzen meist für Tiere hält, die sich mehr mit den Augen als mit dem Geruchssinn orientieren. Sicher vertraut eine Katze mehr ihren Augen als ihrer Nase. Wirft man ihr zum Beispiel ein Futterbröckchen ins Gras, in dem es schlecht zu sehen ist, so sucht sie es dennoch mit den Augen. Ein Hund dagegen richtet in der gleichen Situation seine Nase zu Boden und schnüffelt oft noch im Gras herum, wenn er das Futterbröckchen eigentlich schon längst hätte sehen können. Das Augentier

□ **Kater »Sascha« wälzt sich auf dem Gartenweg und setzt dabei seine Duftmarken. (Sascha lebt inzwischen nicht mehr, dies ist eine der letzten, etwas unvollkommenen Aufnahmen von ihm.)**

Katze setzt also zur Verständigung mit Artgenossen eindeutig seinen Geruchssinn ein. Da wild lebende Katzen Einzelgänger sind, die höchstens in der Fortpflanzungszeit zusammenkommen, sind Duft- oder Geruchsmarken sehr geeignete Verständigungsmittel. Es sind hinterlassene Botschaften, die auch dann noch »gelesen« werden können, wenn der »Absender« gerade nicht da ist.

Gelegentlich wälzen sich Katzen auf dem Boden von der linken auf die rechte Körperseite und zurück. Gern unterbrechen sie das Wälzen, um sich selber die Brust und die Innenseite der Vordertatzen zu lecken. Wahrscheinlich hinterläßt auch das Wälzen eine Geruchsmarkierung am Boden. Schließlich markieren Katzen ihre Umgebung auch mit Urin, was nichts mit dem normalen Urinlassen zu tun hat. Nach dem normalen Urinlassen versuchen beide Geschlechter, die Stelle durch Scharren mit den Vorderpfoten zu bedecken. Beim Markieren jedoch werden nur geringe Mengen verspritzt. Alle Kater machten das, bei den weiblichen Tieren kam das nur selten vor. Gelegentlich konnte man auch beobachten, daß Kater einige Tropfen einer klaren Flüssigkeit an die Wand spritzten. Diese Tröpfchen verbreiten einen strengen »Katergeruch«, der auch für die menschliche Nase deutlich zu riechen ist. Die Flüssigkeit wird aus Drüsen herausgepreßt, die sich unter dem Schwanz des Tieres befinden. Wahrscheinlich sind diese Drüsen nicht identisch mit den Analdrüsen in der Nähe des Afters, die ein gelbliches Sekret erzeugen, das wieder einen anderen Geruch hat. Katzen zeigten an diesen Duftmarken großes Interesse, sie wurden ausführlich beschnuppert. Oft gerieten die Tiere durch das Schnuppern in Erregung und zeigten dann das Flehmen. Dabei werden die Zähne teilweise entblößt und die Luft durch das Maul eingesogen ▷. Auch bei diesen Duftmarken konnte

Siehe dazu Band 1 dieser Reihe, Seite 68.

□ **Geruchsmarken spielen im Leben des Dachses eine große Rolle.**

nicht beobachtet werden, daß die Tiere versuchten, fremde Duftmarken durch eigene zu überdecken. Dieses »Respektieren« fremder Geruchsmarkierungen scheint eine Eigentümlichkeit von Katzen zu sein.
Überraschenderweise haben Katzen zwei Organe zur Geruchswahrnehmung, nämlich einmal die Riechschleimhaut in der Nase, zum anderen das sogenannte »Jacobsonsche Organ«. Es steht mit der Mundhöhle durch einen Gang in Verbindung und hat die Aufgabe, Geruchsstoffe aus der Mundhöhle wahrzunehmen. Bei einigen Katzen verschloß Gerda Verberne vorübergehend den Gang, der zum Jacobsonschen Organ führt. Sie konnte feststellen, daß diese Katzen viel seltener flehmten, wenn sie an Uringeruchsmarken schnupperten. Ob durch das Flehmen die Geruchswahrnehmung durch das Jacobsonsche Organ verbessert wird oder ob das Flehmen, zumindest bei den Katzen, durch die Geruchswahrnehmung mit dem Jacobsonschen Organ ausgelöst wird, konnte noch nicht einwandfrei geklärt werden. Irgendein Zusammenhang besteht. Die Versuche zeigten auch, daß die Geruchswahrnehmung der durch Reiben entstandenen Duftmarken anscheinend nichts mit dem Jacobsonschen Organ zu tun hat.
Bei Katzen gibt es somit eindeutig eine Verständigung mit Hilfe von Geruchsmarken. Diese entstehen durch Verspritzen von Urin, Reiben an Gegenständen, Wälzen auf dem Boden und durch die Absonderung weniger Tropfen Sekret aus besonderen Drüsen. Die Geruchsmarken dienen zur Orientierung und zur Abgrenzung des Aktionsraumes. Außerdem geben sie Aufschluß über das Tier, das die Marken gesetzt hat (Visitenkarte). An der Wahrnehmung der Urinmarken ist auch das Jacobsonsche Organ beteiligt.
Zurück zu unserem Ausgangspunkt. Wir

verstehen unseren Kater Sascha nun besser, der sich »zärtlich« anschmiegt und seinen Kopf reibt. Darüber hinaus dürfen wir annehmen, daß dieses Verhalten dem Kater nicht nur zur Hinterlassung seiner »Visitenkarte« und zur Kennzeichnung seines »Eigentums« dient. Er kann damit auch seine Zuneigung ausdrücken. Dazu greift er auf dieses bereits vorhandene Verhaltensmuster zurück.

Duftmarken allerorten

Außer Katzen setzt noch eine große Anzahl anderer Säugetiere Geruchsmarken. Hirsche zum Beispiel besitzen in den Augenwinkeln Drüsen, mit denen sie Zweige und Grasbüschel betupfen, um ihr Revier zu kennzeichnen. Ebensolche Voraugendrüsen benutzen Antilopen und Gazellen ▷.

Wenn der Dachs sein Revier abläuft, markiert er Steine, Gräser oder den Erdboden mit dem Duftstoff aus einer Drüsentasche unter dem Schwanz. Dazu preßt er sein Hinterteil einen Augenblick lang fest auf den Boden. Auch der in Gefangenschaft gehaltene Dachs markiert regelmäßig die Schuhe seines Pflegers und kennzeichnet ihn so als seinen »Besitz«.

Ganz ähnlich wie der Dachs machen es die Marder und die Mungos ▷. Der Igeltanrek ▷ bespeichelt den Gegenstand, den er markieren will, dann streicht er sich zuerst mit den Vorderpfoten über seine Körperseiten, zuletzt über den Gegenstand. Dadurch überträgt er seinen moschusähnlichen, strengen Körpergeruch.

Der Forscher Irenäus Eibl-Eibesfeldt und seine Frau pflegten einen kleinen Galago-Halbaffen. Galagos oder Ohrenmakis sind sehr reinliche Tierchen mit wolligem, grauem Fell, riesengroßen Augen und nackten, schwarzen Händen und Füßen. Den Tag verschlafen sie, nachts streifen sie durch das Geäst von Bäumen und Sträuchern. Auch der Galago von Eibl-Eibesfeldt verschlief den Tag und turnte nur nachts in der Wohnung herum. Nach einiger Zeit fiel zuerst Frau Eibl-Eibesfeldt, dann auch ihrem Mann auf, daß an einigen Stellen der Wand und auch an einigen Möbeln dunkle Flecken auftraten. Es waren genau jene Stellen, auf die das Tier bei seinem Umherklettern zu treten pflegte. Wie die Flecken zustandekamen, erzählt Eibl-Eibesfeldt folgendermaßen:

»Da saß der kleine Galago und spritzte sich Urin auf die Handflächen; als er damit fertig war, verrieb er ihn auf seinen Fußsohlen. Danach brach er zu seiner allabendlichen Kletterpartie auf und hinterließ überall seine Spuren. So markierte er seine Pfade, und wenn er im Freien durch das dunkle Geäst kletterte, brauchte er nur schnuppernd seiner Duftspur zu folgen, und er fand sicher wieder heim.«

Hausmäuse und Ratten markieren ihre Wege mit Harn und »laufen diese Duftstraßen wie Schienenfahrzeuge entlang«. Die Gleitbeutler, eichhörnchenartige Tiere, kennzeichnen mit Harn ihre Wege und Wohngebiete. In der Brustgegend besitzen sie Drüsen, mit deren Sekret Artgenossen markiert werden. Männchen und Weibchen dieser gesellig lebenden Tiere reiben sich aneinander und übertragen dadurch die Duftstoffe. Die Duftstoffe der verschiedenen Tiere vermischen sich und ergeben insgesamt ein gemeinsames Kennzeichen, an dem sich die Mitglieder einer Sippe erkennen.

Rehe haben zwischen den Hufen eine nach oben mündende Drüse, die Schreckdrüse. Auf der Flucht wird das Sekret ausgepreßt, bleibt an Pflanzenstengeln und Blättern hängen und kann noch nach Tagen andere Rehe warnen und zur Flucht veranlassen.

Männliche Kaninchen markieren ihr Revier mit besonderen Kinn- und Analdrüsen. Hamster haben Flankendrüsen, deren Sekret sie verteilen, indem sie ihre Körperseiten an Grasbüscheln, Steinen und Erdwänden reiben ▷.

Das Markieren von Grasbüscheln durch Thomsongazellen ist beschrieben in Band 1 dieser Reihe, Seite 68.

Der Mungo (Mungos mungo) ist eine Schleichkatze, sie bewohnt Afrika und Asien.

Der Igeltanrek (Centetes ecaudatus) ist ein Borstenigel; er lebt auf Madagaskar.

Zur Reviermarkierung des Feldhamsters vergleiche auch Band 8 dieser Reihe, Seite 49.

Männliche Spitzmäuse haben große, in einer Reihe angeordnete Drüsen an den Flanken. Die Weibchen besitzen kleinere Drüsen, die während der Brunst fast völlig zurückgebildet werden. In dieser Zeit sondern die Weibchen kaum Sekret ab und können ihr Revier deshalb nicht mehr markieren. Offensichtlich ermöglicht dies erst dem Männchen das Eindringen ins weibliche Revier und die Annäherung an das Weibchen. Außerhalb der Brunstzeit leben Spitzmäuse sehr ungesellig – die Sekrete erleichtern es ihnen, sich gegenseitig aus dem Weg zu gehen.

Bekannt ist, welch große Bedeutung Geruchsstoffe für Hunde haben. Nachweislich können Hunde die Duftmarkierungen anderer Hunde individuell erkennen. Ein Hund kann ja auch die Spuren verschiedener Menschen genau unterscheiden. Nur eineiige Zwillinge kann ein Hund am Geruch nicht oder nur schlecht unterscheiden. Das ist für uns eigentlich nicht verwunderlich, haben uns doch schon die Fruchtfliegen gezeigt, daß in den Erbinformationen die »Rezepte« für die von einem Lebewesen ausgeschiedenen Duftstoffe sehr genau festgelegt sind.

Alle diese Beispiele zeigen uns, daß Duftstoffe auch für Säugetiere ein wichtiges Verständigungsmittel sind. Als Duftstoffe können Ausscheidungen, zum Beispiel Urin, benutzt werden, es können aber auch eigens dafür Sekrete in besonderen Drüsen gebildet werden. Die Duftstoffe dienen:

- zum Abgrenzen eines Reviers;
- als Kennzeichen eines Einzeltieres oder einer Sippe;
- zum sozialen Zusammenhalt geselliger Tiere und
- zur sexuellen Anlockung.

Moleküle spielen Puzzle

Insekten verdanken ihr überaus empfindliches Geruchsvermögen ihren Füh-

□ **Wildschweine haben ein hervorragendes Geruchsvermögen. Die Geruchsinformationen dienen zur Verständigung.**

lern, genauer den auf den Fühlern angebrachten Riechhaaren. Mikroskopische Untersuchungen haben ergeben, daß das Innere der Riechhaare mit vielen verzweigten Nervenausläufern von der Art der Dendriten ausgefüllt ist. In Anpassung an den Lebensraum Luft und um ihre feinen Geruchsorgane gegen Beschädigung und Austrocknung zu schützen, sind die Riechhaare der Insekten – im Gegensatz zu den im Wasser lebenden Krebsen – sehr dickwandig. Das hat den Nachteil, daß die Duftstoffe nicht mehr einfach durch die Wand der Haare hindurchtreten können. Um dennoch das Zusammenkommen der Duftstoffe mit den Nervenausläufern der Riechsinneszellen zu ermöglichen, ist die Wand der Riechhaare von vielen feinen Poren durchbrochen.

Der Frage, wie leistungsfähig die Geruchssinnesorgane der Insekten sind, ist besonders der Wissenschaftler Dietrich Schneider ▷ mit seinen Mitarbeitern nachgegangen. Als Versuchstiere dienten ihnen die Wanderheuschrecken Locusta migratoria und die Männchen des Seidenspinners Bombyx mori.

Heuschrecken finden mit Hilfe ihrer Geruchssinnesorgane ihre Nahrung, Blätter und Gras. Chemiker entdeckten die Stoffe, die Blättern und Gras ihren charakteristischen Geruch verleihen ▷. Biologen studierten unter dem Mikroskop den Feinbau der Fühler und stellten fest, daß ein Geruchsorgan der Wanderheuschrecke aus einer Grube besteht, die nur durch eine kleine, kreisrunde Öffnung mit der Außenwelt in Verbindung steht. In dieser Grube befindet sich ein kegelförmiges Gebilde – das eigentliche Geruchsorgan. Unter dem Grubenkegel-Organ ▷ befinden sich drei Sinneszellen, die je einen reizempfindlichen Fortsatz, den Dendriten, in das Innere des Kegels entsenden. Der Kegel selbst ist seitlich durchlöchert, damit die Duftstoffmoleküle bis zu den Dendriten gelangen können. Die drei Sinneszellen sind von anderen Zellen umgeben, die die empfindlichen Sinneszellen einhüllen und außerdem nach außen ständig etwas Flüssigkeit abgeben. Dies verhindert, daß die Dendriten im Grubenkegel austrocknen ▷.

Wie aber funktionieren die Riechsinneszellen? Es gibt nur eine Möglichkeit, sie bei ihrer Tätigkeit zu beobachten, nämlich mit Hilfe von Mikroelektroden und der dazugehörigen elektrophysiologischen Apparatur, die wir schon kennen. Man sticht eine Mikroelektrode, jenes haarfeine Glasröhrchen, das mit stromleitender Flüssigkeit gefüllt ist, in einen Grubenkegel. Die zweite Elektrode sticht man in den Hohlraum des Fühlers, der mit Blut gefüllt ist. Über den Verstärker werden beide Elektroden mit dem Oszillographen verbunden.

Wenn nun durch einen leichten Luftstrom Duftstoff gegen den Fühler gefächelt wird, so gelangen auch Duftstoffmoleküle an und in den Grubenkegel und reizen die Sinneszelle. Auf der Bildröhre des Oszillographen ist eine Spannungsschwankung zu beobachten. Es ist das uns schon bekannte Rezeptor- oder Generatorpotential. Sticht man die Elektroden ein wenig tiefer ein, so kann man mit etwas Glück das dazugehörige Aktionspotential ausmachen. Wir erinnern uns: Die Erniedrigung des Ruhepotentials löst am Beginn des Axons Aktionspotentiale aus, und zwar folgen diese Aktionspotentiale um so schneller aufeinander, je stärker das Ruhepotential durch die Reizung erniedrigt wird. Nun, unsere Forscher sind bis zu diesem Punkt gelangt und fächeln einen bestimmten chemischen Stoff ▷ in ziemlich hoher Konzentration gegen den Fühler. Auf dem Bildschirm sieht man eine rasche Folge von Spikes. Wenn man nun dem Fühler immer weniger Duftstoff zufächelt, dann laufen immer weniger Spikes über den Bildschirm. Die Wissenschaftler verringerten die Menge des Duftstoffs auf winzige Spuren, und immer liefen, wenn auch merklich langsamer, die Spikes. Schließlich zeigte das

In trockenem Zustand stellen sie sofort ihre Tätigkeit ein oder gehen zugrunde. Lebendige Organe arbeiten nur »naß«.

Dietrich Schneider, geb. 1915, ist Direktor des Max-Planck-Instituts für Verhaltensphysiologie in Seewiesen/Obb.

Diese Stoffe sind vor allem ungesättigte Fettsäuren, Alkohole und Aldehyde.

Einen Aldehyd, genauer: trans-2-Hexanal.

Siehe dazu die Grafik auf Seite 67 unten.

Gerät nur noch ein einziges Aktionspotential an. Man berechnete die Stoffmenge, von der dieses eine Potential ausgelöst wurde. Es sind zehn Moleküle, die im Verlauf einer halben Sekunde auf das Grubenorgan auftreffen müssen. Das ist eine unvorstellbar geringe Menge. Die zu Beginn des Versuchs verwendete, verhältnismäßig hohe Duftstoffkonzentration war demgegenüber etwa einmillionmal höher. Das Grubenorgan hatte zehn Millionen Moleküle in einer halben Sekunde registriert.

Dieses Ergebnis gilt natürlich nur für den einen Stoff, mit dem hier experimentiert worden ist, nämlich für das Hexanal. Die Forscher wiederholten diese Experimente sodann mit etwa 400 Stoffen, die sich in ihrer chemischen Struktur nur geringfügig vom Ausgangsstoff Hexanal unterschieden. Aus den unzähligen Versuchsergebnissen entwickelten sie eine Vorstellung von der Art und Weise, wie die Riechsinneszellen einzelne Duftstoffmoleküle wahrnehmen und noch voneinander unterscheiden können.

Auf der Außenseite der Dendriten der Sinneszellen sitzen Fangmoleküle. Durch die Löcher des Grubenkegels schwirren die verschiedenartigsten Duftstoffmoleküle herein und stoßen gegen die auf den Dendriten sitzenden Fangmoleküle. Wenn Duftstoffmolekül und Fangmolekül zusammenpassen wie ein Schlüssel ins Schloß, so verändern sie das elektrische Feld auf der Oberfläche des Dendriten. Geschieht das an verschiedenen Stellen nahezu gleichzeitig, kann es schon ausreichen, um das Ruhepotential so weit zu erniedrigen, daß ein Aktionspotential ausgelöst wird. Für verschiedene Duftstoffe scheint es unterschiedliche Fangmoleküle zu geben. Paßt ein Duftstoffmolekül nicht ganz genau mit dem Fangmolekül zusammen, dann ist nach Meinung der Forscher nur eine schwächere Reizung möglich. Die Vorstellung von den Fangmolekülen, die die Geruchswahrnehmung so einleuchtend erklären, ist bis jetzt noch eine wissenschaftliche Hypothese. Sie hat sehr viel Wahrscheinlichkeit für sich, ist aber weder bewiesen noch widerlegt.

Doch verfolgen wir diese Hypothese der Wissenschaftler noch etwas weiter. Müßte nicht nach diesem Schlüssel-Schloß-Prinzip für jedes Duftstoffmolekül ein genau passendes Fangmolekül auf der Lauer liegen? Dann müßten die Duftstoffmoleküle wie bei einem Puzzle-Spiel eben so lange herumschwirren, bis sie schließlich genau auf das passende Fangmolekül treffen. Das ist ausgeschlossen, denn es gibt Tausende von chemischen Stoffen, die als Duftstoffe in Erscheinung treten können. Außerdem ist es den Chemikern heute möglich, neuartige Duftstoffe im Reagenzglas herzustellen, die es bis dahin überhaupt noch nicht gegeben hat. Die Riechorgane machen keinerlei Unterschied zwischen natürlichen und künstlichen Duftstoffen. Man kann sich aber nicht vorstellen, daß ein Riechorgan sowohl Fangmoleküle besitzt, die für alle bereits in der Natur vorkommenden Duftstoffe passen, wie auch weitere Fangmoleküle für alle künstlich hergestellten und noch zu erfindenden Duftstoffe auf Vorrat liegen hat.

Tatsache ist aber, daß offensichtlich die meisten Tiere, wie auch der Mensch, eine sehr große Zahl von Duftstoffen wahrnehmen und einwandfrei voneinander unterscheiden können. Wahrscheinlich ist es so, daß beim »Molekül-Puzzle« die einzelnen Teilchen nicht so haargenau zusammenpassen. Außerdem sind es wohl nur einige wenige Typen von Fangmolekülen, in die die Vielzahl von Duftstoffmolekülen mehr oder weniger gut hineinpassen. Unser Molekül-Puzzle ist also eine sehr ungenaue, schlampige Angelegenheit. Aber das ist gerade der Trick dabei!

Nehmen wir einmal an, wir hätten ein altes Haus mit vielen altmodischen Türschlössern und Schlüsseln. Boshafterweise hat irgend jemand alle Schlüssel

eingesammelt und in einen Korb geworfen. Die alten Schlösser in unserem Haus sind so wenig präzis gearbeitet, daß sie nicht nur mit einem Schlüssel zu öffnen sind. Mit dem eigentlich passenden Schlüssel geht es spielend, mit den weniger gut passenden Schlüsseln bedarf es einiger Mühe und zahlreicher Versuche. Unsere Aufgabe soll es nun sein, den genau passenden Schlüssel zu jedem Schloß zu finden, aber auch festzustellen, welche Schlüssel welches Schloß zur Not auch noch öffnen können. Da bleibt uns nichts anderes übrig, als mit dem Schlüsselkorb herumzugehen und die Schlüssel einen nach dem anderen auszuprobieren. Wir gehen gründlich und planmäßig vor und geben darum jedem Schlüssel ein Nummernschild. Außerdem schreiben wir die Ergebnisse unserer Bemühungen auf einen Notizblock. Unsere Notizen könnten dann etwa so lauten:
Schlüssel Nr. 1 paßt gut in das Schloß der Haustür, weniger gut in das der Wohnungstür und der Küchentür, die übrigen Türen öffnet der Schlüssel nicht.
Schlüssel Nr. 2 paßt gut in das Schloß der Küchentür, öffnet mit Mühe die Haustür und paßt in keines der übrigen Schlösser.
Schlüssel Nr. 3 paßt gut in das Schloß der Schlafzimmertür und paßt auch noch einigermaßen in das Schloß der Wohungstür – usw.
Wir wollen es mit diesen drei Schlüsseln gut sein lassen.
Wenn wir nun unsere Notizen noch einmal genau durchlesen, können wir nicht nur sagen, welcher Schlüssel in welches Schloß gehört, sondern wir können eine weitere Aussage machen: Wir können nämlich sagen, wie ähnlich die Schlösser untereinander sind, wir können sozusagen ihren Verwandtschaftsgrad angeben. Diese Aussage wäre nicht möglich gewesen, wenn unsere Schlösser, wie die modernen Sicherheitsschlösser, nur von einem einzigen, ganz bestimmten Schlüssel geöffnet werden könnten.
Zurück zum Ausgangspunkt: Unser

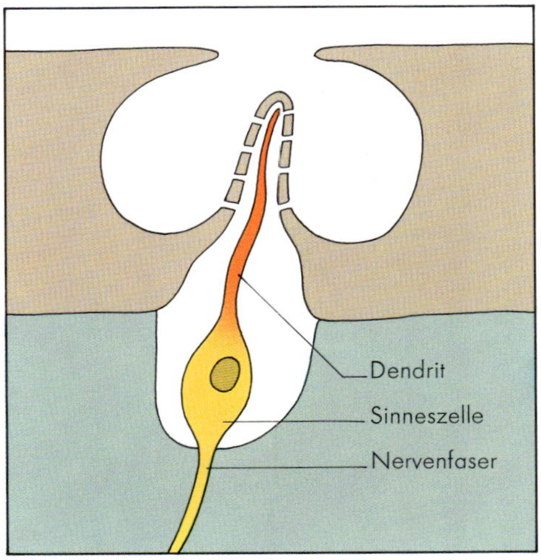

□ Oben: Die einheimische Goldheuschrecke riecht mit ihren Fühlern.
Mitte: Die Wüstenwanderheuschrecke besitzt empfindliche Geruchssinnesorgane in ihren Fühlern.
Unten: Ein Grubenkegel-Geruchssinnesorgan auf den Fühlern einer Wanderheuschrecke.

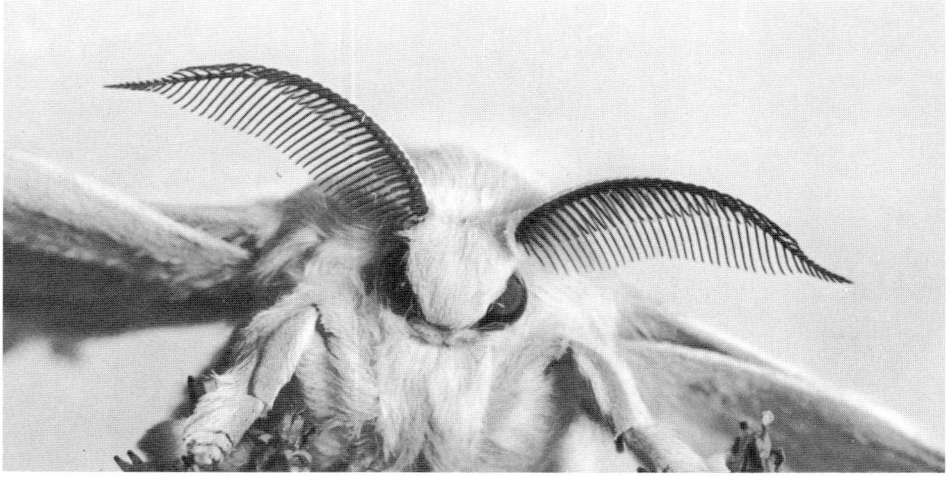

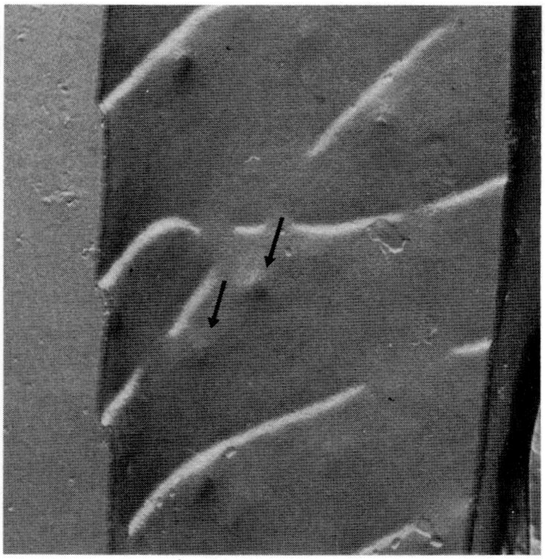

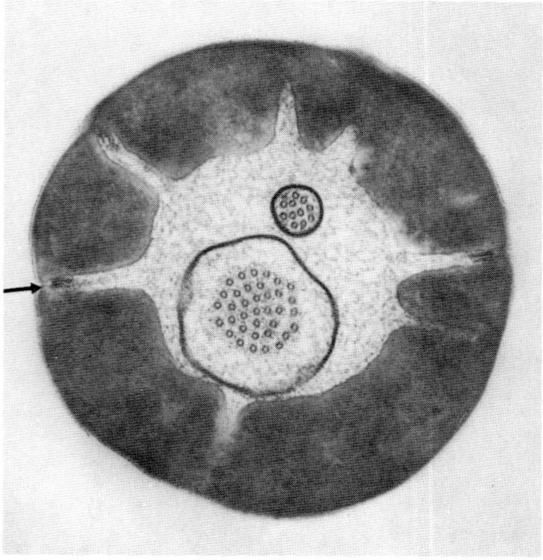

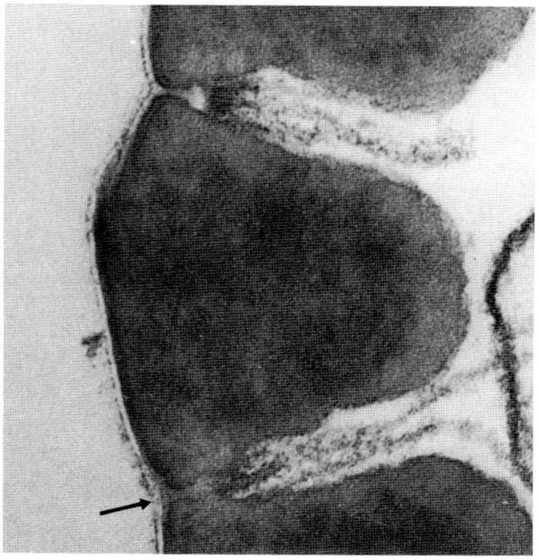

□ **Links oben: Die gefiederten Fühler eines Seidenspinnermännchens können noch wenige Duftstoffmoleküle aus dem Luftstrom herausfiltern.**
Mitte links: Auf den Fühlerästen sind die in Wirklichkeit nur 0,1 Millimeter langen Riechhaare zu sehen.
Mitte rechts: Die Pfeile zeigen auf die Porenöffnungen der Riechhaare.
Links unten: Der Pfeil auf dem Querschnitt durch ein Riechhaar deutet auf die Porenöffnung. Im Inneren sind (kräftig umrandet) zwei Sinneszellenausläufer (Dendriten) zu sehen.
Rechts unten: In 75 000facher Vergrößerung sind die Kanälchen zu sehen (Pfeil), die die Duftmoleküle zu den Sinneszellen leiten.

schlampiges Molekül-Puzzle kann also durchaus, wie der Vergleich mit den Schlüsseln zeigt, den Vorteil haben, daß zusätzliche Informationen gewonnen werden. Es würde beispielsweise völlig genügen, wenn es nur dreierlei Fangmoleküle gäbe. Aus den verschiedenen Eindrücken, die die drei Typen von Fangmolekülen von den Molekülen eines bestimmten Duftstoffs bekommen, könnte eine Art Steckbrief des Duftstoffs zusammengestellt werden. Tausenderlei verschiedene Duftstoffe könnten so individuell erfaßt werden, ebensogut wie beim Farbfilm drei Grundfarben genügen, um durch immer wieder andere Zusammenstellungen unendlich viele Farbtönungen zustandezubringen. Und noch etwas wird klar: Die Geruchsorgane senden keine fertige Meldung an die Nervenzentrale. Aus dem verschlüsselten Steckbrief eines Duftstoffs, der in Form von verschiedenen Serien von Aktionspotentialen ins Gehirn gelangt, einen Geruchseindruck zu erarbeiten und mit bereits in der Erinnerung gespeicherten Riecheindrücken zu vergleichen, das ist eine Leistung des Gehirns.
Nun aber wieder zurück zu den Forschungen der Wissenschaftler um Dietrich Schneider. Sie beschäftigten sich, wie wir wissen, neben der Wanderheuschrecke noch mit einem zweiten Versuchstier, dem Seidenspinner ▷. Vom Seidenspinnermännchen weiß man, daß es vom Weibchen mit einem Sexualpheromon angelockt wird. Die chemische Struktur dieses Pheromons konnte von dem Biochemiker und Nobelpreisträger Adolf Butenandt ▷ und seinen Mitarbeitern aufgeklärt werden. Das war damals eine sensationelle Entdekkung. Bald darauf konnte dieser Lockstoff künstlich hergestellt werden. Das synthetische Produkt zeigte bei den Seidenspinnermännchen die gleiche Wirkung wie der natürliche Lockstoff.
Die Arbeitsgruppe um Dietrich Schneider hatte sich vorgenommen, mit Hilfe des künstlich hergestellten Sexualpheromons das Riechvermögen der Seidenspinnermännchen zu untersuchen. Sie begann mit schon sehr geringen Mengen des Duftstoffs und verringerte diese mehr und mehr. Aber immer noch zeigten die Seidenspinnermännchen, indem sie erregt mit den Flügeln schlugen und suchend herumliefen, daß sie das Pheromon wahrnehmen konnten. Die geringste Menge des Duftstoffs, die bei den Tieren noch eine deutliche Reaktion hervorbrachte, waren 200 Moleküle des Pheromons in einem Kubikzentimeter Luft.
Eine so geringe Stoffmenge kann man sich eigentlich gar nicht mehr vorstellen. Wenn wir zum Beispiel 100 Liter, das ist der Inhalt eines größeren Bierfasses, von diesem Lockstoff ins Weltmeer schütten und warten würden, bis er sich gleichmäßig in allen Ozeanen verteilt hätte, dann wären in jedem Kubikzentimeter Meerwasser etwa 200 Moleküle Lockstoff – also gerade die Menge, die, in der Luft verteilt, das Seidenspinnermännchen noch riechen kann.
Selbst der beste Spürhund kann da nicht mehr mithalten. Ein Hund braucht wenigstens 1 000 Moleküle eines Duftstoffs in einem Kubizentimeter Luft, damit er eine Geruchswahrnehmung hat. Bei der Würdigung der fünfmal besseren Leistung des Seidenspinnermännchens

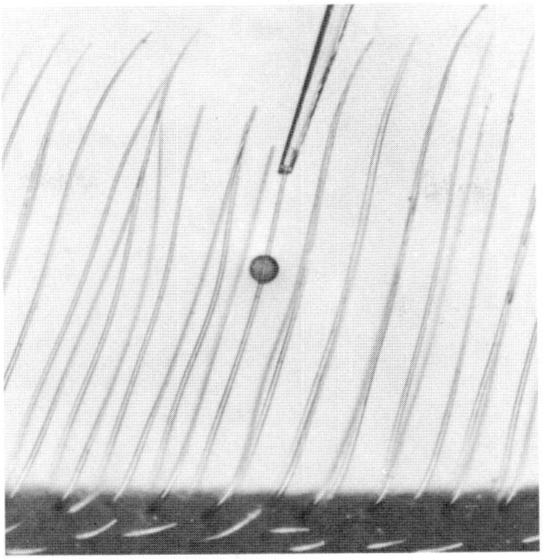

□ Um die Aktionspotentiale eines Riechhaars abzuleiten, wurde über dessen abgebrochene Spitze eine Glaselektrode gestülpt. Mit Hilfe einer anderen Kapillare (dunkler Kreis) wurde das Riechhaar mit Duftstoff gereizt.

Bombyx mori; siehe dazu auch Band 1 dieser Reihe, Seite 37.

Adolf Butenandt, geb. 1903, Biochemiker in München. Er erforschte die Sexualhormone und biochemischen Wirkungen der Erbfaktoren sowie die Wirkstoffe der Insekten. Nobelpreisträger 1939.

müssen wir allerdings bedenken, daß diese enorme Leistung nur bei einem einzigen Stoff erfolgt, eben dem Sexualpheromon. Das Seidenspinnermännchen ist also ein Spezialist. Ein Hund kann dagegen sehr viele verschiedene Duftstoffe riechen, wenn sie in etwas höheren Konzentrationen auftreten.

Die besten Geräte, die der Mensch herstellen kann, um kleine Duftstoffmengen nachzuweisen, sind sogenannte Gas-Chromatographen ▷. Wie sie arbeiten, brauchen wir uns hier nicht klarzumachen, uns interessiert jetzt nur die Empfindlichkeit dieser Geräte. Damit das Gerät etwas anzeigt, müssen mindestens zehn Milliarden Moleküle des nachzuweisenden Stoffes in einem Kubikzentimeter Luft enthalten sein. Die technischen Geräte sind also den Geruchsorganen der Tiere hoffnungslos unterlegen.

In diesem Zusammenhang können wir auch gleich der Frage nachgehen, bis zu welcher Entfernung die Duftstoffe als chemische Signale wirken. Dazu hat man, in Zahlen ausgedrückt, folgendes festgestellt: Ein lockendes Nachtfalterweibchen erzeugt bei der schwachen Windgeschwindigkeit von 1 Meter in der Sekunde eine wirksame Duftfahne von 200 Meter Breite und 5 Kilometer Länge. Stärkerer Wind verlängert die Duftfahne bis auf 10 Kilometer, bei Windstille wird der Wirkungsbereich viel kleiner.

Bedrängte Ameisen geben ein Alarmpheromon ab, das in 6 Zentimeter Umkreis wirkt. Die Duftstoffmarkierungen, die von Ameisen abgesetzt werden, um ihre Spur zu kennzeichnen, wirken in 6 Millimeter Umkreis. Wir kommen also auf ganz unterschiedliche Werte. Eigentlich ist das aber nicht verwunderlich, denn es hängt natürlich zum einen davon ab, in welcher Menge ein Duftstoff ausgesandt wird und in welcher Form er abgegeben wird; zum anderen kommt es auf die Art und die besondere Empfindlichkeit des Geruchsorgans an.

So sehr wir uns bis jetzt bemüht haben, Licht in die Verständigungsweisen der Tiere zu bringen, wir sind nicht über Ansätze hinausgekommen. Es sind alles nur einzelne Mosaiksteinchen, die uns zwar eindrucksvoll die Vielfalt der Möglichkeiten tierischer Verständigung vor Augen halten, Steinchen, die uns im einen oder anderen Fall Aufschlüsse über die Bedeutung chemischer, optischer und akustischer Signale geben, die aber noch zu keinem Bild zusammenpassen.

Wir stehen jetzt wie ein Forschungsreisender vor einem neuentdeckten Volksstamm, dessen Sprache er seit Wochen und Monaten studiert. Er hört die fremden Laute, sieht die Gesten, beobachtet die Mimik der Fremdlinge. Einige wenige Signale hat er enträtselt, den einen oder anderen Laut weiß er zu deuten, aber die Sprache des fremden Volkes kennt und versteht er noch lange nicht.

Bedeutet das, daß wir an dieser Stelle aufgeben, daß wir aufgeben müssen, weil wir einfach noch nicht mehr über die Verständigung der Tiere untereinander wissen? Wir wollen die Antwort auf diese Frage so lange offenlassen, bis wir das nächste Kapitel hinter uns gebracht haben.

Gas-Chromatograph: Gerät zur Trennung verdampfbarer Stoffe, dient gleichzeitig zum Nachweis dieser Stoffe.

Ihre Sprache ist der Tanz

Seit mehr als vierzig Jahren beschäftigt sich ein Heer von Wissenschaftlern, vor allem von deutschen Biologen, mit einem kleinen Insekt, das dem Menschen von alters her als Haustier dient: mit der Honigbiene. Schon in Band 2 dieser Reihe steht eben jenes Tier im Mittelpunkt eines umfangreichen Kapitels, aus dem viel Erstaunliches über dieses Insekt, über seine Beziehungen zu den Blüten und über die Bedeutung seiner Blütenbesuche für die Fortpflanzung der Pflanzen zu entnehmen ist.

Honigbienen leben in großen sozialen Verbänden zusammen, bilden Bienenvölker, denen oft mehr als 50000 Einzeltiere angehören. Wo eine so große Anzahl von Tieren auf engem Raum zusammenlebt, muß ein hohes Maß an Ordnung herrschen, die wiederum nur möglich ist, wenn zwischen den Tieren ein gewisses Einvernehmen besteht. Voraussetzung für jedes Einvernehmen ist die Fähigkeit zu kommunizieren, sich untereinander zu verständigen. Verfolgen wir nun, inwieweit es der biologischen Forschung gelungen ist, die »Sprache« der Bienen zu entschlüsseln.

Beobachtungen im Bienenstock

Ein Sonntagmorgen im Juni. Strahlender Sonnenschein. Die ganze Familie hat sich auf der Terrasse um den Frühstückstisch versammelt, auf dem unter anderem ein Schälchen mit Honig steht. Kaum sitzen alle bequem in ihren Korbstühlen, da erscheint eine Biene, umfliegt den Tisch, kreist über dem Honigschälchen und landet. Etwa eine Minute lang saugt sie vom Honig. Dann startet sie und verschwindet in Richtung auf den Bienenstock, der im Garten des Nachbarn steht. Zehn Minuten später umschwirren bereits mehr als ein Dutzend Bienen den Kaffeetisch. Wo kommen sie so plötzlich her? Wovon wurden sie angelockt?

Der Zoologe Karl von Frisch ▷ war wohl der erste Biologe, der, von ähnlichen Beobachtungen ausgehend, diese Frage zu klären versucht hat. In der Nähe eines Bienenstockes stellte er ein Schälchen mit Zuckerwasser auf und kennzeichnete die erste Biene, die zur Futterquelle kam, mit einem Farbtupfen. Jetzt konnte er dieses Tier ohne Mühe bis zum Stock zurückverfolgen und es auch im Gewimmel des Volkes wiederfinden. Um alle Vorgänge auf den Waben sehen zu können, hatte er in die Wände des Bienenstockes Glasscheiben eingebaut.

Karl von Frisch, geb. 1886, Professor für Zoologie in München. Er erhielt 1973 den Nobelpreis für seine Untersuchungen über die Sinnes- und Orientierungsleistungen der Bienen.

Im Stock würgte die gekennzeichnete Biene als erstes einen Tropfen der gesammelten süßen Flüssigkeit aus ihrem Magen hervor und verteilte sie an ihre Stockgenossinnen. Dann begann sie auf der Wabe, einmal linksherum, einmal rechtsherum, im Kreis zu laufen.

Dieser Rundtanz wirkte anscheinend ansteckend auf die anderen Tiere, denn sehr bald begannen sie alle Bewegungen der Tanzbiene mitzumachen; dabei blieben sie mit ihren Fühlern in ständigem Kontakt mit dem Hinterleib der Vortänzerin. Dieser Tanz dauerte einige Sekunden, höchstens eine Minute, dann löste sich die Vortänzerin aus dem Gewimmel der nachtanzenden Bienen und lief an einen anderen Platz des Stockes. Wieder würgte sie eine Kostprobe aus und verteilte sie an vorübereilende Stockgenossinnen. Wieder folgte eine Tanzdarbietung. Was bezweckte diese Tanzzeremonie?

Karl von Frisch entdeckte, daß der Rundtanz der Honigbiene ein Verstän-

☐ **Bienen beim Schwänzeltanz auf der senkrecht stehenden Wabe. Stellt man die linke Buchhälfte senkrecht, wie es die kleine Abbildung zeigt, so erhält man die gleichen Lageverhältnisse wie die Bienen auf der Wabe: Der Winkel zwischen der Richtung nach oben (gelber Pfeil) und der Richtung des Schwänzellaufes (blauer Pfeil) ist der gleiche wie der Winkel zwischen der Richtung zur Sonne und der Richtung zur Futterquelle in der Abbildung auf Seite 73. Legt man die linke Buchhälfte wieder waagerecht, so entspricht das den Lageverhältnissen eines Schwänzeltanzes, den die Bienen gelegentlich auf dem waagerechten Flugbrett ausführen. Der gelbe Pfeil muß in diesem Fall direkt auf die Sonne zeigen.**

digungsmittel ist, mit dem sie ihren Artgenossinnen eine Mitteilung macht, die, in unsere Sprache übersetzt, etwa lautet: »Achtung, Achtung, von dem süßen Saft, den ihr eben gekostet habt, habe ich draußen eine große Menge gefunden. Fliegt hinaus, sucht und sammelt!«
Die anderen Bienen verstehen diese Mitteilung, fliegen hinaus und suchen zuerst in der Nähe des Bienenstockes. Ist das erfolglos, ziehen sie immer größere Kreise, bis sie endlich die Nahrungsquelle gefunden haben.

Bienen tanzen nach der Stoppuhr

Eines Tages stellte Professor von Frisch seine Zuckerwasserschälchen einige hundert Meter vom Bienenstand entfernt auf. Es dauerte eine ganze Weile, bis eine Biene diese Nahrungsquelle gefunden hatte. Die von ihr benachrichtigten Bienen suchten jedoch nicht lange in der Gegend herum, sondern flogen erstaunlicherweise schnurgerade in Richtung auf die Futterquelle vom Stock ab. Außerdem führten die Bienen, die eine so weit entfernte Futterquelle gefunden hatten, nach ihrer Rückkehr einen anderen Tanz vor: Sie tanzten die Form einer Acht, wobei sie zwischen den Kreisen eine kurze Gerade einlegten und dabei schnell mit dem Hinterleib hin- und herwackelten. Auch bei diesem Tanz blieben die Nachtänzerinnen in ständigem Fühlerkontakt mit der Vortänzerin. Um herauszufinden, was die heimgekehrten Bienen ihren Stockgenossinnen mit dem Schwänzeltanz mitteilen, ließ von Frisch Schälchen mit Zuckerwasser zuerst ganz in der Nähe des Bienenstokkes und dann immer weiter davon entfernt aufstellen. War die Entfernung der entdeckten Futterquelle vom Stock geringer als 50 bis 100 Meter, so tanzten die Bienen den Rundtanz. War die Entfernung größer, so tanzten die Bienen den eben beschriebenen Schwänzeltanz. Bei sehr großen Entfernungen zur Fut-

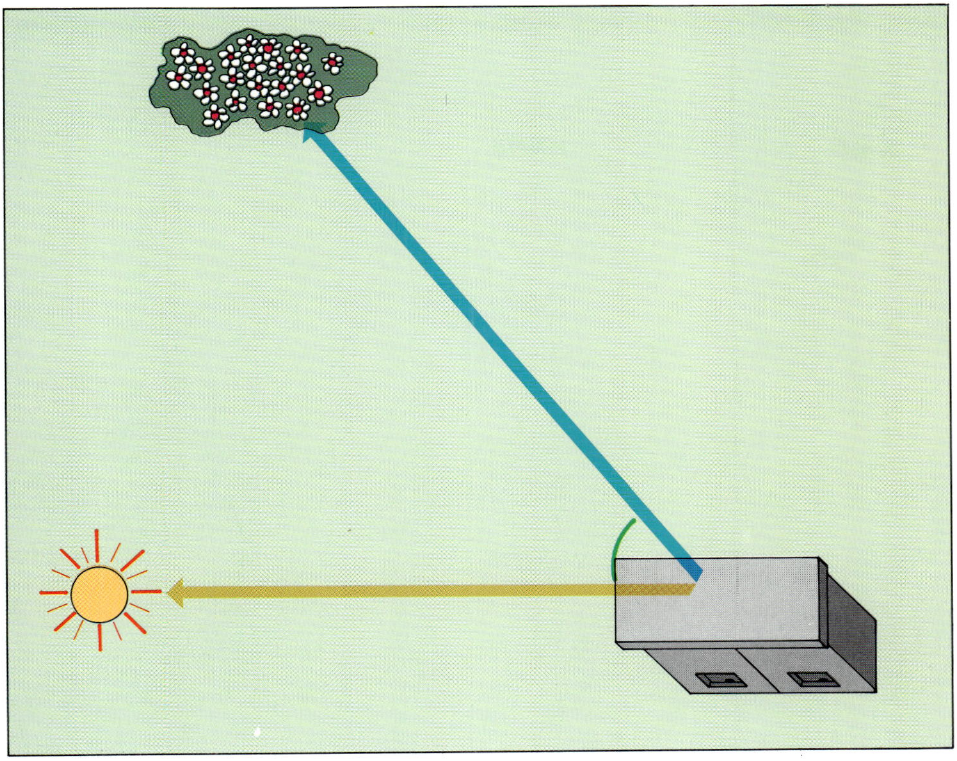

□ **Lage der Futterquelle, hier einer blühenden Wiese, im Verhältnis zur Sonne (gelber Pfeil) und zum Bienenstock (blauer Pfeil). Veränderungen des Sonnenstandes registriert die Biene wie mit einer inneren Uhr oder einem Computer und berücksichtigt sie bei der Richtung ihres Schwänzellaufes. Bienen benützen also die Sonne als Orientierungspunkt, um den Kurs zur Futterquelle zu bestimmen und genau einzuhalten.**

terquelle tanzten die Bienen den Schwänzeltanz mit sehr langsamen Bewegungen, so als ob sie noch müde und lahm vom weiten Flug wären. Es stellte sich heraus, daß die Geschwindigkeit, mit der der Schwänzeltanz ausgeführt wird, in direktem Zusammenhang mit der Entfernung vom Bienenstock zur Futterquelle steht.

Karl von Frisch konnte, nachdem er dies herausgefunden hatte, fast auf den Meter genau die Entfernung von Futterquellen angeben, die von heimgekehrten Bienen im Stock gemeldet wurden. Er maß einfach mit einer Stoppuhr die Geschwindigkeit der Schwänzeltänze. Zum Beispiel zählte er 10 Schwänzelläufe in 15 Sekunden, wenn die Futterstelle 100 Meter entfernt war. Bei 500 Meter Entfernung waren es 6 Läufe, bei 1000 Meter noch 3, bei 2000 Meter noch 2 und bei 10000 Meter nur noch ein einziger Durchlauf in einer Viertelminute. Dies stimmte freilich nur bei Windstille. Bei Gegenwind fiel der Schwänzeltanz langsamer, bei Rückenwind schneller aus. Die Bienen maßen also nicht die exakte Entfernung, sondern sie gaben ihren Kraftaufwand an und zwar nur den des Hinfluges. Bienen können also durch die Geschwindigkeit des Schwänzeltanzes ihren Stockgenossinnen genaue Angaben über die Flugdauer zur Nahrungsquelle machen.

Diese Erkenntnis macht aber noch nicht verständlich, warum die Bienen, die durch den Schwänzeltanz einer Vortänzerin auf eine Nahrungsquelle aufmerksam gemacht wurden, geradlinig und ohne Suchen zur Futterquelle flogen. Offensichtlich mußte im Schwänzeltanz auch eine Information über die Richtung zur Futterquelle enthalten sein.

Der Sonnenkompaß der Bienen

Auf dem Flugbrett tanzen die Bienen den Schwänzeltanz so, daß der geradlinige Schwänzellauf in Richtung auf die

Futterquelle zeigt. Allerdings funktioniert das nur, solange die Sonne scheint. Bei ganz bedecktem Himmel sind die Bienen verwirrt und nicht mehr in der Lage, sich zu orientieren – ganz offensichtlich richten sie sich nach der Sonne aus.

Nun ist aber der Schwänzeltanz auf dem Flugbrett sicher nicht der Normalfall. Dort halten sich meist nur wenige Bienen auf, die Hauptmasse der Bienen befindet sich im Inneren des Stockes. So müssen die Bienen ihre Schwänzeltänze vor allem im Stock aufführen, und das tun sie auch, obwohl es im Bienenstock »stockdunkel« ist und somit die Sonne zur Orientierung ausscheidet. Außerdem steht im Bienenstock keine waagerechte Fläche zur Verfügung, denn die Waben hängen ja senkrecht. Doch die Bienen wissen sich zu helfen.

Anstatt nach der Sonne richten sich die Bienen nach oben aus, also entgegen der Schwerkraft. Schwänzelläufe nach oben auf den senkrechten Waben bedeuten, daß der Futterplatz direkt in Richtung auf die Sonne liegt; Schwänzelläufe nach unten, daß die Futterquelle entgegengesetzt zur Sonne zu suchen ist ▷. Liegt die Futterquelle beim Ausflug aus dem Stock 40 Grad links von der Sonne, so tanzt die Vortänzerin entsprechend auf der Wabe. Dabei ist der Winkel zwischen der Richtung des Schwänzellaufes und der Senkrechten nach oben gleich dem Winkel, den die Bienen zur Sonne einhalten müssen, wenn sie zur Futterquelle gelangen wollen.

Es erscheint unglaublich, daß ein kleines Insekt es fertigbringt, seinen Flugwinkel zur Sonne in etwas ganz anderes, nämlich in den Winkel zur Schwerkraft zu übersetzen. Noch erstaunlicher ist, daß dieses Vermögen, zu übersetzen oder zu transponieren, auch noch andere Insekten besitzen ▷.

Die »Bienensprache«, die man vielleicht besser einen »lautlosen Code« nennen sollte, besteht, soweit wir bis jetzt sehen können, aus Bewegungsabläufen – aus den Tänzen, die in verschlüsselter Form Informationen enthalten.

Verständigung mittels Lauten und Tönen schien für die Biene, an der man keine Hörorgane finden konnte, keine Rolle zu spielen. Aber auch hier gab es noch eine Überraschung.

Im Laboratorium von Professor von Frisch arbeitete 1960 der junge Doktorand Harald Esch. Er konstruierte mit viel Geschick eine naturgetreu nachgebildete Tänzerin-Attrappe. Diese sollte nicht nur wie eine Biene aussehen, sondern sich auch wie eine Tanzbiene verhalten. Zu diesem Zweck speicherte Esch die Schwänzelbewegungen auf Magnetband und steuerte damit die Bewegungen seiner Bienen-Attrappe. Die Bienen ließen sich davon täuschen und folgten der Attrappe wie einer echten Tanzbiene. Nur machte sich keine Biene auf die Suche nach der Futterquelle, die die Attrappe anzeigen sollte. Irgend etwas stimmte mit der Bienen-Attrappe nicht. Esch untersuchte nochmals genau seine Magnetbandaufzeichnungen. Und dabei fand er heraus, daß die Bienen mit ihren Flügeln Geräusche von nur wenigen Sekundenbruchteilen Dauer hervorbrachten. Diese Geräusche fehlten seiner Bienen-Attrappe.

Wie können aber die Bienen Töne wahrnehmen, da sie doch keine Hör-

□ Eine Sammelbiene beim Rundtanz auf der Wabe. Andere Bienen laufen der Tänzerin nach und verstehen dadurch die Nachricht.

Läßt man einen Mistkäfer auf einer waagerechten Fläche laufen und beleuchtet ihn mit einer künstlichen Lichtquelle, so behält er beim Laufen den Winkel zur Lichtquelle bei. Kippt man nun die Fläche in die Senkrechte und schaltet gleichzeitig das Licht bis auf eine diffuse Beleuchtung von oben ab, so übersetzt der Käfer, genau wie die Biene, seinen Laufwinkel zur Lichtquelle in einen Winkel zur Schwerkraft.

Siehe die Abbildungen auf Seite 72 und 73.

organe besitzen? Wahrscheinlich sind sie in der Lage, mit den Beinen Vibrationen zu spüren. Die Bedeutung dieser Töne oder Geräusche hat man inzwischen enträtseln können. Sie dienen ähnlich wie das Tempo des Tanzrhythmus zur Angabe der Flugdauer. Je länger die von kurzen Pausen unterbrochenen Töne sind, um so weiter ist das Ziel entfernt. Die Angabe über die Flugdauer erfolgt also in zweifacher Weise. Eigentlich hätten die Bienen auch ohne Töne schon die volle Information. Dennoch fliegen sie nicht aus, wenn die Töne fehlen. Sind diese Töne zusätzlich nötig, um die Bienen zum Ausfliegen in Stimmung zu bringen? Noch wissen wir nicht alles über die Bedeutung der Töne, die die Bienen bei ihrem Tanz auf der Wabe erzeugen.

Vollklimatisierte Komfortwohnung im Bienenstock

Nach einigen sonnigen Frühlingstagen ist der Winter zurückgekommen. Ein kalter Wind treibt Schneeflocken und Regentropfen vor sich her. Die wenigen Insekten, die sich schon munter in der Sonne getummelt hatten, sitzen jetzt klamm und erstarrt in ihren Schlupfwinkeln. Nicht so im Bienenstock. Wenn auch draußen der Sturm tobt, hier drinnen ist es gemütlich warm. Unabhängig von der Außentemperatur können wir im Brutnest, das ist der innerste Teil des Bienenstockes, stets genau 35 Grad Celsius messen, fast soviel wie die Körpertemperatur des Menschen. Wie bringen die Bienen, die doch zu den wechselwarmen Tieren gerechnet werden, das Kunststück fertig, im Bienenstock eine nahezu konstante Temperatur aufrechtzuerhalten?

Ihre Körpertemperatur entspricht, wenn sie in Ruhe sind, der Temperatur der Umgebung. Allerdings erzeugen die Bienen, wie alle Lebewesen, Wärme, wenn sie ihre Muskeln bewegen. Stets ist Muskelarbeit untrennbar mit Wärmeerzeugung verbunden. Der Brennstoff für den Muskel ist Zucker, der, im Blut gelöst, ständig neu zugeführt wird. Dieser Zucker wird chemisch abgebaut, gewissermaßen auf kaltem Wege verbrannt. Dabei wird die im Zucker enthaltene chemische Energie freigesetzt und über energiespeichernde, körpereigene Stoffe zum kleineren Teil in Muskelkraft, zum größeren Teil in Wärme umgewandelt ▷. Die Wärme, die bei der Muskelarbeit frei wird, können wir spüren, wenn wir einen Dauerlauf machen oder schnell bergauf gehen; dann wird es uns ganz schön warm.

Das Verhältnis der als Muskelkraft freiwerdenden Energie zur gesamten Energie nennt man den »Wirkungsgrad« oder »Nutzeffekt«. Einen noch schlechteren Wirkungsgrad als der Muskel haben die vom Menschen konstruierten Wärmekraftmaschinen, wie Dampfmaschine, Dampfturbine, Benzin- und Dieselmotor.

Wir können also festhalten, daß die Gewinnung von Muskelkraft zwangsläufig mit einer beachtlichen Wärmeerzeugung verbunden ist. Das ist auch die einzige Wärmequelle, über die Bienen in diesem Falle verfügen. Durch Muskelzittern können sie, auch wenn sie sich sonst nicht bewegen, ein wenig Wärme erzeugen. Bei einer einzelnen Biene reicht das höchstens für eine Temperaturerhöhung um 1/10 Grad. Wenn aber im Bienenstock Tausende von Bienen durch Muskelzittern Wärme erzeugen, so wirkt das wie ein lebendes Heizkissen, das sich wärmend über die Brutwaben legt.

Man hat die Wärmeproduktion der Bienen genau bestimmt. Die Wärmeleistung einer Biene beträgt etwa 0,1 Kalorie pro Minute ▷. So kann ein normal großes Bienenvolk, das aus mindestens 20000 Arbeitsbienen besteht, leicht 2000 Kalorien in der Minute erzeugen. Diese Wärmemenge ist ausreichend, um theoretisch 100 Kubikzentimeter Wasser, das ist etwa eine Kaffeetasse voll, in einer Minute um 20 Grad zu erwärmen. In Wirklichkeit wird diese Temperatur nicht erreicht, weil es immer zu Wärmeverlusten durch Wärmeabstrahlung und durch mehr oder weniger gute Wärmeisolation kommt.

Nach dem neuen Maßsystem sind das 0,4186 Joule pro Minute.

Im Bienenstock drängen sich die Bienen im Winter, wenn keine empfindliche Brut zu schützen ist, zu einer großen Traube zusammen, in deren Inneren die Temperatur auf 20 bis 30 Grad gehalten wird. Niemals sinkt die Temperatur unter 17 Grad. In einem strengen Winter mit einer Außentemperatur von –28 Grad hielten die im Stock zusammengedrängten Bienen eine Temperatur von 31 Grad aufrecht. Der Temperaturunterschied zwischen außen und innen betrug 59 Grad!

Wir haben nun darüber Klarheit gewonnen, wie die Bienen Wärme erzeugen. Wie aber passen sie die Wärmeerzeugung an die augenblicklichen Erfordernisse an, damit nicht zuviel und nicht zuwenig Wärme erzeugt wird? Die Annahme ist naheliegend, daß die Bienen auf sinkende Temperaturen im Bienenstock mit stärkerem Muskelzittern antworten und dadurch mehr Wärme erzeugen. Dafür spricht, daß Bienen in ihren Fühlern Thermorezeptoren haben und damit über sehr empfindliche Temperaturmeßgeräte verfügen, die es ihnen ermöglichen, noch Temperaturunterschiede von $^1/_{10}$ Grad festzustellen. Beobachtungen an der Wintertraube im Bienenstock zeigen aber, daß die Temperaturregulation in Wirklichkeit etwas komplizierter verläuft.

Wenn es draußen kälter wird, rücken die Bienen enger zusammen, die Wintertraube wird kleiner. Erstaunlicherweise erzeugen nur die Bienen, die innen und damit im Warmen sitzen, durch ihr Muskelzittern Wärme, während die äußeren Bienen, obwohl sie im kühleren Bereich sitzen, sich ganz ruhig verhalten. An sich müßte man erwarten, daß die Bienen sich gerade umgekehrt verhalten. Dann aber könnte die erzeugte Wärme nur schlecht gehalten werden. Offensichtlich ist es so, daß die inneren, »warmen« Bienen als »Zentralheizung« Wärme erzeugen, wozu sie durch ihren höheren Stoffwechsel – der wiederum bedingt ist durch ihre höhere Körpertemperatur – gut in der Lage sind. Die äußeren, »kalten« Bienen tragen zur Wärmeerzeugung nichts bei, sie sind aber als »Isoliermaterial« wichtig, um die Wärmeverluste zu verringern.

Immer noch ist uns nicht klar, was die inneren Bienen dazu veranlaßt, Wärme zu erzeugen, wozu sie ja eigentlich keine Veranlassung haben, da sie behaglich im Warmen sitzen und nicht wissen können, wie kalt es außen ist. Gibt es darüber eine Verständigung?

Eine noch genauere Beobachtung der Wintertraube löst das Rätsel. Da sieht man, wie die äußeren Bienen nach einer gewissen Zeit ins warme Innere drängen, um sich wieder aufzuwärmen, und dadurch ehemals im Inneren befindliche Bienen zwangsläufig nach außen gelangen. Diese kühlen aus und stellen das Muskelzittern ein, weil sie klamm werden. Die eindringenden, »kalten« Bienen dagegen wirken als Kältereiz auf die im Inneren sitzenden, »warmen« Bienen und veranlassen diese zu vermehrter Wärmeerzeugung durch Muskelzittern. Herrscht dagegen ein Überschuß an Wärme, so rücken die Bienen weiter auseinander, die Traube nimmt an Umfang und damit an Oberfläche zu. Dies führt durch vermehrten Wärmeverlust zur Temperatursenkung. Sobald es wärmer wird, drängen überdies die äußeren Bienen nur noch in größeren Zeitabständen ins Innere, um sich aufzuwärmen, wodurch der Kältereiz für die inneren Bienen abnimmt. Diese verringern daraufhin die Wärmeerzeugung

□ In die Zellen sind Wassertropfen eingetragen worden. Durch Flügelfächeln wird die Verdunstung beschleunigt und dadurch der Stock gekühlt.

oder sie stellen diese, wenn es noch wärmer wird, ganz ein. Was aber, wenn es an heißen Sommertagen noch wärmer wird und die Gefahr einer Überhitzung droht?

Martin Lindauer ▷ stellte in Süditalien einen Bienenstock in die pralle Sonnenglut eines Lavafeldes, auf dem Temperaturen bis zu 70 Grad gemessen wurden. Trotz dieser Gluthitze hielten die Bienen die Temperatur im Stock konstant auf 35 Grad. Das funktionierte allerdings nur, solange den Bienen aus einer nahe gelegenen Tränke Wasser zur Verfügung stand. Als Lindauer die Tränke abdeckte, stieg die Temperatur im Stock gefährlich an, die Wachswaben begannen zu schmelzen, und das Experiment hätte zweifellos mit einer Katastrophe geendet, wenn man den Bienen nicht rasch wieder Wasser angeboten hätte. Bald sank die Temperatur im Stock wieder auf 35 Grad. Was hat nun die Temperaturregulierung im Bienenstock mit dem Vorhandensein von Wasserstellen im Freien zu tun?

Lindauer beobachtete folgendes: Sobald die Temperatur im Stock über 35 Grad ansteigt, wird von Sammelbienen Wasser eingetragen und am Eingang der Zellen in Tropfenform abgelagert. Das Wasser beginnt zu verdunsten, was die Tiere dadurch beschleunigen, daß sie mit ihren Flügeln darüber hinwegfächeln. Wenn 1 Gramm Wasser verdunstet, werden 340 Kalorien Wärme verbraucht. Die verbrauchte Wärmemenge wird aus der Umgebung abgezogen und führt zur Abkühlung. Bienen benützen also ganz offensichtlich die Verdunstungkälte des Wassers zur Kühlung ihres Stockes. Durch Fächeln mit den Flügeln beschleunigen sie die Verdunstung. Andere Bienen breiten durch eigenartige Bewegungen mit ihrem Rüssel die Wassertröpfchen zu einem dünnen Film aus. Nach einigen Sekunden ist dieser Wasserfilm verdunstet, und die Biene kann den gleichen Vorgang wiederholen. Dieses Rüsselschlagen, das die Tiere stundenlang ausüben können, bewirkt ebenfalls einen starken Kühleffekt.

Zur Kühlung benötigen die Bienen beachtliche Wassermengen. Hier beginnt nun eine sehr präzise Zusammenarbeit zwischen den Wassersammlerinnen, die das Wasser von draußen in den Stock hineintragen, und den Wasserverteilerinnen, die es im Stock zur Verdunstung bringen. Es ist nämlich keineswegs so, daß jede Biene zum Wassersammeln ausfliegen kann. Das tun nur die erfahrenen Sammelbienen, die auf ihren Sammelflügen das Gelände um den Bienenstock herum erkundet haben und genau wissen, wo Wasser geholt werden

Martin Lindauer, geb. 1918, Professor für Zoologie an der Universität Würzburg, arbeitet über Sprache und Orientierung der Bienen.

□ Links: Bienen am Flugloch sorgen durch Flügelfächeln für eine kühlende Luftströmung im Stock.
Rechts: Eine Sammelbiene übergibt ihren Nektar an eine Stockbiene. Statt Nektar kann in der gleichen Weise Wasser eingetragen werden.

kann. Die Nektarsammlerinnen werden also bei Bedarf zu Wassersammlerinnen. Im Stock übergeben sie das herbeigetragene Wasser an junge Stockbienen, die als Wasserverteilerinnen für die Verdunstung des Wassers sorgen. Die Wassersammlerinnen geben sich mit dieser Arbeit nicht ab, sondern sie fliegen sofort wieder aus, um neues Wasser herbeizuschaffen.
Wie werden nun die Nektar eintragenden Sammelbienen davon verständigt, daß sie statt Nektar Wasser herbeischaffen sollen? Offensichtlich gibt es darüber keine direkte Verständigung. Bei anfänglicher Überhitzung des Stockes tragen die Sammlerinnen immer noch ebenso eifrig wie ahnungslos Nektar ein, während sich die Stockbienen bemühen, durch Verdunsten des Nektars, der als eine Art Zuckerlösung reichlich Wasser enthält, einen Kühleffekt zu erzielen. Dies gelingt natürlich um so leichter, je wasserhaltiger der Nektar ist. Die Stockbienen nehmen den Sammelbienen in dieser Situation den wasserhaltigen Nektar begierig ab, während sie stärker zuckerhaltigen Nektar, ganz entgegen ihrer sonstigen Gewohnheit, nur widerwillig annehmen. Bringt eine Sammlerin jedoch reines Wasser, so wird ihr das geradezu stürmisch abgenommen. Die Sammelbienen richten sich nun danach und bemühen sich, möglichst wasserhaltigen Nektar oder, noch besser, gleich reines Wasser einzutragen. Die Verständigung darüber, was eingetragen werden soll, Nektar oder Wasser, erfolgt also nach dem einfachen Prinzip von Angebot und Nachfrage. Sobald der Wassernotstand behoben ist, erfahren die Wassersammlerinnen zunehmende Ablehnung, während die wieder Nektar sammelnden Bienen deutlich bevorzugt werden, was wiederum zu einer allgemeinen Umstellung vom Wassereintragen zum Nektarsammeln führt. Auf diese Weise können die Sammelbienen auch bei anderweitigem Wasserbedarf, wie er zum Beispiel bei der Brutpflege anfällt, zum Wasserholen veranlaßt werden. Nach dem gleichen Prinzip entscheiden höchstwahrscheinlich die wählerischen Stockbienen auch ständig darüber, welcher Nektarsorte nach Duft, Geschmack und Zuckergehalt im Augenblick der Vorzug zu geben ist.

Arbeitsteilung im Bienenvolk

Der Blick in einen Bienenstock zeigt dem Menschenauge ein unentwirrbares Gewimmel scheinbar ziellos auf den Waben herumlaufender Bienen. Eine Biene sieht aus wie die andere. Für uns Menschen sind es anonyme Wesen, deren Biographie so lange verborgen bleibt, bis sich ein Wissenschaftler einmal mit dem Einzelschicksal einer Biene beschäftigt.
Martin Lindauer nahm sich vor, einmal den gesamten Lebensweg einer Biene zu verfolgen. Dazu konstruierte er für ein kleines Bienenvolk ein Kästchen, das es ihm ermöglichen sollte, alles zu beobachten, was im Bienenvolk vor sich geht. Eine ganz junge Biene kennzeichnete er mit Farbtupfen. Mit Notizblock und Stoppuhr hielten er und seine Mitarbeiter von nun an bei Tag und Nacht jede Tätigkeit dieser Biene von ihrem ersten Lebenstag an, also nach dem Schlüpfen aus der Puppe, bis zu ihrem Tode fest.
Das wissenschaftlich bedeutsame Ergebnis dieser mühsamen Beobachtungen war, daß im Bienenvolk eine Art Arbeitsteilung besteht, die jedoch nicht so starr festgelegt ist, wie man früher annahm. Die Bienen üben nämlich im Laufe ihres Lebens die verschiedensten Tätigkeiten aus, und zwar sind sie nacheinander Ammenbienen, die den Larven das Futter verabreichen, dann Baubienen, die Wachs erzeugen und daraus die Waben bauen ▷, Wächterbienen, die den Eingang bewachen, und schließlich Sammelbienen, die Nektar, Blütenstaub und Wasser eintragen.
Wie das Protokoll von Martin Lindauer zeigt, kann eine Biene an einem Tag die verschiedensten Arbeiten verrichten.

Baubienen scheiden aus acht Hinterleibsdrüsen Wachs aus, das sich zwischen den Bauchschuppen zu Plättchen formt und erhärtet.

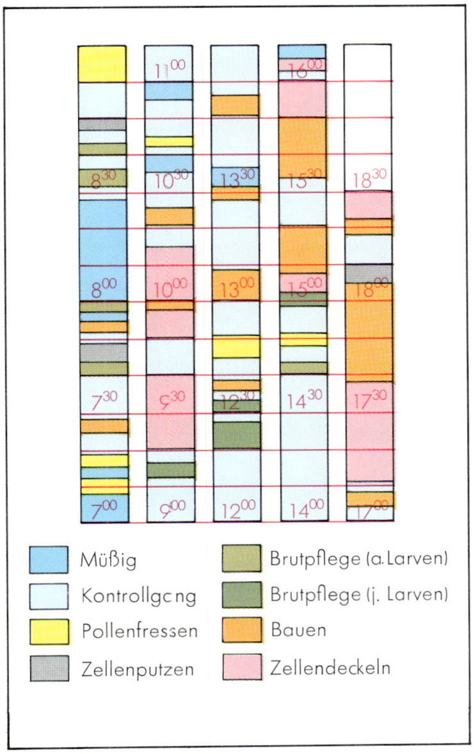

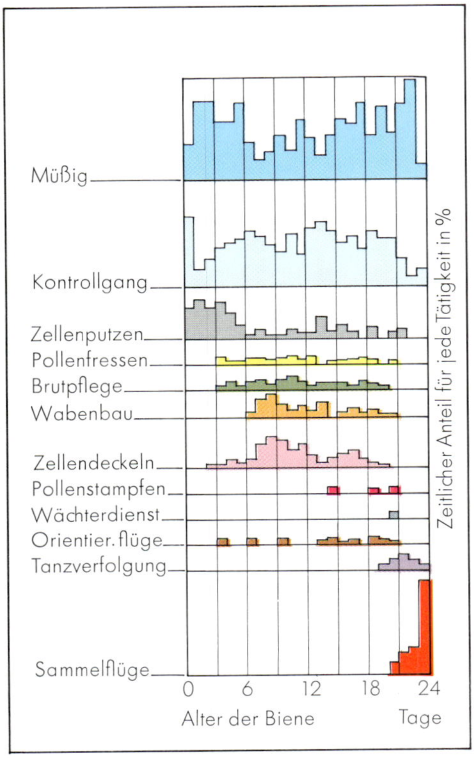

Zwar übt sie großenteils die Tätigkeit aus, die durch ihr Lebensalter vorgezeichnet ist ▷; es sieht aber so aus, als ob sie, menschlich ausgedrückt, auch noch dort einspringen kann, wo »Not am Mann« ist.

Ein weiteres auffallendes Ergebnis können wir diesem Protokoll entnehmen: Bienen »vertun« sehr viel Zeit, um sich auszuruhen oder kreuz und quer im Stock herumzulaufen. Von einer Gesamtbeobachtungszeit von 177 Stunden hat die Biene 56 Stunden für solche Gänge verwendet, das sind über 30 Prozent der Gesamtzeit. Rund 70 Stunden entfielen aufs Nichtstun, das sind nahezu 40 Prozent. Fast möchte man die Redensart vom Bienenfleiß in Bienenfaulheit umändern, da die Biene eigentlich über zwei Drittel ihrer Lebenszeit, genau 71,1 Prozent, mit Nichtstun und Herumlaufen vergeudet.

Martin Lindauer hat sich mit diesem Ergebnis noch nicht zufriedengegeben. Er hat die Biene bei ihrem Herumwandern im Bienenstock genau beobachtet. Er sah, daß die Biene wie ein Kontrolleur nachschaut, ob die Zellen schon gereinigt und für die Eiablage durch die Königin vorbereitet sind, ob die Larven mit neuem Futter versehen werden müssen oder ob die Larven sich zur Verpuppung anschicken und daher deren Zellen mit Wachsdeckelchen verschlossen werden müssen. Sie sucht, ob in den Wabengassen und abgelegenen Ecken Unrat herumliegt, der weggeschafft werden muß. Sie sieht nach, ob irgendwo mit Wachs gebaut oder etwas ausgebessert werden muß.

Jeder dieser Kontrollgänge endet stets mit irgendeiner Art von Tätigkeit. Stets springt die Biene ein, wo sie einen leeren Arbeitsplatz vorfindet, gleich ob es sich um Brutpflege, Bautätigkeit, Putzdienst oder eine andere Arbeit handelt. Auf ihren ausgedehnten Gängen durch den Stock holt die Biene sich selbst die Informationen darüber, was am dringendsten zu tun ist. So zeigt sich, daß die

In ihren ersten Lebenstagen sind die Arbeiterinnen mit Putzarbeiten, später mit der Brutpflege, danach mit Bauarbeiten oder als Wächter beschäftigt. Nach etwa drei Wochen wird die Arbeitsbiene Sammlerin. Diese Tätigkeit übt sie im allgemeinen bis an ihr Lebensende aus.

□ Oben: Das Tagesprotokoll einer bestimmten Biene an ihrem 8. Tag nach dem Schlüpfen. Eigentlich müßte sie sich ausschließlich der Brutpflege widmen. Genauere Erklärung im Text auf dieser und der vorhergehenden Seite. Unten: Die gesamte Arbeitsleistung einer bestimmten Biene im Laufe ihres Lebens, nach der Art der Tätigkeit geordnet. Mit dem Alter der Biene ist die Zeit nach dem Schlüpfen gemeint. Die 3 Tage von der Eiablage bis zum Schlüpfen der Larve und die $5^1/_2$ Tage Larvenzeit sind nicht mitgerechnet.

scheinbaren Müßiggänger im Bienenstock in Wirklichkeit eine wichtige Aufgabe erfüllen: Sie sind eine Art Reservetruppe, die stets bereit ist, an Engpässen des Bienenarbeitsmarktes einzuspringen.
Die Arbeitsteilung im Bienenstock funktioniert reibungslos, ohne daß dazu eine Verständigung von Biene zu Biene notwendig wäre. Man sieht, daß ein soziales Zusammenleben unter Umständen nicht unbedingt direkte Verständigungsmöglichkeiten erfordert. Ein sinnvolles Zusammenleben funktioniert, wie in diesem Falle, auch ohne Verständigung, allerdings muß die Biene dazu einige Voraussetzungen mitbringen, die uns Menschen sehr ungewöhnlich vorkommen.
Zum einen unterliegt das gesamte Verhalten der Biene dem übergeordneten Trieb zu absolut sozialem Handeln. Außer einigen ganz wenigen Handlungen, wie zum Beispiel der Nahrungsaufnahme, des Putzens und Ausruhens, hat die Biene allem Anschein nach fast keine persönlichen Bedürfnisse.
Zum anderen muß die Biene jede für sie vorgesehene Arbeit anpacken können, ohne dies zuvor gelernt zu haben. Dazu muß sie ihre Arbeitsprogramme fertig mitführen, mit anderen Worten: Sie muß einen Vorrat an instinktiven Verhaltensmustern besitzen.
Diese angeborenen Verhaltensmuster möchte die Biene verwirklichen, sobald sich eine Möglichkeit dazu bietet. Eine Entschlußfähigkeit für die eine oder andere Tätigkeit ist dazu wiederum nicht nötig. Beim Herumlaufen im Stock sucht die Biene einfach nach einem Auslöser für ihre instinktiven Handlungsabläufe, wobei sie vermutlich dem attraktiveren Auslöser den Vorzug gibt. Sicherlich empfindet die Biene ihre Tätigkeit nicht als Arbeit im menschlichen Sinne, es ist für sie instinktive Triebbefriedigung und nicht Überwindung oder Mühsal.

□ Um den 20. Tag ihrer Lebenszeit versehen die Arbeitsbienen den Wächterdienst am Flugloch. Alle Ankömmlinge werden kontrolliert, ob sie sich durch den richtigen Geruch als Stockgenossinnen ausweisen. Fremden Sammelbienen, die sich verflogen haben, gelingt es oft, die Wächter durch Darbieten von Nektar zu bestechen.

Quartiermacher unterwegs

»Fällt Ihnen nichts auf?« meint der Imker und deutet zum Fenster hinaus. Wir stehen in dem kleinen Anbau eines Bienenstandes, von dessen großem Fenster aus wir sämtliche Flugbretter gut überblicken können. Ich schaue durch das Fenster. Auf den gleichmäßigen Reihen der Flugbretter herrscht geschäftiges Kommen und Gehen. Die von langem Flug zurückkehrenden Sammelbienen schweben mit so großer Geschwindigkeit ein, daß sie dem menschlichen Auge nur wie undeutliche, dunkle Striche erscheinen.
Wenn die Bienen auf dem Flugbrett gelandet sind, erkennt man an ihren Beinen gelbe, rote oder braune Blütenstaubklümpchen, die sie als Nahrung nach Hause bringen ▷. Die so beladenen Sammelbienen eilen rasch durch das Flugloch in das Innere des Bienenstokkes, während frische Sammlerinnen sich durch die Scharen der Ankömmlinge ei-

Der Imker sagt: »Die Biene trägt Pollenhöschen.«

nen Weg nach draußen bahnen, um zu einem neuen Flug aufzusteigen.
Doch halt, auf dem vierten Flugbrett in der mittleren Reihe bietet sich ein ganz anderer Anblick. Flugbrett und Umgebung des Flugloches sind dicht von Bienen belagert, die träge herumsitzen oder aufgeregt herumlaufen. Heimkehrende oder abfliegende Sammelbienen sind hier nur selten zu sehen. »Wenn Sie ein wenig warten,« sagt der Imker, »können Sie dieses Bienenvolk vielleicht schwärmen sehen.«
Ich beschließe, mich in Geduld zu fassen und stelle mir einen Stuhl ans Fenster. Die Beobachtung des geschäftigen Lebens am Bienenstand nimmt mich gefangen, und so weiß ich nicht genau, wieviel Zeit vergangen ist, als ich plötzlich eine merkwürdige, braunschwarze Rauchwolke in der Luft sehe. Es ist die aus Tausenden von Bienen bestehende Schwarmwolke. Nach einigem Hin und Her sammeln sich die Bienen am kräftigen Ast eines nahen Apfelbaumes in einer dicken Schwarmtraube. Ich gehe hinaus und schaue zu, wie der Imker mit sicheren Handgriffen den Schwarm in einen Kasten kehrt, den er dann unter dem Apfelbaum aufstellt. Die noch umherfliegenden Schwarmbienen beruhigen sich allmählich und ziehen zu dem Schwarm in dem Kasten. Was geschieht aber, wenn sich kein fürsorglicher Imker um den Bienenschwarm kümmert? Der Schwarm kehrt im allgemeinen nicht wieder in den alten Bienenstock zurück. Tausende von Arbeitsbienen und eine Königin haben sich in einer Schwarmtraube an einem Baumast versammelt. Sie besitzen keine Behausung mehr, keine Waben, die mit Honig und Pollen gefüllt sind. Die Bienen sind ausgezogen und haben wirklich alles zurückgelassen. Verständlich, daß die erste Sorge des Schwarmes einer neuen Wohnung gilt. Keineswegs können die Bienen den nächstbesten Unterschlupf benutzen, denn der Schwarm muß sich in der neuen Behausung fest einrichten, muß Waben bauen können und ein Flugloch besitzen. Die Entscheidung ist schwerwiegend, hängt doch das Überleben im kommenden, vielleicht sehr strengen Winter von der Güte der Bienenunterkunft ab. Kein Wunder also, daß die Bienen sehr wählerisch sind und an die neue Wohnung bestimmte Mindestanforderungen stellen. Wie aber finden die Bienen eine neue, geeignete Unterkunft, und wie wird unter verschiedenen Möglichkeiten die geeignetste ausgewählt?
Der bereits erwähnte Forscher Martin Lindauer ist auch dieser Frage nachgegangen und fand in jahrelanger Arbeit folgendes heraus: Nachdem der Schwarm aus dem Bienenstock ausgezogen ist und sich an irgendeiner Stelle als Schwarmtraube versammelt hat, fliegen einige Bienen als »Spurbienen« aus. Sie zerstreuen sich in alle Richtungen, um neue Wohnmöglichkeiten auszukundschaften. Jede Spurbiene, die etwas Geeignetes gefunden hat, kommt sofort zurück und meldet es den übrigen Bienen. Wie meldet sie es? Genauso wie erfolgreiche Sammelbienen einen neuen Futterplatz melden, nämlich durch einen Schwänzeltanz. Auch in diesem Fall wird die Entfernung durch die Tanzgeschwindigkeit angezeigt. Auch die Richtungsangabe erfolgt in der gleichen Weise wie sonst bei Schwänzeltänzen. Lindauer schildert selbst, wie er zu dieser Entdeckung kam:
»Als ich zum ersten Mal diese Tänze in der Schwarmtraube beobachtete, glaubte ich, es handle sich um normale Nektar- oder Pollensammler, die die Schwarmbienen mit Futter versorgten. Bei näherem Zusehen aber mußte ich mit Staunen feststellen, daß die Tänzerinnen niemals Pollenhöschen trugen oder Nektar abgaben. Offensichtlich waren das also gar keine Sammelbienen. Um diese Vermutung zu erhärten, markierten wir die Tänzerinnen mit Farbtupfen. Wir vermerkten ihre Zielangabe mit Hilfe von Winkelmesser und Stoppuhr. Dann trugen wir ihre Meldung in

☐ Linke Seite:
Oben links: Schwärmende Bienen.
Oben rechts: Der Imker kehrt die Schwarmtraube in einen Kasten. Dadurch hat er ein neues Volk gewonnen.
Unten: Die Bienen haben sich zur Schwarmtraube gesammelt.

☐ Rechte Seite:
Die Schwarmbienen verfolgen den Schwänzeltanz einer Spurbiene auf der Schwarmtraube.

eine Generalstabskarte ein und machten uns auf die Suche nach dem angekündigten Nistplatz. In einigen Fällen hatten wir Erfolg und konnten uns vergewissern, daß es sich nicht um Sammelbienen, sondern um Quartiermacher handelte. Wir fanden unsere markierten Bienen am Zielpunkt und stellten fest, daß sie sich in keiner Weise für Blüten oder süße Nektarquellen interessierten; ganz im Gegenteil: Sie inspizierten eifrig Höhlen im Boden oder in alten Baumstämmen oder krochen ständig an dem Spalt einer alten Mauer aus und ein, wobei sie offensichtlich nicht nur die Höhlung selbst durch ständiges Aus- und Einfliegen inspizierten, sondern auch noch die Umgebung in Augenschein nahmen. Dann bemerkten wir, daß andere Bienen herankamen, die vermutlich durch die Tänze der ersten Spurbienen alarmiert waren, und diese führten die gleichen Inspektionsflüge an dem künftigen Nistplatz aus.«

So weit Martin Lindauer.

Bei seinen Beobachtungen entdeckte er noch etwas Überraschendes. Die Tänze der Spurbienen auf der Schwarmtraube zeigten keineswegs nur einen neuen Nistplatz an, sondern gleich mehrere. Die verschiedenen Nistplätze lagen dabei in den unterschiedlichsten Richtungen und Entfernungen. Hier ein Beispiel aus dem Beobachtungsprotokoll von Lindauer vom 26. Juni 1952:

Um 13.35 Uhr erfolgte der erste Tanz auf der Schwarmtraube. Dieser Tanz meldete einen Nistplatz 350 Meter im Süden. Einige Minuten später ein anderer Tanz, der einen Nistplatz 1400 Meter im Osten anzeigte. Fünf weitere Meldungen gingen in den nächsten zwei Stunden ein, nämlich aus Nordosten, aus Nordwesten, aus Westen und so fort, jede Meldung mit einer anderen Entfernungsangabe. Eine achte Meldung an diesem Nachmittag bezog sich auf eine Stelle 1100 Meter im Südosten. Trotz des reichlichen Angebots an geeigneten Niststellen machte der Schwarm jedoch keine Anstalten, zu einer Niststelle abzufliegen, sondern übernachtete an der alten Stelle.

Am nächsten Morgen erfolgten vierzehn weitere Meldungen von wiederum ganz neuen Nistplätzen. Der Schwarm hatte also nun insgesamt 21 verschiedene Möglichkeiten zur Auswahl. Wer die Wahl hat, hat die Qual! Wie kommen die Schwarmbienen zu einer Entscheidung, welche der angebotenen Möglichkeiten für sie die günstigste ist? Offensichtlich war das auch für die Bienen eine schwierige Frage, denn sie ließen sich für die Lösung viel Zeit.

Der Schwarm kann oft einige Tage an seinem ersten »Anlegeplatz« verweilen, manchmal sogar ein bis zwei Wochen. Erst dann fliegt der Schwarm auf, um die neue Wohnung zu beziehen. Selbst anhaltender Gewitterregen kann die Bienen nicht dazu bewegen, zu einem neuen Nistplatz zu fliegen, ehe die endgültige Entscheidung darüber gefallen ist. Vor dem Regen schützen sich die Bienen der Schwarmtraube, indem die außen sitzenden Tiere ihre Flügel wie Dachziegel übereinanderlegen, so daß der Regen daran abläuft.

Wie aber erfolgt die Einigung auf den neuen Nistplatz? Auch bei dieser Frage führten genaue Beobachtungen weiter. In den ersten Stunden und Tagen nach dem Schwärmen zeigen die Tänze der Spurbienen, wie schon beschrieben, verschiedene mögliche Nistplätze an. Im Laufe der Zeit erfolgt eine Beschränkung auf immer weniger Möglichkeiten. Die Tänze mit anderen Richtungs- und Entfernungsangaben werden zunehmend eingestellt. Zuletzt zeigen Dutzende von gleichzeitig ablaufenden Tänzen alle die gleiche Richtung und Entfernung an – die Einigung auf einen einzigen Nistplatz hat stattgefunden. Und erst jetzt erfolgt der allgemeine Aufbruch, der Schwarm fliegt in der durch die Tänze angegebenen Richtung ab.

Hierzu wieder ein Auszug aus dem Be-

obachtungsprotokoll von Martin Lindauer:
»In den ersten drei Tagen gab es noch keinerlei Anzeichen für eine Einigung. Bestenfalls konnte man annehmen, daß jener Nistplatz in 3 Kilometer Entfernung im Norden einen gewissen Vorzug erhielt. Erst am vierten Tag merkte man ein steigendes Interesse für den Nistplatz in 350 Meter Südost; zwar wurden immer noch neue Nistplätze aus anderen Gebieten angemeldet, aber mehr und mehr verschwanden diese Werbungen, bis schließlich 350 Meter Südost allein noch vermeldet wurde. Am fünften Tag schließlich, nachdem alle Konkurrenz zum Schweigen gebracht und eine eindeutige Einigung erzielt war, löste sich die Schwarmtraube in wildem Taumel auf, und die Bienen sammelten sich nach wenigen Minuten als riesige Wolke über dem ersten Anlegeplatz, sie flogen einmütig nach Südosten. Wir konnten den Schwarm verfolgen, und er landete an einer Ruine in 350 Meter Entfernung, wo eine Mauerhöhle als Nistplatz ausfindig gemacht worden war. Wir hatten schon in den Tagen vorher die markierten Bienen in diesen Mauerspalt ein- und ausfliegen sehen, nachdem wir ihre Tänze befragt hatten. Einer meiner Helfer war eine Stunde vorher vorausgeeilt und erwartete uns an dieser Mauerruine.«
Martin Lindauer konnte auch in den folgenden Jahren Bienen an diesem Standplatz aus- und einfliegen sehen, was beweist, daß die Bienen sich einen so hervorragenden Nistplatz ausgesucht hatten, daß ihnen auch die Überwinterung geglückt war.
Was geschieht aber, wenn es zu keiner Einigung kommt? Auch solche seltenen Fälle wurden beobachtet. In einem Fall konnten die Bienen sich zwischen zwei Plätzen nicht entscheiden. Die einen Spurbienen meldeten einen Nistplatz im Nordwesten, die anderen einen im Nordosten an. Beide Gruppen hatten gleich viele Anhänger, und keine Gruppe gab nach. Schließlich flog der Schwarm auf und schien sich für Augenblicke in der Luft zu teilen. Offenbar versuchte jede Gruppe, den ganzen Schwarm mit sich zu reißen. Es gab ein richtiges »Tauziehen« in der Luft. Einmal flog der Schwarm 100 Meter nach Nordwesten, dann wieder 150 Meter nach Nordosten. Nach einer halben Stunde sammelte sich der Schwarm wieder am Abflugpunkt. Beide Gruppen begannen aufs neue mit ihren Werbetänzen. Am nächsten Tag gab schließlich die Gruppe aus Nordosten nach, und so kam doch noch eine Einigung auf den Platz im Nordwesten zustande. Kurz darauf flogen die Bienen ohne weiteres Zögern zum Platz im Nordwesten ab.
In einem anderen Fall konnte innerhalb von vierzehn Tagen keine Einigung erzielt werden, und als eine Regenperiode einsetzte, stellten die Spurbienen ihre Suche ganz ein. Als das Wetter sich wieder etwas besserte, mußten dringend Nektar und Pollen gesammelt werden, weil die Nahrung für den Schwarm ausgegangen war. So blieb den Bienen nichts anderes übrig, als sich an ihrem Anlegeplatz, einem Baumast, häuslich einzurichten. Sie bauten an den Ast eine frei hängende Wabe, mit Honig- und Brutwaben. Natürlich dauerte die Herrlichkeit nur einen Sommer, die ersten Fröste setzen dem ungeschützten Nest ein jähes Ende.
Daß bei den Bienen in seltenen Fällen die Einigung über den Nistplatz nicht zustande kommt, macht uns noch neugieriger zu erfahren, wie sich die Bienen denn nun einigen.

Einigung durch Mehrheitsbeschluß

In einem weiteren Versuch sperrte man die Königin in einen Drahtkäfig ein, so daß sie nicht mit den tanzenden Spurbienen zusammenkommen konnte.
Trotzdem einigten sich die Bienen auf einen neuen Nistplatz. Sie flogen auf, merkten aber in der Luft, daß ihre Königin nicht dabeiwar, und kehrten, offen-

bar mit dem Geruchssinn die Königin suchend, zum alten Platz zurück. Dort versammelten sie sich wieder um die im Käfig eingesperrte Königin. Als diese dann freigelassen wurde, flog der Schwarm ohne weitere Umstände zu dem Nistplatz, auf den er sich schon vorher geeinigt hatte.

Der Versuch beweist uns, daß die Königin an der Entscheidung über den neuen Nistplatz nicht mitwirkt. Allem Anschein nach liegt die Entscheidung bei den Arbeitsbienen. Im Bienenstock gibt es aber 10000 bis 50000 Arbeitsbienen. Welche entscheiden nun?

Um diese Frage zu klären, zog Martin Lindauer mit einem Bienenschwarm auf eine unbewohnte Nordsee-Insel. Auf dieser weiten, flachen Insel gab es keine natürlichen Nistgelegenheiten für die Bienen. Als Nistplatzangebot wurden zwei leere Bienenkästen aufgestellt: der eine etwas versteckt unter einem künstlichen Busch, mit Ästen und Zweigen zugedeckt; der andere Kasten stand völlig ungeschützt auf freiem Feld.

Gleich weit von den beiden Nistmöglichkeiten entfernt befand sich der auf der Insel ausgesetzte Bienenschwarm. Bald hatten die ersten Spurbienen die künstlichen Nistgelegenheiten entdeckt. Sie meldeten ihre Entdeckungen durch Tänze auf der Schwarmtraube. Dabei war auffallend, daß die Spurbienen, die den frei stehenden Kasten meldeten, von Anfang an nur matt und zögernd tanzten, während jene Spurbienen, die den geschützten und versteckten Nistplatz gefunden hatten, lebhaft und langanhaltend tanzten. Dies hatte zur Folge, daß viele Bienen ausflogen, um sich selbst von der günstigen Nistgelegenheit zu überzeugen, während nur wenige Bienen die andere, weniger günstige, weil ungeschützte Nistgelegenheit untersuchten. Auch diejenigen Spurbienen, die anfangs für den ungünstigeren Nistplatz getanzt hatten, suchten bald den versteckten Kasten auf, begutachteten ihn und tanzten fortan nur noch für diese Nistgelegenheit. Sie waren offensichtlich umgestimmt worden. Eine Einigung auf den geschützten Nistplatz zeichnete sich mehr und mehr ab.

Um die Bienen auf die Probe zu stellen, nahm man nun den künstlichen Busch und die Reisigbedeckung von dem einen Kasten weg und transportierte alles zu dem anderen, frei stehenden Kasten.

Der vordem geschützte Kasten war nun einem scharfen Westwind ausgesetzt, und die Bienen, die diesen Kasten inspizierten, stellten recht bald ihre Tänze für diese Nistgelegenheit ein. Die wenigen Bienen, die den nun geschützten Kasten besucht hatten, tanzten nach ihrer Rückkehr aufgeregt und sehr lebhaft. Kurzum, die veränderte Situation draußen spiegelte sich getreu in den Tänzen der Bienen wieder. Die Umstimmung für die nunmehr günstigere Möglichkeit bewirkte, daß immer mehr Bienen den geschützten Kasten anflogen, während der frei stehende Kasten mehr und mehr vernachlässigt wurde.

Die Einigung auf einen Nistplatz kommt also auf eine verhältnismäßig einfache und »demokratische« Art zustande: Je besser ein Nistplatz als Bienenwohnung geeignet ist, um so lebhafter und langanhaltender tanzen die Spurbienen. Die übrigen Bienen fliegen dann vor allem jenen Nistplatz an, für den so lebhaft und lang andauernd geworben wurde. Schließlich werden auch noch jene Spurbienen, die zunächst für eine andere Niststätte geworben haben, dazu veranlaßt, zu dem vermutlich besseren Nistplatz zu fliegen. Diese Spurbienen können nun beide Plätze miteinander vergleichen und werden von da an nur noch für den besseren Platz werben. Durch diese fortschreitende Einstimmung und Umstimmung der Bienen auf den besten Nistplatz kommt es zur Einigung und erst dann zum Abflug des Schwarms zu diesem Nistplatz.

Bei diesen Beobachtungen stellten sich noch interessante Einzelheiten heraus. So begnügt sich eine Spurbiene zum Beispiel nicht mit der einmaligen Inspektion des möglichen Nistplatzes, um sich ein Urteil über dessen Eignung zu verschaffen. Sie fliegt diesen Platz vielmehr zu verschiedenen Tageszeiten und auch bei verschiedenen Wetterlagen an. Auf diese Weise wird verhindert, daß die Bienen einen Platz aussuchen, der im Augenblick vielleicht günstig erscheint, weil es gerade windstill ist, aber sonst sehr zugig gelegen ist. Oder ein Nistplatz erscheint bei trockenem Wetter sehr geeignet, verwandelt sich aber beim kleinsten Regenguß in ein triefendes Wasserloch. Solche Fehler können den Spurbienen nicht unterlaufen, weil sie sich bei ihrer Suche meistens einige Tage Zeit lassen und den vorgesehenen Nistplatz immer und immer wieder anfliegen und untersuchen.

Zwischenbilanz

Wir wollen kurz innehalten, um zusammenzufassen, um zu überdenken, was wir bis jetzt über die Verständigung der Bienen erfahren haben.

Der große Bienenforscher Karl von Frisch erkannte, daß Bienen Tänze als wichtiges Verständigungsmittel einsetzen. Rundtänze zeigen Nahrungsquellen im Nahbereich an. Schwänzeltänze übermitteln zusätzliche Informationen über Richtung und Entfernung zu den Futterquellen. Harald Esch fand heraus, daß Töne, die von den Bienen beim Tanzen erzeugt werden, die Information über die Entfernung bekräftigen.

Eine einzelne Biene ist ein wechselwarmes Lebewesen. Das ganze Bienenvolk, vereint im Bienenstock, kann dagegen die Temperatur im Stockinneren konstant halten. Die Wärmeregulation geschieht im Winter durch Muskelzittern, im Sommer wird durch Verdunsten von Wasser oder dünnflüssigem Nektar Verdunstungskälte erzeugt. Zwischen den wassereintragenden Sammelbienen und den wasserverteilenden Stockbienen kommt es zu einer Verständigung. Nach dem Prinzip von Angebot und Nachfrage bewirken die Stockbienen, daß die Sammelbienen vom Nektarsammeln zum Wassereintragen übergehen und umgekehrt.

Martin Lindauer stellte durch genaue Aufzeichnung des gesamten Lebensweges einer Biene fest, daß die Arbeitsteilung im Bienenstock nicht so starr ist, wie man früher annahm, und daß eine Biene kurz nacheinander verschiedenartige Tätigkeiten ausüben kann. Eine Verständigung darüber, welche Art von Tätigkeit im Augenblick ausgeübt werden soll, erfolgt unter den Bienen nicht. Bei ihren Inspektionsgängen im Stock informiert sich jede Biene für sich und sucht selbst nach Betätigungsmöglichkeiten.

Wenn ein Teil des Volkes als Bienenschwarm mit der alten Bienenkönigin aus dem Stock auszieht, kundschaften Spurbienen in der Umgebung nach einer neuen Nistgelegenheit. Die Spurbienen können den übrigen Bienen in der Schwarmtraube durch Tänze genau mitteilen, in welcher Richtung und in welcher Entfernung die Nistmöglichkeit zu finden ist. Viele Bienen überzeugen sich selbst von der Güte der Nistgelegenheit und werben ihrerseits durch Tänze für die Nistgelegenheit, die sie für die günstigste halten. Durch eine Art von demokratischem Umstimmungsprozeß kommt es schließlich zu einer Einigung über die zukünftige Niststätte. Die Suche nach Nistmöglichkeiten und die Einigung darüber ist Sache der Sammelbienen, die Königin wirkt dabei nicht mit.

Über das eigentlich Neue, das uns bei den Bienen begegnet ist, haben wir noch nicht ausdrücklich gesprochen: Es ist das Zusammenleben von vielen tausend Insekten in einer Gemeinschaft. Durchschnittlich leben 50000 Einzelbienen in einem Bienenvolk. Dabei ist es gar nicht recht zutreffend, von einem »Bienenvolk« oder gar von einem »Bienenstaat« zu sprechen, denn alle Bienen, die in einem Bienenvolk zusammenleben, sind die Nachkommen einer einzigen Königin. Sie sind somit allesamt Geschwister. Das mütterliche Tier ist die Königin, das väterliche Tier eine Drohne, von der die Königin bei ihrem Hochzeitsflug begattet wurde. Da die Königin häufig von mehreren Drohnen begattet wird, sollte man Bienen eines Volkes besser noch als Halbgeschwister bezeichnen (gleiche Mutter, aber verschiedene Väter). Das sogenannte »Bienenvolk« ist somit eher eine »Mutterfamilie«.

Nun taucht eine ganz wichtige Frage auf: Was hält die Bienen in dieser großen Gemeinschaft zusammen? Man könnte darauf zur Antwort geben, daß die Biene so sehr auf das Leben in der Gemeinschaft eingestellt ist, daß sie, allein auf sich gestellt, in kürzester Zeit zugrunde geht. Restlos befriedigen kann uns diese Antwort nicht. Erinnern wir uns an jene Tiere, mit denen wir uns schon befaßt haben und die ebenfalls in Gemeinschaft leben, wenn auch nur vorübergehend: Wüstenasseln und Borkenkäfer.

Bei den Wüstenasseln war es der Familiengeruch, der die Asselfamilie zusammenhielt und von anderen Asselfamilien abgrenzte. Bei den Borkenkäfern waren es ebenfalls Duftstoffe, die die Tiere zusammenführten.

Sind es bei den Bienen womöglich auch Duftstoffe, die den Zusammenhalt der Gemeinschaft ermöglichen? Diese Frage soll uns im folgenden beschäftigen. Natürlich sind wir uns darüber im klaren, daß Duftstoffe als Verständigungsmittel nur dann den Zusammenhalt einer Gemeinschaft fördern können, wenn die Tiere auch über entsprechende, angeborene Verhaltensweisen verfügen.

Arbeiterin mit Duftfläschchen

An einem schönen Tag im zeitigen Frühjahr wagen sich die ersten Bienen aus dem Bienenstock. Vorsichtig fliegen sie zunächst nur wenige Meter hinaus und bleiben dann immer wieder, dem Bienenstock zugewandt, in der Luft stehen. Kein Zweifel, sie müssen sich das Bild des Bienenstandes und die Lage ihres Stockes wieder neu einprägen, nachdem die lange Winterruhe die Erinnerungsbilder offenbar hat verblassen lassen.

Auf dem Flugbrettchen sitzt eine große Anzahl von Bienen, die sich sehr auffällig verhalten. Sie haben alle den Kopf dem Flugloch zugewandt und den Hinterleib schräg nach oben gestellt ▷. Dabei schwirren sie kräftig mit den Flügeln. Der Imker sagt, die Bienen »sterzeln«. Was soll das? Wenn wir die sterzelnden Bienen ganz genau beobachten und mit nicht sterzelnden Bienen vergleichen, so fällt uns auf, daß die sterzelnden Bienen auf der Oberseite des Hinterleibes, nahe der Hinterleibsspitze, eine Hautfalte wie einen feuchtglänzenden Wulst ausgestülpt haben. Dabei wird ein melissenartiger Geruch wahrnehmbar. Auch der Mensch kann diesen Duft riechen, für die Bienen ist er auf viele Meter wahrnehmbar. Sie lassen sich von diesem Duft anlocken. Alle Bienen erzeugen genau den gleichen Duftstoff ▷. Was hat er zu bedeuten? In jedem Fall ist er ein Signal, das besagt: »Hier sind Bienen!«. Die sterzelnden Bienen verhindern mit ihrem Duft, daß diejenigen Bienen, die gerade ihre ersten Orientierungsrunden fliegen, sich verirren und womöglich aus wenigen Metern Entfernung nicht mehr zum Bienenstand zurückfinden.

Haben Sammelbienen eine reichhaltige Nektarquelle entdeckt, dann locken sie mit ihrem Duftorgan andere Bienen herbei, die schon in der Nähe sind. Bemerken Arbeitsbienen, daß ihre Königin verschwunden ist, dann ist auch hier die erste Reaktion das Ausstülpen ihres Duftorgans. Das könnte man so deuten, daß dadurch der Königin, die sich vielleicht nur verlaufen oder verflogen hat, das Nachhausefinden erleichtert wird.

Werden Bienen beunruhigt oder bedroht, dann nehmen sie die gleiche Stellung ein wie beim Sterzeln. Diesmal aber setzen sie aus dem Stachelrinnenwulst einen anderen Duftstoff frei. Dieser

Siehe auch die Abbildung einer sterzelnden Biene in Band 2 dieser Reihe, Seite 101. Sterz: Hinterteil, Hinterleib.

Der Duftstoff enthält unter anderem die Stoffe Geraniol und Citral. Die Strukturformeln dieser beiden und anderer Duftstoffe finden sich in Band 2 dieser Reihe, Seite 52.

□ **Oben:** Sterzelnde Bienen am Flugloch.
Unten: Deutlich ist zu sehen, wie die sterzelnde Biene den Hinterleib schräg nach oben stellt und die Duftdrüse ausstülpt.

□ Linke Seite:
Eine Bienenkönigin mit ihrem Hofstaat. Der Imker hat die Königin mit einem farbigen Plättchen gekennzeichnet.

Duftstoff ▷ ist ein Alarmstoff, er versetzt die übrigen Bienen in eine wachsame Unruhe und macht sie stechlustig. Auch in diesem Fall wird der Alarmstoff durch kräftiges Flügelschwirren schnell in der Luft verteilt.

Parfüm fürs Volk – ein königliches Geschenk

Eine Bienenkönigin inmitten ihrer Arbeiterinnen auf einer Wabe im Bienenstock zu beobachten, ist ein erregendes Schauspiel. Stets bilden die Bienen einen geschlossenen Kreis um die Königin, der sich sofort öffnet, wenn die Königin in eine andere Richtung geht. Die Bienen, die der Königin am nächsten sind, füttern sie und lecken sie ab. Immer wieder drängen sich neue Arbeiterinnen zur Königin vor, um sie abzulecken. Die Königin scheint auf die Bienen eine große Anziehungskraft auszuüben. Vor allem die Gegend um den Kopf der Königin wird besonders gern beleckt. Was steckt hinter diesem Verhalten?
Man fand heraus, daß auch die Königin pheromonartige Stoffe erzeugt. Und zwar sind es die mächtig entwickelten Mandibeldrüsen im Kopf der Königin, die diesen Duftstoff herstellen ▷. Er ist es, der die Königin für die Arbeitsbienen so anziehend macht. Ob er noch weitere

Dieser Alarmstoff ist der chemische Stoff Isoamylacetat.

Das in den Mandibeldrüsen der Königin produzierte Pheromon erweist sich als ein Gemisch von Substanzen, die alle zusammen auch als »Königinnensubstanz« bezeichnet werden. 14 chemische Stoffe sind bekannt, nur von zweien kennt man die biologische Wirkung.

Wirkungen hat, müßte man feststellen können, wenn man einem Bienenvolk die Königin wegnimmt. Dann entfiele auch die Quelle für die Königinnensubstanz, und die folgenden »Ausfallserscheinungen« im Bienenvolk könnten durch das Fehlen eben dieser Königinnensubstanz verursacht worden sein. Was also geschieht in einem Bienenvolk ohne Königin?
Nach einigen Tagen der »Ratlosigkeit« beginnen die Arbeitsbienen, Königinnenzellen zu bauen. Diese Königinnenzellen sind viel größer als die übrigen Zellen und entstehen immer am Rand der Waben. In diese Königinnen- oder Weiselzellen wird von den Arbeiterinnen aus anderen Zellen je ein Ei oder eine junge Larve umgesetzt. Die Larven in den Weiselzellen erhalten einen besonders nährstoffreichen Futtersaft und entwickeln sich zu jungen Königinnen. Das ganze Vorgehen der Arbeiterinnen ist sinnvoll und zielt klar darauf ab, neue Königinnen heranzuziehen, damit eine von ihnen die Rolle der verlorengegangenen Königin übernehmen kann. Gleichzeitig beginnen sich bei den Arbeitsbienen die Eierstöcke zu entwickeln. Die Arbeiterinnen sind ja eigentlich auch Weibchen, nur bleiben bei ihnen normalerweise die Eierstöcke und

□ Oben links: 3 Königinnen- oder Weiselzellen.
Unten links: Eine Königin schlüpft aus.
Rechts: Eine Drohne wird gefüttert. An den auffallend großen Augen sind die Drohnen leicht zu erkennen.

die sonstigen Geschlechtsorgane zeitlebens in einem unentwickelten Zustand, so daß man sie nicht ganz zutreffend als »verkümmerte Weibchen« bezeichnet hat. Viele der Arbeiterinnen, deren Eierstöcke sich entwickelt haben, beginnen auch tatsächlich Eier abzulegen. Diese Eier sind natürlich nicht befruchtet, und so ergeben sie ausnahmslos nur Drohnen ▷. Das Volk wird »drohnenbrütig«, wie der Imker sagt. Der biologische Sinn dieses Vorgangs ist es, für die gleichzeitig aufwachsenden Königinnen in jedem Fall die notwendigen männlichen Geschlechtspartner, eben die Drohnen, bereitzustellen. Eine neue Königin wäre für das Bienenvolk wertlos, wenn sie nicht begattet würde.
Sobald das Bienenvolk wieder eine junge und begattete, also in jeder Hinsicht vollwertige Königin besitzt, hören alle diese Vorgänge auf, die gerade beschrieben wurden. Es werden keine neuen Königinnen aufgezogen, bei den Arbeiterinnen bilden sich die Eierstöcke zurück, damit hat auch das Eierlegen durch die Arbeitsbienen ein Ende.
Diese erstaunliche Wirkung wird durch die Königinnensubstanz hervorgebracht. Sie wirkt als hemmendes Pheromon, das sowohl die Königinnenaufzucht wie auch die Eierstockentwicklung der Arbeiterinnen verhindert. Zwei chemische Stoffe, die neben vielen anderen in der Königinnensubstanz enthalten sind, kennt man genauer.
Der eine Stoff ▷ ist für alle oben beschriebenen Wirkungen verantwortlich, er ist das eigentliche Königin-Hemmungspheromon. Dieser Stoff dient außerdem als Sexuallockstoff für die Drohnen beim Hochzeitsflug der Königin. Er wirkt nur auf die Drohnen, wenn sie sich im freien Flug und einige Meter über dem Boden befinden. Eine andere Wirkung dieses Stoffes zeigt sich beim Schwärmen der Bienen: Schwarmbienen, die weiter weggeflogen sind, werden durch diesen Stoff zum Bienenschwarm zurückgelockt.
Von dem zweiten bekannten Stoff ▷, der in der Königinnensubstanz enthalten ist, kennt man nur eine Wirkung: Er hält den Bienenschwarm zusammen, wenn er sich nicht mehr in der Luft befindet, sondern sich als Schwarmtraube irgendwo niedergelassen hat.
Wie vollzieht sich nun die Ausbreitung der Königinnensubstanz im Bienenvolk? Die in der Substanz enthaltenen Stoffe sind zum Teil flüchtig und gelangen so als Duftstoffe überallhin. Zusätzlich wird von den Bienen, die die Königin ablecken, diese Substanz direkt aufgenommen und durch die Angewohnheit der Bienen, einander zu füttern, im Bienenvolk verbreitet. Man kann annehmen, daß auf diese Weise jede Biene ihre notwendige Mindestmenge an Königinnensubstanz und damit an dem darin enthaltenen Königin-Hemmungspheromon erhält, das die Entwicklung ihrer Eierstöcke hemmt und sie daran hindert, junge Königinnen heranzuziehen.
Vermutlich gehen von der Bienenbrut, also von den Larven und Puppen, ebenfalls Duftstoffe aus, die eine ähnlich hemmende Wirkung auf die Eierstöcke der Arbeiterinnen haben, so daß es gerechtfertigt ist, diese Stoffe in ihrer Gesamtheit »Brut-Hemmungspheromon« zu nennen. Die schematische Abbildung auf Seite 93 soll in vereinfachter Form einen Überblick über alle diese Vorgänge geben, die in Wirklichkeit wahrscheinlich noch etwas verwickelter sind.
Weitgehend ungeklärt ist noch die Frage, warum vor dem Schwärmen junge Königinnen aufgezogen werden, obwohl die noch im Stock befindliche alte Königin dies durch das von ihr abgegebene Hemmungspheromon eigentlich verhindern müßte. Ein Erklärungsversuch lautet folgendermaßen: In günstiger Jahreszeit hat sich ein Bienenvolk so stark vermehrt, daß die Menge an Königinnensubstanz, die von der Bienenkönigin abgegeben wird, nicht mehr ausreicht, um alle Bienen mit der Mindestmenge an Hemmungspheromon zu versorgen.

Es handelt sich dabei um 9-Oxo-trans-2-Decensäure.

Aus den befruchteten Eiern werden bei den Bienen weibliche Tiere, aus unbefruchteten Eiern werden Männchen, die Drohnen. Diese eigenartige Geschlechtsbestimmung findet sich auch bei einigen anderen Insekten. Bei den Bienen entwickeln sich die weiblichen Tiere je nach Ernährung im Larvenstadium zu Königinnen oder zu Arbeiterinnen.

Es handelt sich dabei um 9-Hydroxi-trans-2-Decensäure.

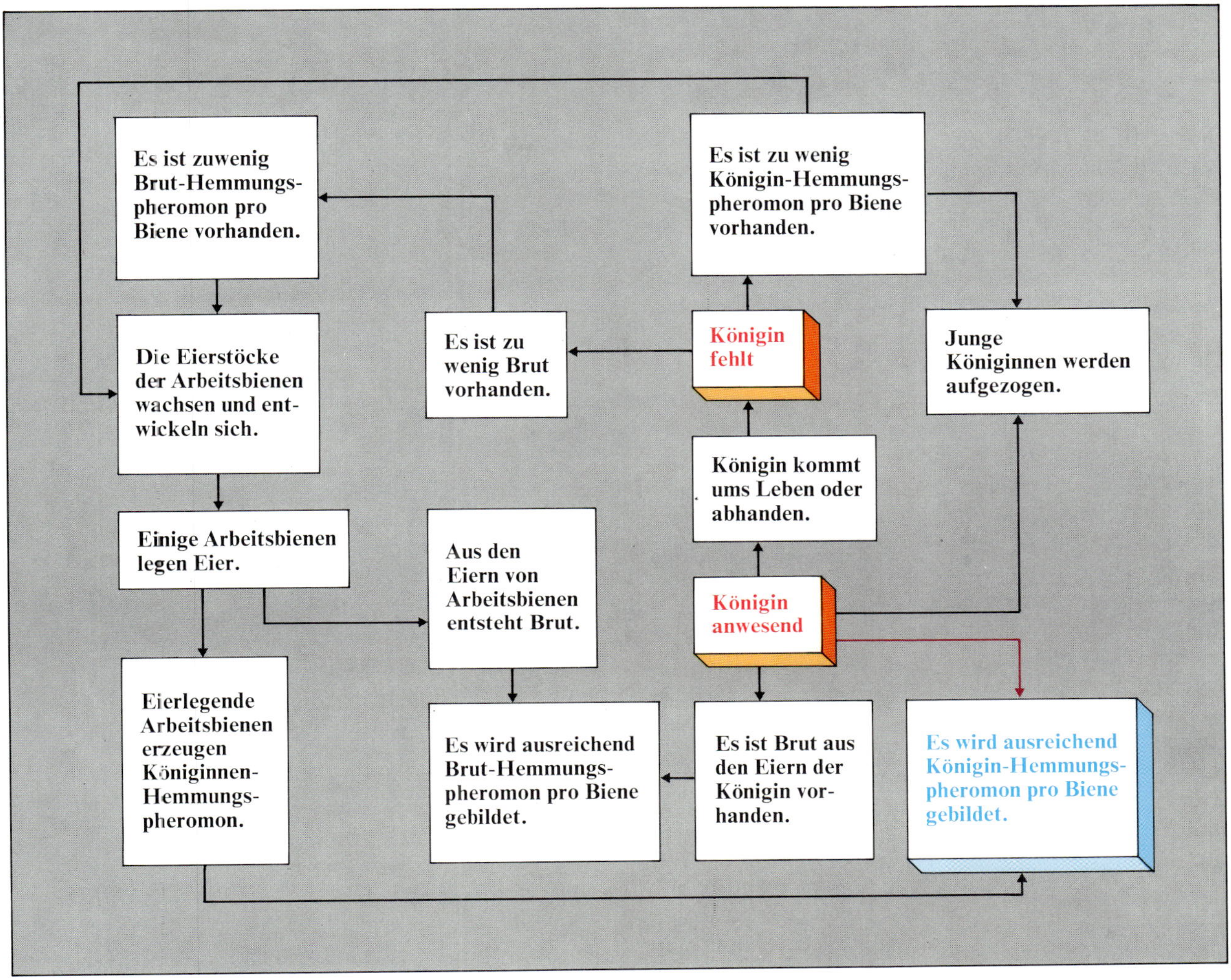

□ **Schema der Auswirkungen, wenn im Bienenvolk weniger Königinnensubstanz erzeugt wird.**

Damit laufen ähnliche Vorgänge an, wie sie festzustellen sind, wenn die Königin nicht mehr vorhanden ist. Wenn dann beim Schwärmen die alte Königin mit dem größten Teil der Sammelbienen auszieht, verringert sich die Volksgröße wieder auf ein normales Maß. Wenn das Bienenvolk trotz des Schwärmens noch zu groß ist, dann folgt ein Nachschwarm beziehungsweise folgen weitere Nachschwärme, bis die Anzahl der Bienen wieder der eines normalen Volkes entspricht.

Ein Bienenvolk hat somit auf die Dauer höchstens so viele Bienen, wie von einer einzigen Königin ausreichend mit Hemmungspheromon versorgt werden können. Die praktische Schlußfolgerung aus diesen Überlegungen wäre, durch Zugabe von künstlichem Hemmungspheromon außergewöhnlich große, aber für den Imker günstige Bienenvölker heranzuzüchten und durch eben diese Zufuhr von Pheromon das Schwärmen zu verhindern. Soweit bekannt, ist dieser Versuch noch nicht unternommen worden.

Alle diese Duftstoffe, vermischt mit den vielerlei Gerüchen, die darüber hinaus in einem Bienenstock noch anzutreffen sind, ergeben zusammen den Stockgeruch. Da er in jedem Bienenstock ein

wenig anders zusammengesetzt ist, kann er für die Bienen ein unverwechselbares Kennzeichen des Bienenvolkes und seines Stockes sein. Wer schon einmal Gelegenheit hatte, den Duft zu riechen, der einem frisch geöffneten Bienenstock entströmt, kann ein wenig nachfühlen, warum die Bienen den Heimatduft ihres Stockes so über alles »lieben«.
Fassen wir unsere Erkenntnisse über die Bedeutung der Düfte im Bienenvolk zusammen, so kommen wir zu folgendem Ergebnis: Sterzelnde Bienen können aus einer Drüse ihres Hinterleibs einen flüchtigen Duftstoff in die Luft entlassen, der als Lockstoff auf andere Bienen wirkt. Bedrohte Bienen geben aus ihrem Stachelrinnenwulst einen ebenfalls flüchtigen Stoff ab, der als Alarmstoff andere Bienen in einen angriffsbereiten und stechlustigen Zustand versetzt.
Die Königin erzeugt in ihren Mandibeldrüsen eine ganze Anzahl von Stoffen, die alle zusammen als »Königinnensubstanz« bezeichnet werden. Auf dem Wege über die Körperpflege der Königin durch die Arbeitsbienen und weiter durch die Nahrungskette wird die Königinnensubstanz auf alle Arbeiterinnen des Stockes nahezu gleichmäßig verteilt. Das in der Königinnensubstanz enthaltene Königin-Hemmungspheromon verhindert bei den Arbeiterinnen die Entwicklung der Eierstöcke und hindert die Tiere an der Aufzucht von jungen Königinnen.
Insgesamt kann man sagen, daß auch im Bienenvolk pheromonartige Duftstoffe eine wichtige Rolle spielen. Sie sichern den Zusammenhalt des Volkes und stellen das wichtigste Verständigungsmittel zwischen der Königin und ihren Arbeiterinnen dar. In noch weit größerem Maße als bei den Bienen werden von den Ameisen Duftstoffe zur Verständigung eingesetzt. Unterbrechen wir also für kurze Zeit unsere Untersuchung über die »Sprache« der Bienen und wenden wir uns ganz kurz jenem zweiten staatenbildenden Insekt zu, den Ameisen.

□ **Geflügelte Ameisen fliegen vom Nest ab.**

Wer richtig riecht, wird nicht gefressen

Ein herrlicher Frühlingstag im Mai neigt sich dem Abend zu. Zum ersten Mal in diesem Jahr war es sommerlich warm. Das Thermometer war auf 26 Grad Celsius geklettert. In der Luft, an allen erhöhten Punkten, an den Kleidern und in den Haaren – überall sind diese geflügelten Tiere. Es sind fliegende Ameisen. Wo kommen sie her?
Im Ameisenstaat überwintern zusammen mit dem Volk der Arbeiterinnen auch geflügelte Männchen und Weibchen. Je wärmer es im Frühjahr wird, um so öfter erscheinen die Geschlechtstiere in der Nähe des Ausgangs, um sich zu sonnen. Schließlich erheben sich zuerst die Männchen und später die Weibchen in ganzen Schwärmen, um sich an erhöhten Punkten wieder zu sammeln. Wer steuert dieses Schwärmen, und weshalb sind es immer die Männchen, die als erste zu schwärmen beginnen?
Der erste schwarmauslösende Faktor ist die Außentemperatur. Ist sie auf mindestens 25 bis 26 Grad angestiegen, beginnen die Männchen zu schwärmen. Unmittelbar nach dem Start geben sie den Inhalt ihrer Kieferdrüsen frei in die Luft ab. Dieses Sekret enthält einen Duftstoff, der die Weibchen ebenfalls zum Schwärmen veranlaßt.

Beim Schwärmen der Ameisen befindet sich oft so viel Duftstoff im Luftraum unmittelbar über dem Ameisennest, daß wir auch mit unserer Nase den harzigen Geruch des Duftstoffs wahrnehmen können ▷.
Nun noch eine andere Beobachtung am Ameisennest, die fast jeder schon einmal gemacht hat: Wird das Nest an einer Stelle beschädigt, so kann man sehen, wie die Ameisen aufgeregt herbeieilen, wobei sie meistens die Stelle der Störung ziemlich genau finden. Wer hat die Ameisen alarmiert? Wiederum sind Duftstoffe im Spiel. Jene Ameisen, die direkt belästigt oder bedroht wurden, eilen ins Nest und geben aus Drüsen am Kopf und am Hinterleib Duftstoffe ab. Dadurch werden andere Ameisen alarmiert, die nun ihrerseits Alarmstoffe abgeben. Auf diese Weise können in kurzer Zeit viele Ameisen aufgescheucht werden.
Wie erfahren sie aber, wohin sie sich zu wenden haben? Die Alarmstoffe wirken nur auf die kurze Entfernung von 3 bis 5 Zentimeter und werden schon nach 30 Sekunden unwirksam. Dadurch wird erreicht, daß dort, wo die größte Gefahr ist, am meisten Alarmstoff erzeugt wird und somit auch zwangsläufig die höchste Alarmstoffkonzentration vorliegt. Die

Bei anderen Ameisenarten entstehen durch einen temperaturbedingten Regelmechanismus in einem Nest nur geflügelte Männchen, in einem anderen nur geflügelte Weibchen. Wahrscheinlich ist an den Schwarmtagen so viel von dem männlichen Kieferdrüsenpheromon in der Luft, daß auch die Weibchen in den weiter entfernten Nestern zum Schwärmen veranlaßt werden.

□ Alarmierte rote Waldameisen spritzen zur Abwehr Ameisensäure in die Luft.

alarmierten Ameisen brauchen nur dem Konzentrationsgefälle des Alarmstoffduftes nachzugehen, um an den Ort der Störung zu gelangen. Stellen, an denen nur blinder Alarm gegeben wurde, verlieren durch die nur kurz anhaltende Wirksamkeit des Alarmstoffes schnell ihre Anziehungskraft.
In ähnlicher Weise leiten Kundschafterameisen ihre Nestgenossinnen durch Duftspuren und Duftstraßen zu einer entdeckten Beute- oder Futterstelle. Auch bei der Brutpflege spielen Pheromone eine bedeutende Rolle. Ganz bestimmte Duftstoffe, die von den Ameisenlarven abgegeben werden, veranlassen die Arbeiterinnen, die Larven zu füttern und zu pflegen. Dies nützen einige Käfer, die als sogenannte Ameisengäste im Ameisennest leben, auf raffinierte Weise aus. Sie ahmen die Larvenpheromone nach und werden dadurch nicht angegriffen, ja, oft sogar noch gefüttert und gepflegt.
Ameisen leben häufig mit Blattläusen zusammen, sie beschützen die Blattlauskolonien regelrecht. Was veranlaßt Ameisen, sich derart intensiv um Blattläuse zu kümmern, sie, fast möchte man sagen, wie Haustiere zu halten?
Blattläuse scheiden als Pflanzensaftsauger mit ihrem Kot überschüssigen Zukker aus. Diesen zuckerhaltigen Kottröpfchen gilt das ganze Interesse der Ameisen. Es ist köstliche Nahrung für sie.
Viele Wissenschaftler haben sich mit der Frage beschäftigt, warum Ameisen wohl mit Blattläusen eine Symbiose ▷ eingehen. Aus dem sonstigen Verhalten der Ameisen wäre es nämlich sehr viel verständlicher, wenn die Blattläuse als willkommene Beute angesehen und mitsamt ihren Zuckertröpfchen einfach aufgefressen würden.
Wolfram Eckloff berichtet über einen Reihenversuch, in dem zehn verschiedene Blattlausarten mit Waldameisen zusammengebracht und beobachtet wurden. Zunächst wurden alle Läuse

□ Ameisen halten Blattläuse wie Haustiere. Aber nicht allen Blattläusen sind die Ameisen wohlgesinnt.

Symbiose: Zeitweilige oder dauernde Lebensgemeinschaft artverschiedener Organismen zu gegenseitigem Nutzen.

von den Ameisen aus einer Entfernung von 2 bis 5 Zentimeter mit weit gespreizten Kiefern heftig angedroht. Sobald die Ameisen beim Näherkommen die Blattläuse mit ihren Fühlern berührten, ergaben sich recht unterschiedliche Verhaltensweisen:

- Gegenüber jenen Blattlausarten, die in der Natur regelmäßig von Ameisen beschützt und gepflegt werden, wurden die angriffslustigen Ameisen schlagartig friedlich. Man konnte das daran erkennen, daß die Ameisen die Kiefer schlossen und mit den Fühlern die Läuse betrillerten.
- Gegenüber solchen Arten, die in der Natur nur selten von Ameisen besucht werden, setzten die Ameisen ihre Angriffe häufig fort und zerquetschten die Läuse mit ihren Kiefern.
- Alle jene Blattlausarten, die man in der Natur niemals zusammen mit Ameisen vorfindet, wurden von den Ameisen entweder angegriffen oder die Ameisen schreckten vor ihnen zurück, als ob sie einen widrigen Geschmack oder Geruch wahrgenommen hätten.

Aus diesen Versuchen schloß man, daß jene Blattläuse, die in der Natur mit Ameisen in Symbiose leben, offensichtlich als Körpergeruch einen Duftstoff erzeugen, der die Ameisen besänftigt. Blattläuse, die keine solchen »Besänftigungspheromone« haben, werden von den Ameisen als Beute behandelt, getötet und verzehrt. Lediglich solche Arten werden verschont, die einen für Ameisen widerlichen Geruch oder Geschmack aufweisen.

Nach dem, was wir bisher über die Ameisen erfahren haben, könnte man denken, daß die Verständigung unter den Ameisen vorwiegend über Duftstoffe stattfindet. Das ist durchaus richtig, nur darf man dabei nicht vergessen, daß diese Tiere auch noch andere Verständigungsmöglichkeiten haben.

Hubert Markl ▷ untersuchte Blattschneiderameisen auf einer Forschungsstation in Trinidad auf den Westindischen Inseln. Seit hundert Jahren weiß man, daß diese Tiere am Hinterleibsgelenk ein Organ zur Schallerzeugung haben. Dabei streicht eine scharfe Schrillkante über ein Rippenfeld. Das ganze funktioniert so, wie wenn man mit dem Daumennagel über die Zähne eines Kammes streicht. Dabei entsteht ein zirpendes Geräusch. Die Tonlage bei der Blattschneiderameise liegt natürlich wesentlich höher, da ihr »Instrument« viel kleiner ist. Eine kleine Geige erzeugt ja auch höhere Töne als die große Baßgeige.

Die von den Ameisen erzeugten Zirptöne sind so hoch, daß sie vom Menschen nur teilweise wahrgenommen werden können. Blattschneiderameisen erzeugen diese Zirptöne, wenn sie gepackt oder festgehalten werden, vor allem aber dann, wenn sie im Boden verschüttet werden. Daß die übrigen Ameisen diese SOS-Rufe noch durch 5 Zentimeter Erdbedeckung wahrnehmen können, beweisen sie ganz unzweifelhaft dadurch, daß sie sich unverzüglich ans Werk machen, ihre verschütteten Artgenossen auszugraben. Man konnte sich nur nicht vorstellen, womit die Ameisen diese Töne hören konnten.

Als man die Aktionsströme von einem ganz bestimmten Nerv im Ameisenbein ableitete, ergab sich, daß es im Ameisenbein schwingungsempfindliche Sinneszellen gibt, die auf Schwingungen zwischen einigen hundert Hertz und 2000 Hertz ansprechen. Gerade die Ameisenbeine sind besonders dazu geeignet, um die Zirptöne verschütteter Nestgenossen durch die Erde hindurch aufzunehmen. Ob Ameisen sich mit Hilfe von Tönen noch anderweitig verständigen, bedarf weiterer Untersuchungen. Doch kehren wir nach diesem Ausflug ins Reich der Ameisen wieder zu unseren Bienen zurück.

Bei den bisherigen Betrachtungen ist uns immer wieder klargeworden, daß besondere Verständigungsleistungen eines

Hubert Markl, geb. 1938, ist Professor für Zoologie an der Universität Konstanz.

Tieres mit den besonderen Leistungen seiner Sinnesorgane und natürlich auch seines Nervensystems zusammenhängen. Die erstaunlichen Verständigungsleistungen der Bienen legen es daher nahe, daß wir uns nun auch noch etwas mit den Leistungen der Sinnesorgane und des Nervensystems der Biene beschäftigen.

Mit Lot und Winkelmaß

Das Leben im Bienenstock spielt sich in völliger Dunkelheit ab. Wie können sich die Bienen hier zurechtfinden und auch noch ihren vielfältigen Verrichtungen nachgehen?

Was tun wir, wenn wir uns im Dunkeln zurechtfinden müssen? Wir tasten mit den Händen, genauer mit den Fingerspitzen. Bienen besitzen in ihren Fühlern bewegliche und empfindliche Tastorgane. Zugleich sind die Fühler der Insekten aber auch Riechorgane. Bienen können also zugleich Tast- und Geruchsinformationen aufnehmen. Es ist für uns schwer vorstellbar, daß diese beiden Empfindungen gekoppelt sind, daß Bienen etwa zwischen einem »runden« und einem »eckigen« Wachsgeruch unterscheiden können.

Bei den Tänzen im dunklen Stock spielen sicher Tast- und Geruchssinn eine große Rolle. Dazu kommt ein sehr feiner Erschütterungssinn, für den die Tiere nicht einmal besondere Erschütterungssinnesorgane besitzen. Die am ganzen Körper vorhandenen Sinneshaare machen den Bienenkörper mitsamt Beinen und Fühlern zu einem einzigen Erschütterungssinnesorgan. Selbst Töne können die Bienen auf diese Weise wahrnehmen.

Wenn eine Biene ihren Schwänzeltanz auf einer senkrechten Wabe ausführt, benützt sie, wie wir uns erinnern, die Richtung nach oben als Ersatz für die Richtung zur Sonne. Aber wie stellt die Biene im Dunkeln fest, was oben und was unten ist? Die Richtung nach oben ist genau entgegengesetzt zur Richtung nach unten, also entgegengesetzt zur Richtung der Schwerkraft. Haben Bienen eine Empfindung für die Schwerkraft?

Wir Menschen haben, wie alle Wirbeltiere, besondere Sinnesorgane ▷, die uns eine Orientierung nach der Schwerkraft ermöglichen. Bei den Bienen finden sich aber nirgends solche oder ähnliche Organe. Wie können sie dann die Schwerkraft spüren? Wie bei der Erschütterung setzt die Biene auch hier wieder ihren ganzen Körper sozusagen als Senklot ein, um die Schwerkraft wahrzunehmen. Bei der Biene sind, ebenso wie bei vielen anderen Insekten, Kopf und Hinterleib beweglich mit der Brust verbunden. Die Schwerkraft zieht nun Kopf und Hinterleib etwas in ihre Richtung, also nach unten. Sinnesborsten nehmen diese ganz geringfügigen Lageveränderungen wahr und melden sie als Sinnesreize weiter. Aus diesen Meldungen kann dann das Gehirn genaue Informationen über die

Die Schweresinnesorgane des Menschen liegen im inneren Ohr in den beiden Säckchen Utriculus und Sacculus. Darin liegt auf Sinneszellen ein Gallertkissen, das mit kleinen Kalksteinchen beschwert ist. Lageänderungen verformen das Gallertkissen unter dem Einfluß der Schwerkraft, wodurch die Sinneszellen unterschiedlich gereizt werden.

□ Bienen beim Wabenbau. Wenn sich Biene an Biene hängt, bilden sie eine Leiter bis zum Boden.

Lage des Tiers zur Schwerkraft errechnen.
Ein genaues Gespür für die Schwerkraft brauchen die Bienen nicht nur beim Tanzen, sondern auch beim Bau ihrer Waben und Zellen. Stets hängen die Waben senkrecht nach unten. Die einzelnen Zellen sind Meisterleistungen an Präzisionsarbeit. Es sind wunderschöne, sechseckige Säulen, deren vordere Kantenlänge genau 3 Millimeter beträgt. Der Abstand von einer Wand zur gegenüberliegenden schwankt nur zwischen 5,2 und 5,7 Millimeter. Die einzelnen Zellen sind nicht waagerecht, sondern etwas zur Rückwand hin geneigt, um das Herauslaufen des Honigs zu verhindern. Die Neigung beträgt genau 13 Grad zur Waagerechten.
Ganz erstaunlich ist, daß die Bienen die Wanddicke ihrer Zellen genau einhalten. Die mittlere Wandstärke beträgt 73 tausendstel Millimeter. Die durchschnittliche Abweichung von diesem Wert beträgt 1,6 tausendstel Millimeter, das sind nur 2 Prozent! Welche feinen Meßgeräte besitzt die Biene für eine solche Präzisionsarbeit?
Wir Menschen würden einfach die Wand von beiden Seiten her »in die Zange nehmen« und mit einer Schublehre abmessen. Etwas Derartiges kann die Biene nicht. Sie steckt ja kopfüber in der Zelle und bearbeitet die Wand von innen. Wie aber macht sie es dann?
Martin Lindauer und sein Schüler Heinrich Martin fanden folgendes heraus: Wenn die Biene mit ihren kräftigen Kiefern die Seitenwand knetet und sie dabei immer dünner auswalzt, drückt sie die Wand häufig etwas durch. Hebt sie ihre Kiefer von der Wand ab, so schwingt die elastische Wand wieder in die Ausgangslage zurück. Die Geschwindigkeit, mit der das Zurückschwingen erfolgt, ist von der Wandstärke abhängig. Aber wie soll man dabei etwas messen können? Beobachten wir nochmals ganz genau

□ Bienenwaben sind ein Wunder an Präzision. Die Zellen der anderen Seite schimmern durch die Mittelwand und lassen erkennen, daß die Zellen zur besseren Raumausnutzung versetzt angeordnet sind.

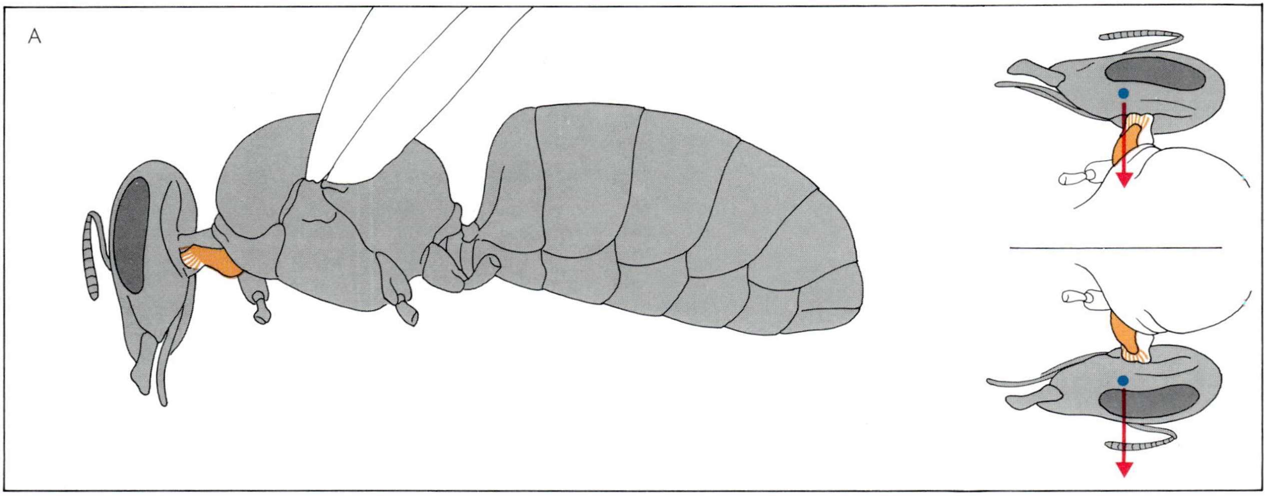
A

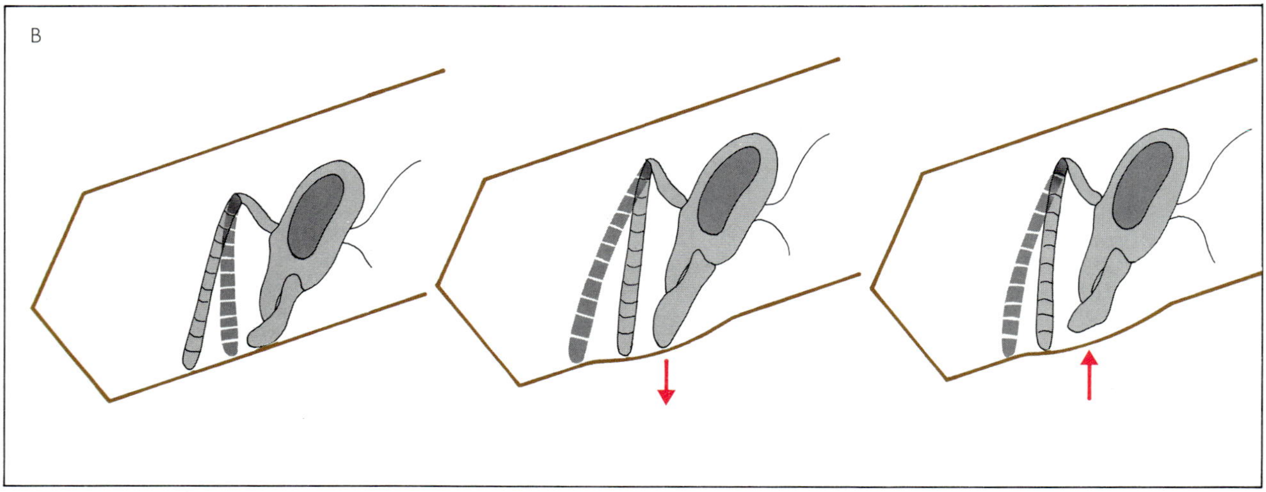
B

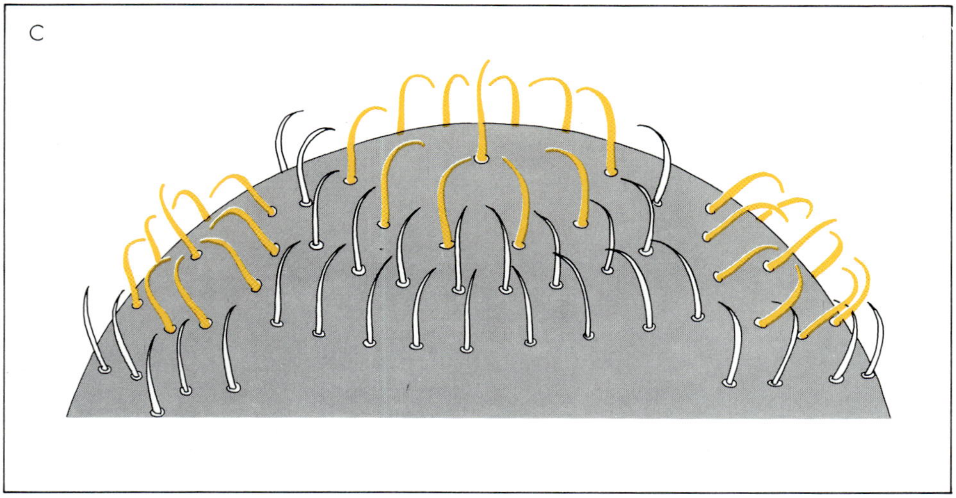
C

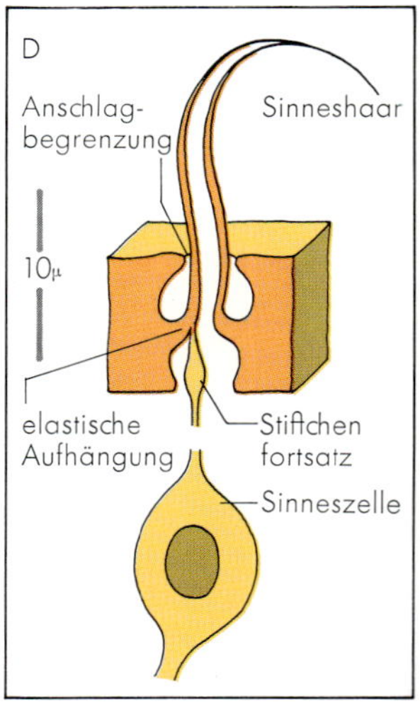
D
Anschlag-
begrenzung
Sinneshaar
10µ
elastische
Aufhängung
Stiftchen
fortsatz
Sinneszelle

eine Biene beim Wabenbau. Zuerst drückt sie die Wand ein. Jetzt hebt sie ihre Kiefer von der kleinen Delle ab. Und jetzt können wir sehen, daß sie zu gleicher Zeit mit ihren Fühlerspitzen die Delle abtastet. Offensichtlich fühlt sie, wie schnell die Ausbeulung wieder verschwindet. Daraus zieht sie ihre Schlüsse auf die Stärke der Wachswand.
Um zu beweisen, daß es wirklich die Fühlerspitzen sind, die für diese Sinnesleistung verantwortlich sind, operierten die Forscher einer Biene vorsichtig die Fühlerspitzen weg; bei einer anderen Biene wurden die Fühlerspitzen mit einem Lacküberzug unempfindlich gemacht. Beide Bienen konnten zwar noch Wachszellen bauen, die Wandstärke der einzelnen Zellen fiel jedoch sehr ungleich aus. Meistens war sie zu dick, an manchen Stellen aber auch zu dünn oder sogar durchlöchert.
Die Fühlerspitzen der Biene sind also die eigentlichen Meßinstrumente. Wie sehen sie aus? Die Fühlerspitze der Biene ist mit vielen Borsten besetzt. Auffallend sind drei Gruppen von Borsten. Jede Gruppe besteht aus einer kräftigen, geraden Borste in der Mitte, umgeben von einem Kranz feiner Borsten, die sich alle gegen die gerade Borste in der Mitte neigen. Die gerade Borste wird dazu gebraucht, um die Wachswand leicht anzustechen und sich dadurch darin etwas zu verankern. Beim Zurückschwingen der Delle werden die im Kreis angeordneten Borsten verbogen und können auf diese Weise das Zurückschwingen wahrnehmen – allerdings nur unter der Voraussetzung, daß diese Borsten tatsächlich auch Sinnesborsten sind.
Die mikroskopische Untersuchung zeigt, daß eine so feine Borste, wenn sie abgebogen wird, an ihrer Anheftungsstelle etwas gestaucht wird. Gerade an dieser Stelle ist der Sinnesstift einer Sinneszelle zu finden. Noch etwas anderes prüfen die Bienen mit ihren Fühlerspitzen: Sie untersuchen damit, ob die Wachswände der Zellen auch schöne, glatte Flächen haben. Wenn nicht, dann machen sich die Bienen sofort wieder ans Werk. So kommt es, daß die Zellen einer Bienenwabe tatsächlich stets spiegelglatt wie poliert sind. Mit Sicherheit dienen die Fühlerspitzen den Bienen als hochempfindliche Tastsensoren noch bei vielen anderen Tätigkeiten im Dunkel des Bienenstocks, nicht zuletzt auch bei ihren Tänzen.

Weltmeister im Winkelschätzen

Wenn Bienen in größerer Entfernung vom Bienenstand eine reiche Nektarquelle entdeckt haben, melden sie den Sammelbienen im Stock Entfernung und Richtung zur Futterquelle durch Schwänzeltänze. Wissenschaftler, die die Botschaft der tanzenden Biene zu entziffern verstehen, sind immer wieder überrascht, mit welcher Genauigkeit die Bienen den Winkel zur Sonne schätzen und weitermelden können. Kann man dabei überhaupt noch von schätzen sprechen? Man hat eher den Eindruck, als könnten die Tiere den Winkel messen, denn er wird im Tanz mit einer sehr hohen Genauigkeit an die Stockgenossinnen weitergegeben. Wie machen die Bienen das? Wo haben sie ihr Winkelmeßgerät? Der Verdacht liegt nahe, daß hier das Bienenauge eine Rolle spielt.
Sehen wir uns einmal ein Bienenauge an und vergleichen wir es mit dem Auge des Menschen oder eines Säugetiers. Wir wären sehr erstaunt, wenn wir die Welt mit Bienenaugen betrachten könnten. Unsere Augen würden starr und unbeweglich im Kopf stehen. Sie zu schließen, wäre unmöglich. Dafür hätten wir ein viel größeres Gesichtsfeld. In dem Teil unseres Gesichtsfelds, in dem sich die Sehbereiche des linken und des rechten Auges überlappen, könnten wir gut Entfernungen schätzen. Zwar könnten wir nicht besonders scharf sehen, dafür könnten wir aber nahe und ferne Gegenstände gleichermaßen gut wahrnehmen. Unser Seheindruck würde dem eines sehr grobrasterigen Zeitungsbildes ent-

□ Linke Seite:

A. **Wie können Bienen die Schwerkraft empfinden? Der Kopf sitzt auf einem halsartigen Chitinrohr der Vorderbrust (orange). Der Schwerpunkt des Kopfes (blauer Punkt) liegt außerhalb des Halsansatzes. Dadurch verdreht die Schwerkraft (roter Pfeil) den Kopf je nach Lage des Tieres. Dies nehmen die Sinnesborsten (orange gestrichelt) wahr. Ein ebenso funktionierendes Schweresinnesorgan befindet sich zwischen Brust und Hinterleib.**

B. **Biene beim Wabenbau. Die Zeichnung zeigt das Ausbeulen und Zurückfedern der Wachswand (rote Pfeile).**

C. **Die Fühlerspitze einer Arbeitsbiene läßt eigenartige Borstengruppen (gelb) erkennen.**

D. **Eine hakenartige Sinnesborste kann über einen Sinnesstift eine Sinneszelle reizen.**

sprechen. Lesen könnten wir mit Bienenaugen wohl nicht, weil wir Schwierigkeiten hätten, bestimmte Figuren, etwa Buchstaben, voneinander zu unterscheiden.

Diesem Mangel, nicht besonders scharf sehen zu können, würden jedoch eine ganze Reihe neuer Fähigkeiten gegenüberstehen. Wir könnten zum Beispiel das für das Menschenauge unsichtbare ultraviolette Licht als farbiges Licht erkennen ▷; allerdings würden wir rotes Licht und rote Farbe nicht mehr wahrnehmen. An einem kleinen Fleckchen blauen Himmels, das aus einer sonst geschlossenen Wolkendecke hervorschaut, könnten wir die Richtung zur Sonne ablesen. Würden wir mit Bienenaugen ins Kino gehen, so glaubten wir in einem Dia-Vortrag zu sitzen, in dem Dias in sehr schneller Folge gezeigt werden. Eine Biene kann nämlich bis zu 300 Seheindrücke in der Sekunde unterscheiden, ein Mensch höchstens dreißig ▷. Mit Bienenaugen könnten wir also sehr rasche Bewegungen gut erkennen, weit besser als wir es mit unserem Menschenauge können. Und nicht nur das, auch sehr langsame Bewegungen zu verfolgen, wäre mit Bienenaugen nicht schwierig. Eine Biene kann die Bewegung des Stundenzeigers einer Uhr erkennen, was mit dem menschlichen Auge nicht möglich ist.

Vielleicht erklärt uns eine Betrachtung des Bienenauges die so ganz andersartigen Leistungen. Unter dem Mikroskop erkennt man, daß ein Bienenauge aus sehr vielen gleichartigen und keilförmigen Teilen zusammengesetzt ist. Ein solches keilförmiges Gebilde wird als »Einzelauge« oder »Ommatidium« bezeichnet. Es wird nach außen durch eine sechseckige und durchsichtige Hornhaut begrenzt. Darunter liegt der ebenfalls durchsichtige und lichtsammelnde Kristallkegel. Daran grenzt eine Gruppe von Sinneszellen, die sich wie die Schnitze einer Apfelsine aneinanderlegen. Dort, wo sich die Schnitze innen be-

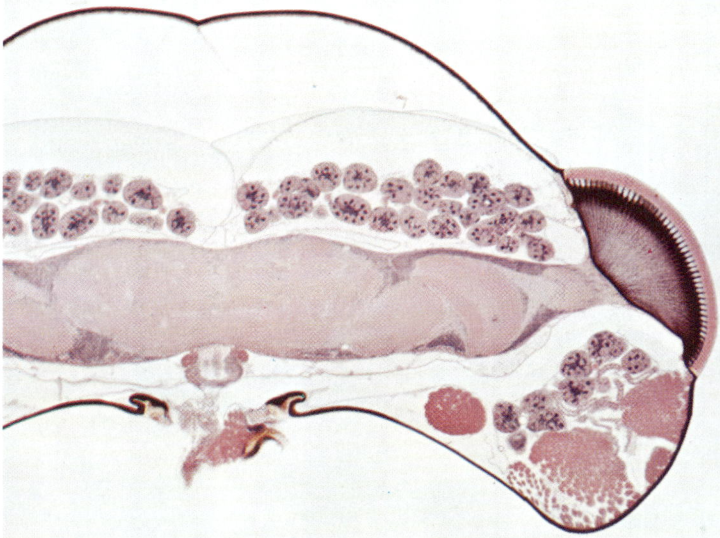

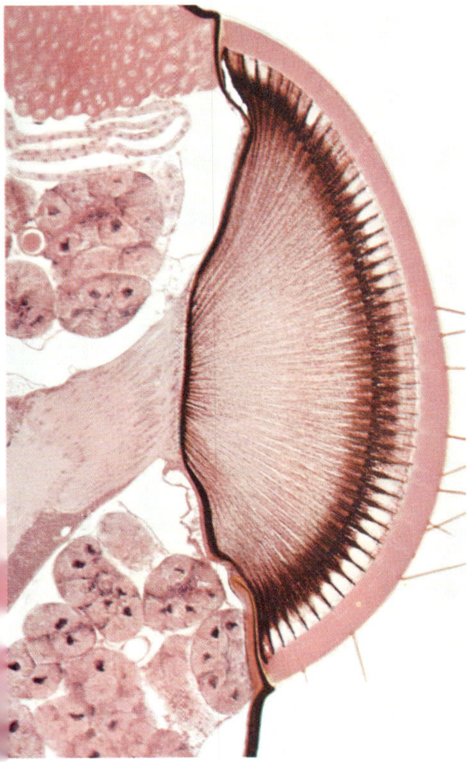

rühren, befindet sich der eigentlich lichtempfindliche Teil, der sogenannte Sehstab oder das Rhabdom. Der Sinnesreiz wird hier aufgenommen und über den Sehnerv zum Gehirn weitergeleitet. Das Bienenauge ist also ein zusammengesetztes Auge, auch »Komplexauge« oder »Facettenauge« genannt.
Ein Einzelauge kann, soweit wir heute wissen, kein Bild sehen, sondern es kontrolliert nur einen bestimmten Winkel auf Helligkeit und Farbe. Das Einzelauge sieht nur einen Lichtpunkt. Aus Tausenden solcher Lichtpunkte setzt sich dann das Bild zusammen, das die Biene sieht. Bei einer Arbeitsbiene sind es insgesamt 10000 Einzelaugen, die Bildpunkte liefern. Aus einer bestimmten Richtung kommende Lichtstrahlen können immer nur einige wenige Einzelaugen reizen.
Nun kann man verstehen, warum die Bienen so gut Winkel schätzen können, weil nämlich dem Seheindruck eines bestimmten Einzelauges, das ja starr und fest in das Gesamtauge eingebaut ist, ein bestimmter Winkel zur Lichtquelle entspricht. Fliegt die Biene los, so kann sie einen bestimmten Kurs zur Sonne einhalten, indem sie sich so bewegt, daß immer nur ein ganz bestimmtes Einzelauge auf die Sonne gerichtet ist. Ein dunkler Farbstoff, der die Einzelaugen umhüllt, läßt nur die senkrecht einfallenden Lichtstrahlen bis zum lichtempfindlichen Sehstab eindringen.
Sicher ist jeder schon einmal auf einer Baustelle an einem riesigen Stapel von Röhren vorbeigegangen. Versucht man, durch den Stapel hindurch einen Blick auf die andere Seite zu werfen, so fällt einem auf, daß man immer nur durch eine Röhre oder höchstens einige wenige Röhren zugleich schauen kann. Beim Vorbeigehen sind es dann immer wieder andere Röhren, durch die man hindurchschaut.
Bei einem Insektenauge tritt ein ähnlicher Effekt auf. Blickt man auf ein solches Komplexauge, so erscheint eine

□ Oben: In der Aufsicht auf ein Insektenauge erscheint eine sechseckige Felderung. Zu jedem Feld gehört ein Einzelauge.
Unten: Stärker vergrößerter Schnitt durch ein Bienenauge. Der Aufbau des Auges aus Einzelaugen und der vom Auge zum Gehirn führende Sehnerv sind deutlich zu sehen.

Linke Seite:
Das Kapitel »Blumenfarben und die Honigbienen« in Band 2 dieser Reihe, Seite 15–40, befaßt sich ausführlich mit dem Farbensehen der Biene.

Linke Seite:
Das ist abhängig von der Lichtstärke. Bei schwächerem Licht kann ein Mensch nur 20 oder noch weniger Seheindrücke in der Sekunde unterscheiden.

□ Linke Seite:
Oben: Der Kopf einer Großlibelle zeigt die mächtigen Komplexaugen.
Unten: Der Schnitt durch den Kopf einer Biene läßt, unter dem Mikroskop betrachtet, rechts ein Komplexauge erkennen. Das Gehirn ist durch dicke Nerven mit den Augen verbunden.

kleine Stelle dunkel. Es sind die wenigen Einzelaugen, die direkt auf das Auge gerichtet sind, mit dem man sie betrachtet. Man kann diesen dunkel erscheinenden Einzelaugen sozusagen bis auf den Grund sehen, allen übrigen, darum hell erscheinenden Einzelaugen jedoch nicht. Es ist einsichtig, daß auch der dunkle Fleck auf dem Insektenauge wandert, sobald der Betrachter seine Blickrichtung ändert. Diese Erscheinung ist übrigens nur an einem frischen, nicht an einem ausgetrockneten Insektenauge zu beobachten.

Die logische Folgerung aus dieser zuletzt gewonnenen Erkenntnis ist, daß ein Insekt möglichst viele Einzelaugen haben sollte, da ja mit der Anzahl der Einzelaugen auch die Anzahl der Bildpunkte zunimmt und somit ein deutlicheres und schärferes Sehen möglich wird. Nachteilig ist, daß mit zunehmender Anzahl von Einzelaugen die vorhandene Lichtmenge auf immer mehr Einzelaugen aufgeteilt wird, das heißt, daß ein Einzelauge immer weniger Licht bekommt. Der Nachteil eines scharf zeichnenden, also aus vielen Einzelaugen bestehenden Komplexauges liegt demnach in seiner geringen Lichtstärke. Ein solches, deutliche Bilder lieferndes Insektenauge taugt eigentlich nur für das hellste Tageslicht. Was machen aber nun die vielen anderen Tiere, die gleichfalls Komplexaugen besitzen, deren Leben sich aber in Nacht und Dunkelheit abspielt ▷?

Wie beim Tagauge fallen auch beim Nachtauge die sechseckigen Facetten auf, von denen jede zu einem Einzelauge gehört. Bei einer mikroskopischen Untersuchung stellen wir jedoch zwei wesentliche Unterschiede fest:

Erstens fehlen den Einzelaugen die Umhüllungen aus dunklem Farbstoff. Zweitens sind die Sehstäbe der Einzelaugen zu einer ziemlich einheitlichen, lichtempfindlichen Netzhaut geworden.

Dadurch können die Lichtstrahlen, die auf die Einzelaugen eines größeren Bereichs auftreffen, zu einem Bildpunkt auf der Netzhaut vereinigt werden. Die Kristallkegel der Einzelaugen, die ja wie kleine, lichtbrechende Linsen wirken, benötigen dazu eine ganz raffinierte Lichtbrechung, wie man durch Berechnungen herausfinden konnte. Die Lichtbrechung eines einzelnen Kristallkegels muß nämlich von der Mitte aus zum Rand hin geringer werden. Genau diese Erscheinung zeigen die Augen der Nachtinsekten. Der Vorteil dieser Einrichtung liegt auf der Hand: An der Erzeugung eines Bildpunkts können sich viel mehr Lichtstrahlen beteiligen; mit anderen Worten, dieses Auge ist viel lichtstärker ▷.

Krebstiere besitzen wie die Insekten Komplexaugen. Viele Krebstiere leben in größerer Meerestiefe oder auf dem Meeresgrund. Viel Licht zum Sehen steht ihnen dort nicht zur Verfügung. Wir wollen untersuchen, wie diese Tiere hier zurechtkommen.

Bei der mikroskopischen Betrachtung eines Krebsauges, zum Beispiel vom Hummer, wird uns auffallen, daß der dunkle Farbstoff zwischen den Einzelaugen fehlt, wie beim Superpositionsauge der Nachtinsekten, und sich auch hier die Sehstäbe zu einer Art Netzhaut vereinigt haben. Der Schluß liegt nahe, daß es sich auch beim Auge des Hummers um ein lichtstarkes Superpositionsauge handelt.

Das glaubte auch der Forscher Sigmund Exner ▷, der sich in den Jahren um 1890 bei der Erforschung der Tieraugen große Verdienste erworben hat. 70 Jahre später fand der niederländische Physiologe Jan W. Kuiper heraus, daß im Hummerauge die Kristallkegel nicht die notwendige Lichtbrechung besitzen, um wie im Nachtfalterauge die Lichtstrahlen auf die Netzhaut zu leiten. Die Wissenschaftler zerbrachen sich darüber den Kopf, warum Hummern, Langusten und Krabben Augen besitzen, die wie die Augen der Nachtfalter gebaut sind, jedoch keine lichtbrechenden Linsen haben.

□ Rechte Seite:
Oben: Aufbau eines Komplex- oder Facettenauges aus Einzelaugen. Im äußeren Teil besitzt jedes Einzelauge sein eigenes lichtbrechendes System (Cornea und Kristallkegel), das das Licht auf den lichtempfindlichen Sehstab der Sehzellen lenkt.
Unten: Der wandernde dunkle Fleck auf dem Auge einer Großlibelle. Näheres im Text auf Seite 103 und 104.

Solche Komplexaugen, die richtige Nachtaugen sind, nennt man »Superpositionsaugen«. Die Tagaugen werden demgegenüber als »Appositionsaugen« bezeichnet.

Die meisten Insekten und Krebse verfügen über Komplexaugen.

Sigmund Exner Ritter von Ewarten (1846–1926) war Professor in Wien und arbeitete vor allem an der Erforschung der Sinnes- und Nervenphysiologie von Krebsen und Insekten sowie des Flug- und Orientierungsverhaltens von Vögeln.

Rechte Seite: Gigantocypris.

Klaus Vogt löste dieses Rätsel der Wissenschaft. Ihm fiel zunächst auf, daß die Augen der Hummern keinen sechseckigen Grundriß haben wie die Insektenaugen, sondern aus lauter kleinen Quadern mit quadratischem Grundriß bestehen. Das Entscheidende daran ist, daß die Anfangsteile dieser Quader innen mit spiegelnden Flächen ausgekleidet sind. Diese Spiegelflächen sind außerordentlich dünn, so daß man sie bei allen früheren mikroskopischen Untersuchungen immer übersehen hat. Die Spiegel sind weniger als 1 tausendstel Millimeter dünn. Sie können genausogut wie die Kristallkegellinsen der Nachtfalteraugen das Licht auf die Netzhaut werfen. Nun war den Wissenschaftlern auch klar, warum diese Krebstiere Komplexaugen mit einer quadratischen Felderung hatten.

Die Lichtstrahlen, die in die spiegelnden Lichtschächte einfallen, dürfen höchstens von zwei benachbarten Spiegelflächen reflektiert werden. Nur dann ist gewährleistet, daß die Lichtstrahlen in der richtigen Weise auf die Netzhaut auftreffen. Diese Forderung wird aber nur erfüllt, wenn die Spiegelflächen rechte Winkel zueinander bilden.

Interessant ist, daß es auch Krebstiere gibt – die planktontischen Krebschen, die als Krill bekannt sind, gehören dazu –, die sich nicht wie die eben erwähnten Hummer, Langusten und Krabben einer solchen »Spiegeloptik« bedienen. Die Krillkrebschen haben vielmehr Linsen, wie sie auch in den Superpositionsaugen der Nachtfalter zu finden sind. Linsenoptik und Spiegeloptik sind also »Erfindungen«, die die Tiere schon seit Jahrmillionen in ihren Augen mit Erfolg anwenden.

Es gibt ein Tier, das die Ausnützung allerschwächsten Lichts zum Sehen geradezu auf die Spitze getrieben hat. Seit 1956 kennt man ein Tiefseekrebschen, das in 1000 Meter Tiefe lebt ◁. Seine im Verhältnis zur Körpergröße von 1 Zentimeter riesigen Augen sind Hohlspie-

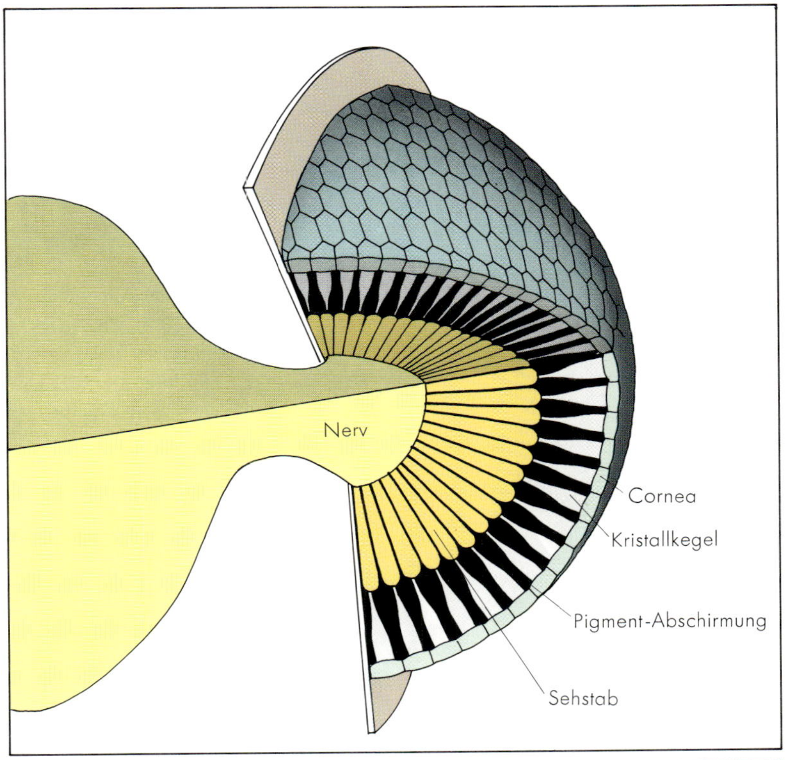

gel, die das Licht auf eine verhältnismäßig kleine Netzhaut werfen. Das auf die Netzhaut geworfene Bild ist wahrscheinlich unscharf, dafür ist dieses Hohlspiegelauge rund 17mal lichtstärker als das normale Linsenauge eines Fisches! So bringt es dieses Tiefseekrebschen fertig, sich mit Hilfe des unvorstellbar schwachen Lichtschimmers, der gerade noch bis in 1000 Meter Wassertiefe hinunterreicht, zurechtzufinden.

Wir kennen also dreierlei Arten von Komplexaugen: Das Facettenauge der Taginsekten, bei dem jedes Einzelauge für sich Licht aufnimmt und wahrnimmt. Dann das Superpositionsauge der Nachtinsekten. Darin sammeln die linsenartigen Kristallkegel vieler Einzelaugen das Licht und werfen es auf die gemeinsame Netzhaut. Dadurch wird die Helligkeit des Bildes stark erhöht. Die gleiche Lichtausnutzung betreiben die Augen der Krabben, Langusten und Hummer. Sie gleichen den Superpositionsaugen der Nachtinsekten, allerdings mit dem erheblichen Unterschied, daß sie quadratische Facetten haben, unter denen kleine Kästchen liegen, deren verspiegelte Innenflächen das Licht auf die gemeinsame Netzhaut zurückwerfen.

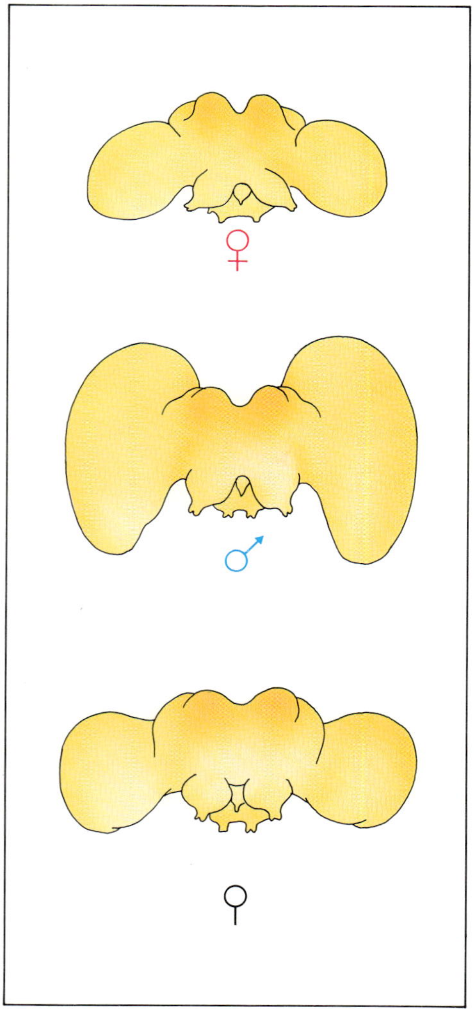

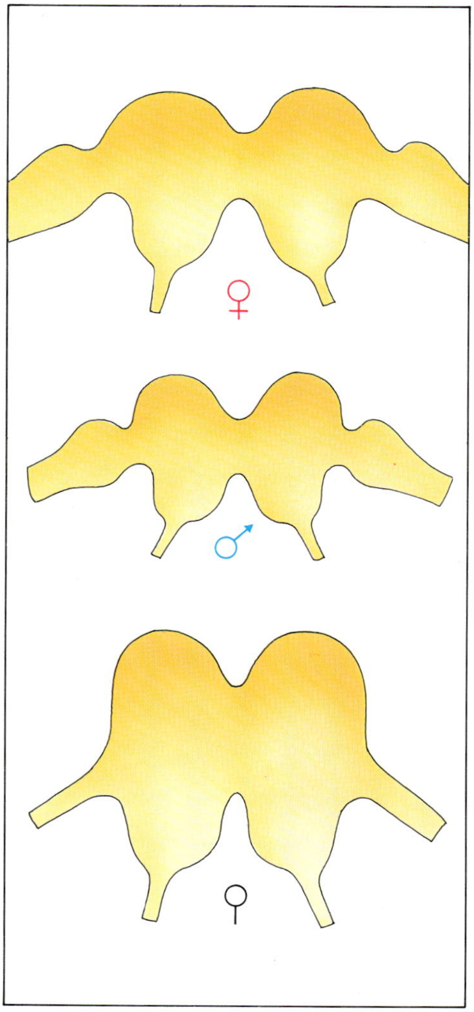

□ **Links: Vergleich der Gehirne von Bienenkönigin, Drohne und Arbeitsbiene (♀). Rechts: Vergleich der Gehirne von Ameisenkönigin, Ameisenmännchen und Ameisenarbeiterin (♀). Die Gehirne der Bienen sind nicht im gleichen Maßstab gezeichnet wie die Gehirne der Ameisen und sind daher größenmäßig nicht vergleichbar. Wichtig ist die Größe der Pilzkörper (dunkler gefärbt) im Vergleich zum übrigen Gehirn.**

Das Geheimnis der kleinen, grauen Zellen

Wir haben versucht, uns vorzustellen, wie eine Biene die Welt sieht. Dabei haben wir aus dem Bau des Auges auf seine Leistung geschlossen. Das ist sicher nicht falsch, aber auch nicht ganz richtig. Wir haben nämlich nicht berücksichtigt, daß es nicht das Auge ist, das die Umwelt wahrnimmt. Erst das Gehirn kann aus den vielen Meldungen, die das Sinnesorgan Auge liefert, einen Seheindruck errechnen und erarbeiten. Was wissen wir über das Gehirn einer Biene?

Am Gehirn einer Arbeitsbiene fallen vier mächtige Anschwellungen besonders auf. Es sind die beiden Sehlappen und die beiden Pilzkörper. Die Sehlappen sind direkt mit den Komplexaugen verbunden, so daß die Vermutung naheliegt, sie hätten etwas mit der Verarbeitung der Informationen zu tun, die von den Augen gemeldet werden. Um das zu prüfen, vergleichen wir die Augen und die Sehlappen von Bienenkönigin, Arbeiterin und Drohne.

Die Komplexaugen der Königin sind nicht besonders groß und bestehen aus etwa 4000 Einzelaugen pro Komplexauge. Das Komplexauge einer Arbeiterin ist aus 5000 Einzelaugen zusammengesetzt, das einer Drohne sogar aus 8000. Die Drohnenaugen nehmen dementsprechend auch einen größeren Teil des Kopfes ein. Wir müssen daher annehmen, daß sie leistungsfähiger sind als die Augen der Arbeiterinnen oder der Königin. Dies erklärt man sich damit, daß die Drohnen die Königin auf ihrem Hochzeitsflug vor allem mit den Augen entdecken und verfolgen. Die Königin muß sich mit den Augen nur insoweit orientieren können, daß sie wieder zu ihrem Stock zurückfindet. Den übrigen Teil ihres Lebens verbringt sie im dunklen Bienenstock, in dem ihr die Augen sowieso nichts nützen. Gemessen an der Anzahl der Einzelaugen liegen die Augen der Arbeiterinnen in der Leistung zwischen Drohne und Königin.

Vergleichen wir die Sehlappen miteinander, so stellen wir fest, daß die Königin die kleinsten Sehlappen hat, die Drohne die größten und die Arbeiterin wieder dazwischen steht. Die großen und leistungsfähigen Augen der Drohnen benötigen offensichtlich auch entsprechend große Sehlappen, während die Königin mit ihren kleineren Augen, die auch weniger leisten müssen, sich mit einem kleinen Sehlappen begnügen kann. Welche Aufgabe oder Bedeutung haben nun die Pilzkörper? Mit besonderen Methoden, zum Beispiel durch Färbung oder durch Abnahme von Aktionspotentialen, kann man den Verlauf der

□ **Oben: Bienenkopf von vorn gesehen und durchsichtig gedacht. Die Pilzkörper sind gelb eingezeichnet, die Hauptnervenbahnen als rote Linien dargestellt. Das ganze Gehirn ist etwa einen Kubikmillimeter groß, enthält aber etwa 850 000 Nervenzellen.**
Unten: Ein mikroskopischer Schnitt durch ein Insektengehirn läßt die Pilzkörper deutlich erkennen. Nervenzellen und -fasern sind künstlich angefärbt.

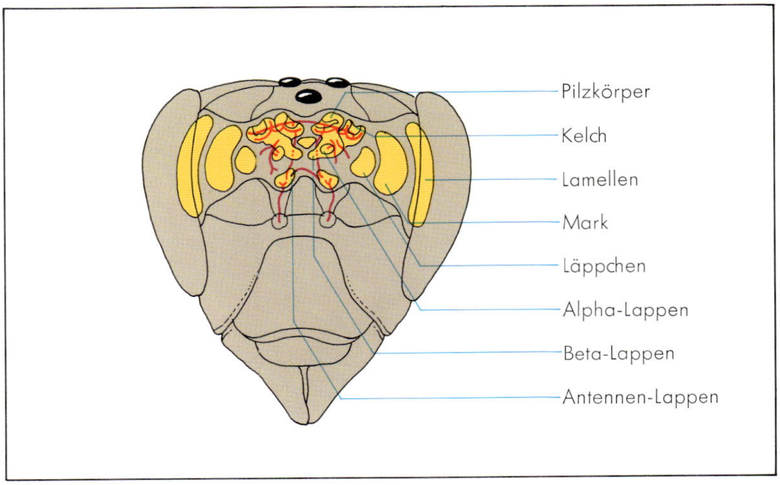

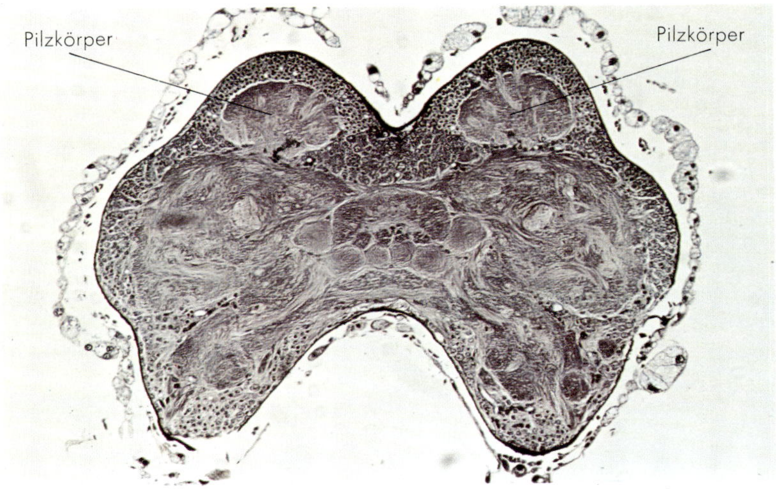

Nervenbahnen im Gehirn der Biene verfolgen. Trägt man den Verlauf der Bahnen auf einem Gehirnumriß ein, so ergibt sich eine Gehirnkarte. Dabei fällt auf, daß die meisten Zentren im Gehirn sozusagen Durchgangsstationen sind. Die Pilzkörper sind dagegen eher End- oder Anfangsstationen. Sie bestehen zum großen Teil aus Rindensubstanz, die besonders viele kleine, graue Gehirnzellen enthält. Diese grauen Gehirnzellen leisten die eigentliche Arbeit im Gehirn. Sie verarbeiten und verrechnen die Nervenimpulse und schalten sie weiter. Ihre Tätigkeit ist bis heute, trotz vieler Forschungen, noch weitgehend geheimnisvoll; sicher wissen wir nur, daß die eigentliche Leistung des Gehirns an diese grauen Zellen gebunden ist. Weil die Pilzkörper im Bienengehirn so viele graue Zellen besitzen, darf man annehmen, daß hier der Ort besonderer Gehirnleistungen ist.

Wenn eine Biene Sinneseindrücke und Erinnerungen miteinander verknüpft, wenn sie »denkt« und empfindet, dann scheint das in den grauen Zellen der Pilzkörperrinde zu geschehen. Diese Ansicht findet eine Bestätigung in der Tatsache, daß die sozial lebenden Insekten nicht nur besonders große Gehirne haben, sondern auch ganz besonders stark ausgebildete Pilzkörper.

Bei den Bienen besitzt die am besten ausgebildeten Pilzkörper die Arbeiterin, geringer ausgebildet sind die der Königin, und noch schlechter schneiden die Drohnen ab. Auch hier liegt der Schluß nahe: Die höchsten Sozialleistungen werden von den Arbeiterinnen verlangt, sie brauchen die höchste Intelligenz. Die Anforderungen an die Königin, die ja meist nur der eintönigen Tätigkeit des Eierlegens nachgeht, sind geringer. Die geringsten sozialen Leistungen vollbringen zweifellos die Drohnen, wobei ihre immer noch gut erkennbaren Pilzkörper sie als Angehörige einer sozial lebenden Insektenart ausweisen.

Ganz ähnliche Verhältnisse finden sich im übrigen bei den Ameisen. Auch bei ihnen besitzen die Arbeiterinnen die größten Pilzkörper, dann folgen die der Königin. Der Ameisenkönig, das Männchen, hat die am geringsten ausgebildeten Pilzkörper.

Wir erkennen also einen klaren Zusammenhang zwischen der Größe der Pilzkörper und den intelligenten und sozialen Leistungen der Insekten.

Ein leistungsfähiges Nervensystem ist offenbar nicht das Vorrecht einer bestimmten Gruppe von Organismen, etwa der Säugetiere. In vielen Tiergruppen, wie hier zum Beispiel bei den Insekten, wurde irgendwann im Verlauf der Evolution der Schritt zu einem leistungsfähigeren Nervensystem getan. Es sind die grauen Zellen im Gehirn, die den Bienen ihre Überlegenheit im Insektenreich geben und uns Menschen dazu befähigen, in diese Zusammenhänge forschend und verstehend einzudringen.

Die Evolution, hier die Entwicklung immer leistungsfähigerer Gehirne und damit die Herausbildung von Intelligenz, ist noch immer in vollem Gange. Andererseits gibt es auch Tierarten, die seit Jahrmillionen auf einer einfacheren Stufe verharren, offensichtlich weil ihnen eine größere Leistungsfähigkeit ihres Nervensystems in ihrem Lebensraum und bei ihrer Lebensweise keine biologischen Vorteile bringt.

An dieser Stelle könnte die Frage auftauchen, ob es nicht sehr verwegen sei, bei Tieren, etwa bei Insekten, von Intelligenz zu sprechen. Wenn Intelligenz etwas mit der Fähigkeit zu lernen, mit der Fähigkeit, etwas schnell zu lernen, mit dem Gedächtnis zu tun hat, dann müssen wir auch Bienen Intelligenz zugestehen. In entsprechenden Versuchen schneiden sie recht gut ab ▷.

Siehe dazu Band 2 dieser Reihe, Seite 20f und Band 8, Seite 130f.

Sie kennen sich persönlich

Überraschenderweise weiß der Mensch gerade von Tieren, die er seit urdenklichen Zeiten züchtet, die er also tagaus, tagein beobachten könnte, sehr wenig. Eigentlich ist es kaum zu glauben, daß man erst in diesem Jahrhundert damit begonnen hat, sich systematisch mit dem Verhalten der Haustiere des Menschen zu beschäftigen.

Im Jahre 1913 fiel dem dänischen Zoologen Thorleif Schjelderup-Ebbe auf, daß eine seiner Haushennen die übrigen Hennen im wahrsten Sinne des Wortes tyrannisierte und mit heftigen Schnabelhieben von den besten Futterbrocken vertrieb. Seine Neugier war geweckt, und er begann, das Verhalten seiner Hühner zu beobachten.

Erstaunt stellte er fest, daß es auf dem Hühnerhof keine Gleichberechtigung gibt. Vielmehr herrscht unter Hühnern eine strenge Rangordnung, die von dem Forscher als »Hackordnung« bezeichnet wurde: Die ranghöchste Henne darf alle übrigen Hennen vom Futter vertreiben, nötigenfalls verschafft sie sich mit einigen angedeuteten oder auch tatsächlich ausgeteilten Schnabelhieben den nötigen Respekt. Die Henne, die in der Rangordnung die zweite Stelle einnimmt, muß zwar vor der ranghöchsten Henne zurückweichen, kann aber ihrerseits die übrigen Hennen durch Hacken vertreiben ▷. Die rangniederste Henne muß allen anderen weichen.

Diese Hackordnung wird unter den Hennen in Kämpfen einmal festgelegt und dann lange Zeit beibehalten. Eine Änderung kann nur durch eine erneute Auseinandersetzung erzwungen werden.

Eine solche Hackordnung gibt es nicht nur bei Hühnern. Ende der zwanziger Jahre siedelte der Verhaltensforscher Konrad Lorenz ▷ um sein Haus in Altenberg eine Dohlenkolonie an. Er beobachtete, daß Dohlenmännchen unter sich eine Hackordnung erstreiten. Die Stellung eines Weibchens in der Kolonie richtet sich ganz nach der Stellung seines Männchens. Das ist nicht verwunderlich, wenn man weiß, daß ein Dohlenpaar meistens wie Pech und Schwefel zusammenhält. Hat sich bei den Dohlen die Rangordnung erst einmal herausgebildet, dann wird sie ohne viel Streiterei eingehalten.

Die Tiergesellschaften der Bienen, Ameisen und auch die der Termiten kennen keine Rangordnung. Bei ihnen sind die einzelnen Tiere namenlos und jederzeit durch andere zu ersetzen oder auszuwechseln; sie alle bilden zusammen, wie die Wissenschaftler sagen, einen anonymen Verband. Nicht so bei Hühnern und Dohlen.

Eine Hackordnung setzt voraus, daß die Tiere einander kennen, sogar ganz genau kennen, mit allen Stärken und Schwächen. Damit stoßen wir auf ein neues Element im Zusammenleben der Tiere. Hühner und Dohlen begegnen sich als Individuen, als bestimmte, eigene Persönlichkeiten. Diese Besonderheit wollen wir bei den Verständigungsformen der Tiere, die wir von nun an betrachten, im Auge behalten.

Konrad Lorenz, geb. 1903, Professor für Zoologie und Psychologie, baute das Max-Planck-Institut für Verhaltensphysiologie erst in Buldern (bei Münster/Westf.), dann (ab 1955) in Seewiesen/Obb. auf. Er ist »Vater« der Ethologie, der Vergleichenden Verhaltensforschung; Nobelpreisträger 1973.

Siehe dazu Band 1 dieser Reihe, Seite 117f.

»Tuck, tuck, tuck« – da kommen sie

Erich Baeumer, Arzt und Zoologe, vielleicht der beste Kenner in Sachen »Hühnerhof« ▷, beschreibt die Auseinander-

Bekannt durch sein Buch »Das dumme Huhn«, Stuttgart 1964, Franckh.

setzung zweier Hähne. Im Verlauf dieser Auseinandersetzung besiegt der bisher rangniedrigere Hahn »Zar« den bisher ranghöheren Hahn »Peter«. Der besiegte Peter steckt daraufhin seinen Kopf zwischen einen zufällig herumstehenden Karton und die Wand. Der Sieger Zar hackt dem Besiegten noch ein paarmal ins Gefieder, was von dem Besiegten ohne jede Gegenwehr ertragen wird. Mit erhobenem Haupt schreitet Zar davon. Nach einer Viertelstunde steht der besiegte Peter noch immer in der gleichen Stellung da, er hat sich die ganze Zeit über nicht bewegt. Was können wir aus dieser Begebenheit ersehen? Steht eine bestimmte Verhaltensweise mit einem biologischen Sinn dahinter?
Zunächst ist klar, daß das Bergen von Kopf und Hals in dem schmalen Spalt zwischen Wand und Karton die verwundbarsten Körperteile des unterlegenen Hahns gegen die Angriffe des Siegers schützen soll. Das kann aber noch nicht erklären, warum die Angriffe des siegreichen Hahns aufhören, warum der Sieger jegliches Interesse an seinem unterlegenen Gegner verloren zu haben scheint.
Könnte das so zu verstehen sein, daß der unterlegene Hahn »sein Gesicht verloren« hatte, als er seinen Kopf versteckte? Nachdem der siegreiche Hahn nicht mehr das »Gesicht» seines Rivalen sah, war dieser für ihn nicht mehr vorhanden. Das würde bedeuten, daß sich die Hähne vorwiegend am Gesicht erkennen. Um das nachzuprüfen, hat Erich Baeumer einigen Hähnen den Kopf mit Farben bemalt, worauf diese Hähne von den übrigen, wenigstens eine Zeitlang, in ihrer vorher erkämpften Rangordnung nicht mehr respektiert wurden. Offensichtlich sind sie in ihrer Bemalung nicht erkannt worden. Weitere Versuche und Beobachtungen haben eindeutig bewiesen, daß sich Hühner tatsächlich am Gesicht erkennen.

□ Linke Seite: Das Krähen des Hahns dient zur Revierbehauptung und ist zugleich Balz- und Kampfruf.

□ Ob Hahn oder Henne, der Platz in der Hackordnung muß erkämpft werden. Dann wird die Rangordnung längere Zeit ohne Kämpfe respektiert.

□ **Kollern oder Gockeln sind Lautäußerungen, die nur vom Hahn hervorgebracht werden. Man kann sie mit »go-go-go-gooock« beschreiben. Sie dienen vor allem zur Stimmfühlung des Hahns mit den Hennen.**

Erich Baeumer erzählt noch eine andere Begebenheit. Er hatte eine zweijährige Henne neu gekauft und in ein einzelnes Gehege gesetzt. Anschließend setzte er die anderen Hennen einzeln zu dieser neuen Henne. Sie besiegte in Rangordnungskämpfen zehn Rivalinnen und verlor gegen zwei. Auffallend war ihr Verhalten nach den beiden Niederlagen: Sie versteckte zunächst ihr Gesicht. Dann machte sie sich beim Anblick der Siegerin durch Anlegen ihres Gefieders ganz dünn, schwang zwei-, dreimal matt die Flügel, zögerte noch, wiederholte das Flügelschwingen und zog sich dann »resignierend« zurück. Nun putzte sie ihr Gefieder, schließlich bot sie der Siegerin durch Niederducken die Paarung an.
Wie läßt sich dieses Verhalten deuten? Das Verbergen des Gesichts bewirkt eine klare Aggressionshemmung beim Gegner. Das Flügelschwingen zeigen Hühner häufig vor einem oder einer Ranghöheren. Man kann dieses Verhalten als symbolisches Wegfliegen deuten, als Signal für den Ranghöheren: »Ich, der Rangniedere, bin bereit, dir aus dem Weg zu gehen.« Das Putzen allerdings ist ungewöhnlich. Üblicherweise putzt sich ein Huhn nur in ruhiger Stimmung. Hier erfolgte es jedoch gleich nach der Niederlage und in Gegenwart der Siegerin. Verhaltensforscher deuten es als eine Art Verlegenheitshandlung: Das unterlegene Huhn weiß nicht recht, was es jetzt tun soll, und reagiert seinen Betätigungsdrang in einer mehr oder weniger sinnvollen Tätigkeit ab, wie hier beim Putzen ▷.
Das merkwürdige Ducken schließlich kann man so verstehen: Die starke Siegerin wirkt auf die kleinere, unterlegene Henne wie ein Hahn. Zur Beschwichtigung bietet die unterlegene Henne als Unterwerfungsgeste die Paarung an.
Wenn wir Erich Baeumers Beobachtungen und Erkenntnisse darüber, wie Hahn und Hennen untereinander zu ei-

Eine solche Verhaltensweise wird als »Übersprungshandlung« bezeichnet. Sie ist eine Möglichkeit, überschüssige Erregung abzubauen.

ner gewissen Verständigung kommen, noch einmal kurz überdenken, so können wir diese Verständigung durch Bewegungen und Körperhaltungen treffend als »Körpersprache« bezeichnen. Erich Baeumer hat noch mindestens sechs Signale beobachtet, die von den Hühnern mit Hilfe von Körpersprache übermittelt werden. Welche Bedeutung haben daneben die altbekannten akustischen Signale?

Küken geben ständig Piepslaute von sich. Die Glucke kümmert sich nur um Küken, die piepsen. Setzt man eines ihrer Küken gut sichtbar unter eine schalldichte Glasglocke, so wird es von der Glucke nicht mehr beachtet. Das zeigt, daß die Piepslaute der Küken den Kontakt zur Glucke halten. Frieren die Küken, so piepsen sie häufiger und in schärferer Tonlage, worauf sie vom Muttertier unter den wärmenden Flügeln gehudert werden. Alleingelassene Küken »weinen« in durchdringenden Piepstönen, worauf die Glucke antwortet.

Hennen, die sich aufregen oder geängstigt werden, gackern; auch Hennen, die ein Ei gelegt haben, gackern. Das Gakkern kann auch eine Art Herdensuchruf sein. Ein kurzes, scharfes Aufgackern des Hahnes oder der Glucke, seltener von den anderen Hennen, dient als Warnlaut. Er wird ausgestoßen, wenn irgendein fremdes, sich auf der Erde fortbewegendes Wesen, etwa ein Hund, eine Katze oder ein Mensch, gesehen wird.

Bekannt ist das »tuck, tuck, tuck«, mit dem sowohl der Hahn seine Hennen als auch die Glucke ihre Küken zum Futter locken. Davon unterscheidet sich der Laut »gluck, gluck, gluck«, mit dem die Henne die Küken führt ▷. Der Futterlocklaut wird stets durch gefundenes Futter ausgelöst, lediglich der Hahn «lügt« gelegentlich, indem er, ohne Futter gefunden zu haben, mit dem Futterlocklaut die Hennen herbeiruft.

Der Luftwarnruf der Hühner ▷ soll vor dringender Gefahr aus dem Luftraum warnen. Dieser Laut wird vom Hahn oder von der Glucke ausgestoßen, selten von einer Henne; er klingt wie ein gepreßtes, kurzes »kiu«. Die Küken rennen auf diesen Ruf der Glucke hin in das nächstbeste Versteck oder unter die schützenden Flügel der Glucke und verhalten sich ganz ruhig.

Durch ein dunkles »orr«, das die Glucke im Abstand von mehreren Sekunden wiederholt, erreicht sie, daß die Küken weiterhin ganz regungslos an ihrem Platz verharren. Ist die Gefahr vorüber, gibt die Glucke durch normales Glucken das Entwarnungssignal.

Ist die Gefahr nicht allzu groß, so rufen Hähne »rääh« oder »raah«. Diese Rufe gelten nicht nur bei Gefahr aus dem Luftraum, sondern sie bezeichnen ganz allgemein Erschrecken oder Überraschung.

Hennen untereinander lassen öfter ein herrisches »ääk«, »agack«, »eckeck« hören. Es bedeutet: »Mach Platz!«. Diese Laute sollen die Schwächeren verdrängen. Wird die Warnung nicht befolgt, so hackt die ranghöhere Henne auf die rangniedere ein.

Das Krähen eines Hahns kann man so übersetzen: »Ich bin noch da!«. Dieser Hahnenschrei kann sowohl als Balz- und Kampfruf wie auch zur Revierbehauptung dienen.

Über dreißig solcher Lautäußerungen sind von Hühnern bekannt. Die wenigen hier angeführten Beispiele mögen genügen, um zu zeigen, daß Hühner eine breite Palette von Möglichkeiten haben, sich mit einer Art Lautsprache zu verständigen, um in einer fein abgestimmten Sozialordnung einen bestimmten Platz einzunehmen.

Der Platz im sozialen Verband eines Hühnervolkes wird also durch Rangordnungskämpfe ermittelt und in der sogenannten Hackordnung festgelegt. Voraussetzung für eine solche Hackordnung ist, daß sich die Mitglieder des Volkes untereinander kennen und sich durch Laut- und Körpersprache miteinander verständigen können.

Siehe dazu auch Band 4 dieser Reihe, Seite 127f.

Siehe dazu Band 5 dieser Reihe, Seite 91f.

□ **Linke Seite:**
Das Gesicht eines Wolfes kann viel ausdrücken. Ein Vergleich mit den Ausdrucksstudien auf Seite 118 macht klar, daß dieser Wolf in freundlicher Stimmung (Mund- und Schnauzenpartie) und ohne Furcht (Ohrenstellung) ist.

Auf den Wolf gekommen

Der Hund ist seit urdenklichen Zeiten Gefährte des Menschen. Obwohl er sich wie kaum ein anderes Tier an den Menschen angeschlossen hat, ist er noch immer in vieler Hinsicht ein unerforschtes und unverstandenes Wesen. Woher kommt es, daß ausgerechnet der Hund zum Haustier des Menschen wurde? Sind es seine Fähigkeiten als Hüter, Wächter, als Jäger und Spurenleser, die ihn für den Menschen so interessant gemacht haben? War es besonders leicht, den wilden Vorfahren des Hundes, den Wolf, zu zähmen? Sind seine Verhaltensmuster besonders menschenfreundlich oder gar menschenähnlich? Oder hängt es einfach damit zusammen, daß er ohne Schwierigkeiten stubenrein zu halten ist?

Vielleicht erhalten wir auch auf diese Fragen eine Antwort, wenn wir uns mit den Verständigungsmöglichkeiten der Hunde untereinander und den Verständigungsmöglichkeiten zwischen Mensch und Hund genauer befassen.

Eines allerdings wird uns wahrscheinlich Schwierigkeiten bereiten, nämlich zu erkennen, welche Eigenschaften der Hund von Anbeginn an besessen hat und welche der Mensch ihm erst durch systematische Auslese gewissermaßen angezüchtet hat. Es wird uns oft nichts anderes übrigbleiben, als uns auch mit dem wilden Stammvater des Hundes, mit dem Wolf, zu befassen.

Wenden wir unser Interesse zuerst einer Angewohnheit der Hunde zu, die für viele Menschen unverständlich, ja sogar abstoßend und eklig erscheint – dem Harnlassen an allen möglichen und unmöglichen Orten.

Warum tun Hunde dies? Welche Orte bevorzugen sie? Gibt es Unterschiede zwischen den einzelnen Hunden?

Zwei Schweizer Zoologinnen, Ruth Graf und Monika Meyer-Holzapfel, sind diesen Fragen im Rahmen einer wissenschaftlichen Untersuchung nachgegangen. Drei Rüden und zwei Hündinnen wurden abwechselnd auf einer etwa 3 Kilometer langen Strecke rund um den Spiezer Stausee geführt. Diese Strecke war den Hunden zunächst unbekannt. Es wurde genau notiert, wo die Hunde ihre Harnmarken setzten und wie sie auf bereits vorgefundene Harnmarken ihrer Vorgänger reagierten.

Etwa die Hälfte aller Harnmarken wurde von den Hunden überhaupt nicht beachtet. Dabei waren die Rüden an ihren eigenen, früher gesetzten Marken am wenigsten interessiert. Fast genausowenig Interesse zeigten sie an den Marken von Hündinnen, die nicht läufig waren. Höher war schon ihr Interesse an

□ **Für das Nasentier Wolf ist Nasenkontakt, also Beschnuppern, eine wichtige Sache.**

den Marken von anderen Rüden, das höchste Interesse fanden die Marken von läufigen Hündinnen.
Die Hündinnen beachteten die eigenen und die fremden Harnmarken mit mäßigem Interesse, ohne irgendwelche erkennbaren Unterschiede zu machen. Auch andere Verhaltensmuster wie Beschnuppern, Überharnen einer vorgefundenen Harnmarke, Scharren mit den Beinen, Belecken der Harnmarken, Knurren und Zähneklappern zeigten die Rüden viel eifriger als die Hündinnen. Wie lassen sich diese Beobachtungsergebnisse deuten?
Offensichtlich haben die Harnmarken nur eine untergeordnete Bedeutung bei der Revierabgrenzung und als Visitenkarte. Die wichtigste Information für den Rüden ist, ob die Harnmarke von einer läufigen Hündin stammt. Die übrigen Reaktionen sind Ausdruck des Erregungszustandes des Hundes, hervorgerufen durch die Harnmarken. Der Hund ist ein so extremes Nasentier, daß der Geruch eines Rivalen oder eines läufigen Weibchens für den Rüden fast so bedeutsam ist wie das betreffende Tier selbst. Uns Menschen geht es in unserer Augenwelt ähnlich: Für den Fußballfan ist das Geschehen auf dem Fernsehschirm durchaus Realität, die ihn aufs

□ Diese »herandrohenden« Wölfe drücken Angriffstendenz und zugleich Angst aus.

□ **Die Rangordnung im Wolfsrudel drückt sich in der Körperhaltung aus. Ganz oben links der ranghöchste Rüde, oben rechts die ranghöchste Wölfin. Nach unten absteigend Tiere, die in der Rangordnung tiefer stehen.**

□ **Das Ausdrucksmodell der Wölfe. Wenn man von links nach rechts geht, wird die Angriffstendenz größer. Von unten nach oben nimmt die Angst zu.**

äußerste erregen und aufregen kann, obwohl es ja eigentlich nur ein durch Elektronenstrahlen erzeugter Lichtpunkt ist, der auf dem Bildschirm rasend schnell hin und her irrlichtert.

Welche Bedeutung haben nun Harnmarken für den Wolf? Im Wolfsrudel werden besonders in der Ranzzeit ▷ Harnmarken gesetzt, und zwar setzt nur der ranghöchste Wolfsrüde seine Harnmarken auf diejenigen der ranghöchsten Wölfin. Allerdings scheinen Harnmarken von Wölfen regelmäßig auch an den Reviergrenzen und entlang der Wanderwege durch das Revier gesetzt zu werden. Da die Harnmarken etwa einen Monat lang wirksam sind, besteht ausreichend Zeit zur Erneuerung. Diese Harnmarken bezwecken den Zusammenhalt des Rudels, sie erleichtern das Zurechtfinden im Revier und warnen Eindringlinge.

Hund und Wolf benutzen also Harnmarken als vielfältige Signale, die von der einfachen Anwesenheitsmeldung bis zur sexuellen Stimulation reichen. Hunde und Wölfe haben aber auch noch andere Möglichkeiten, sich zu verständigen.

Ein Hund, der sich allein und verlassen vorkommt, beginnt zu heulen. Das Heulen wirkt auf andere Hunde ansteckend,

Zeit der Begattung bei Raubtieren.

□ Der Leser versuche einmal selbst, diesen Wolf mit Hilfe des Ausdrucksmodells einzuordnen.

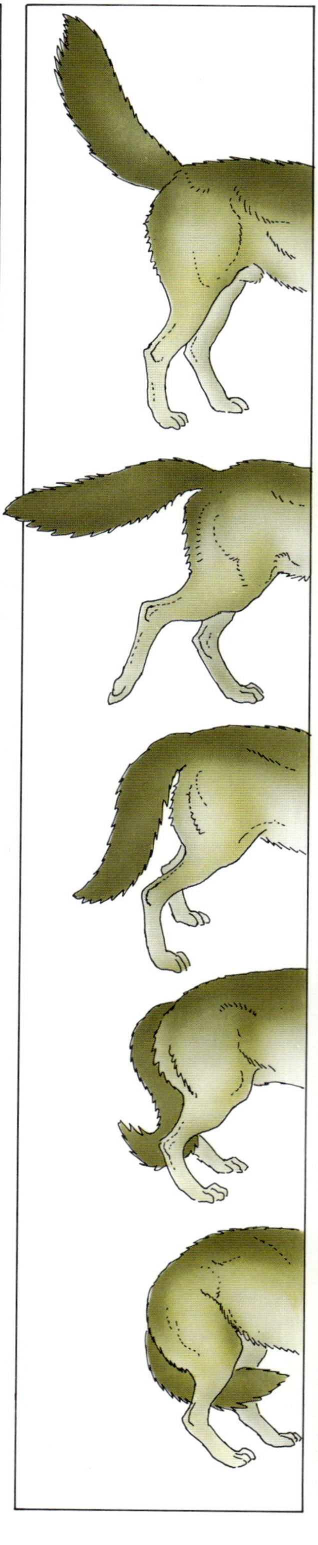

□ Oben: Spielende Wölfe. Die Beißhemmung verhindert Verletzungen.
Unten: Sich mit ausgestreckten Beinen zu wälzen, kann unter Wölfen auch eine Aufforderung zum Spiel sein.

□ Linke Seite:
Oben: Der angegriffene Wolf rechts oben macht als Ablenkungsmanöver eine Spielaufforderung.
Unten links: Aufforderung zum Spiel.
Unten rechts: Beißhemmung beim Spiel zwischen Jung- und Altwolf.
Randspalte:
Die Schwanzhaltungen zeigen an: Imponieren, Angriff, Normalhaltung, Demut, Angst.

und so kann bald das schönste Heulkonzert im Gange sein.
Erik Zimen ▷, der jahrelang das Leben der Wölfe beobachtete und erforschte, konnte seine Wölfe im Nationalpark Bayerischer Wald leicht zusammenholen. Er brauchte sich nur irgendwo hinzustellen und zu heulen.
Für Wölfe ist Heulen ein Mittel, um verirrte Wölfe zum Rudel zurückzuleiten. Ein solches Heulkonzert dauert nur eine halbe bis zwei Minuten und ist eine richtige Rudelzeremonie. Die Tiere sind dabei in freundlicher Stimmung, der Rudelzusammenhalt wird verstärkt – man kann sagen, daß die Tiere von ihrer »Gesangsdarbietung« beglückt sind.
Bellen kann der Wolf nicht. Er bringt nur ein halblautes Wuffen zustande, das ausschließlich als Warnlaut dient. Der Hund kann verschiedene Stimmungen durch Bellen ausdrücken, aber meistens ist Bellen entweder ein Zeichen der Freude oder der Wachsamkeit.
Die ausgeprägteste Verständigungsmöglichkeit besitzen Hund und Wolf in der Körpersprache. Schon Darwin hat 1872 in einer Abbildung gezeigt, wie ein Hund Aggression und Unterwerfung zum Ausdruck bringen kann. Allein durch die Mimik des Gesichts können Hund und Wolf alle möglichen Abstufungen zwischen Angriffslust und Angst zeigen ▷.
Auf größere Entfernung ist die Schwanzhaltung ein Anzeiger für Stimmung und Absicht der Tiere. Aber auch Haltung und Bewegung des ganzen Körpers können Signalwirkung haben. Wenn sich zum Beispiel ein am Boden liegendes Tier, das im Kampf oder im Spiel unterlegen ist, zur Seite oder auf den Rücken rollt, so wirkt das als Beißhemmung auf das überlegene Tier.

Bei den Steppenzebras im Ngorongoro-Krater

Der Braunschweiger Zoologe Hans Klingel ▷ beobachtete zwei Jahre lang das Leben der Steppenzebras im Ostafrikanischen Ngorongoro-Krater ▷. Den Kraterboden, ein Steppengebiet von 250 Quadratkilometer Größe, bevölkern neben vielen anderen Tieren etwa 5500 Zebras. Eine Herde von mehreren tausend Zebras erscheint zunächst als eine unübersehbare, durcheinanderlaufende Menge. Aber schon aus dem Flugzeug fällt auf, daß die ungestört weidenden Zebras immer gruppenweise zusammenstehen. Nur bei Störungen ballen sie sich zu Hunderten zusammen. Um die einzelnen Zebras gut voneinander unterscheiden zu können, wurden einige Tiere markiert und eine Anzahl von ihnen fotografiert. Da jedes Tier ein etwas anderes Streifenmuster besitzt, konnte man die Tiere mit Hilfe der Fotografien wiedererkennen.
Das führte zu einer ersten Erkenntnis: Die große Zebraherde besteht aus vielen, kleinen sozialen Einheiten. Zwei Typen von Gruppen lassen sich deutlich unterscheiden. Da sind zunächst die Familien. Sie bestehen aus einem Hengst, 1 bis 6 Stuten und deren Fohlen, insgesamt aus bis zu 16 Tieren. Die anderen Gruppen sind reine Hengstverbände. Sie umfassen bis zu 15 erwachsene und halbwüchsige Hengste. Daneben gibt es auch noch Hengste als Einzelgänger.
Die Mitglieder einer Gruppe halten lange Zeit zusammen, die Erwachsenen einer Familie meist auf Lebenszeit. Tiere, die aus irgendeinem Grund von ihrer Gruppe getrennt wurden, finden meist früher oder später zu ihrer Gruppe zurück – also müssen sich die einzelnen Mitglieder einer Gruppe kennen.
Das konnte Klingel durch folgende Beobachtungen nachweisen: Aus einer Gruppe von markierten Tieren verschwand eine Stute mit ihrem Fohlen. Da die Stute eine sehr auffällige Streifenzeichnung besaß, wurde sie durch Zufall bei einer fremden Gruppe, in über 3 Kilometer Entfernung, gefunden. Zur großen Überraschung war die Stute mit ihrem Fohlen drei Tage später wieder bei ihrer alten Familie.

□ Rechte Seite: Grant-Zebras unter dem Kilimandscharo im Amboseli-Nationalpark in Kenia.

Über die Aktionsräume der Steppenzebras im Ngorongoro-Krater siehe Band 8 dieser Reihe, Seite 93.

Siehe die Abbildung auf Seite 6.

Siehe die Abbildungen auf Seite 120 und 121.

Hans Klingel, geb. 1932, ist Direktor des Zoologischen Instituts der Universität Braunschweig.

□ **Grant-Zebras im Ngorongoro-Krater in Tansania. Die Grant-Zebras sind eine Unterart der Steppenzebras.**

Der Familienhengst muß seine Stuten nicht gewaltsam zusammenhalten, sie bleiben auch dann beieinander, wenn der Hengst seine Familie ab und zu für kurze Zeit verläßt. Das geschieht durchaus mehrmals während eines Tages, denn es gehört zu den Pflichten eines Familienhengstes, alle Hengste in der Nähe seiner Familie zu begrüßen. Falls sich in dieser Zeit ein fremder Hengst seiner Familie nähert, wird er von den Stuten abgewehrt. Kommt der rechtmäßige Hengst zurück, so entfernt sich der fremde Hengst sofort.

Eine weitere Beobachtung zeigt, daß der enge Zusammenhalt der Familienmitglieder auch nach einer Trennung weiterwirkt und daß die Familienmitglieder versuchen, wieder zu ihrer Familie zurückzugelangen: Ein Hengst wurde für die Markierung mit dem Narkosegewehr betäubt. Als er aus der Narkose erwachte, hatte sich seine Familie so weit entfernt, daß er sie nicht wiederfand. Tagelang traf man ihn allein an. Am vierten Tag war er wieder bei seiner Familie.

Es kann also kein Zweifel daran bestehen, daß Zebras sich persönlich kennen und erkennen. Hier stellt sich natürlich sofort die Frage, woran sich die Tiere eigentlich erkennen. Folgende Beobachtungen sollen darüber Aufschluß geben. Gelegentlich kommt es vor, daß einzelne Mitglieder einer Zebrafamilie den Anschluß verlieren. Das kann verschiedene Gründe haben: Beim Weiden können einzelne Tiere zurückbleiben. Ein Hengst kann sich vorübergehend entfernen. Ein schlafendes Fohlen bemerkt nicht, daß die Familie weiterzieht. Oder ein Raubtier hat die Zebras in alle Himmelsrichtungen versprengt. Sind die Tiere weniger als 100 Meter voneinander entfernt, so gehen sie ohne Umwege und unabhängig von der Windrichtung aufeinander zu. Ganz sicher erkennen sich die Tiere in diesen Fällen an den charakteristischen Streifenmustern.

□ **Zebras und Gnus an der Tränke.**

Haben sich die Tiere weiter voneinander entfernt, oder hat sich die Gruppe bei Nacht oder in unübersichtlichem Gelände verstreut, dann beginnen die Tiere, sich zu rufen. Die anderen Gruppenmitglieder antworten, bis sich alle wiedergefunden haben. Diese Kontaktrufe der Zebras haben Ähnlichkeit mit Hundegebell. Die Rufe, die von verschiedenen Tieren stammen, sind auch für das menschliche Ohr unterschiedlich. Vermutlich erkennen sich die Steppenzebras also auch an der Stimme. In dunklen Nächten kann man die Zebras ständig rufen hören. Offensichtlich halten die Tiere einer Gruppe durch Stimmfühlung zusammen.

Gelegentlich konnte Klingel »verlassene« Fohlen beobachten, die nach ihren Eltern riefen, aber keine Antwort bekamen. Meist weideten oder standen die Eltern in der Nähe, sie konnten das Fohlen sehen, fanden somit alles in Ordnung und sahen keinen Grund, auf den Ruf des Fohlens zu antworten. Das Fohlen lief nun von einer Zebragruppe zur anderen und beschnupperte jeweils ein oder zwei Tiere an der Nase und suchte dann weiter. Kam es in die Nähe der eigenen Familie und erkannte es seine Mutter am Streifenmuster, so lief es auf sie zu, ohne Nasenkontakt aufzunehmen. Zebras können sich also auch am Individualgeruch erkennen, das optische Erkennen an den Streifenmustern scheint aber den Vorrang zu haben.

Neugeborene Fohlen verhalten sich anders: Sie laufen allem nach, was sich in ihrer Nähe bewegt, sei es einem Zebra, einem Menschen, einer Antilope oder einem Geländewagen. Das hat gelegentlich zu der grotesken Situation geführt, daß ein Fohlen hinter einem Wagen hergaloppierte und sich nicht abschütteln ließ. Es blieb nichts anderes übrig, als mit dem Geländewagen dicht hinter die Mutter des Fohlens zu fahren. Wenn man dann mit dem Wagen schnell wegfuhr, schloß sich das Fohlen wieder seiner Mutter an und kümmerte sich nicht weiter um das Auto. Daraus kann man ersehen, daß ein Fohlen seine Mutter in den ersten Lebenstagen nicht erkennt. Alles, was nah ist und sich bewegt, ist »Mutter«. Erst nach einer Woche prägt sich das Bild der Mutter unverlierbar ein ▷.

Interessant ist dabei, daß die Stute in den ersten Lebenstagen ihres Fohlens alle anderen Familienmitglieder oder andere Zebras aus der Nähe verjagt. Damit erreicht sie, daß das Fohlen nur auf sie geprägt wird. Erst wenn das Fohlen seine Mutter sicher erkennt, darf es Kontakt mit anderen Zebras aufnehmen.

Klingels Erkenntnisse über die Familienverbände der Steppenzebras und ihre Verhaltensweisen stimmen in vieler Hinsicht mit den Beobachtungen am Hauspferd überein ▷. Neben der freundschaftlichen Grundhaltung des Zebras haben Pferde auch ähnliche Verständigungsformen und kennen sich persönlich.

Bei den sogenannten niederen Tieren konnten wir zumindest in Ansätzen einfache, übersichtliche und relativ starre Verständigungsschemata erkennen. Bei Hund, Wolf und Zebra sind Verhalten und Verständigung individueller, vielschichtiger und für uns komplizierter. Die Signale brauchen nicht mehr so »handfest« und überdeutlich zu sein. Aus Andeutungen von Lauten, Mimik oder Körpersprache »errät« ein Tier, was sein »Gesprächspartner« ihm mitteilen will. Die Verständigung erlangt dadurch eine feinere, individuelle Abstufung, mehr Variationsmöglichkeiten und einen größeren Freiheitsgrad. Wie wird sie bei jenen Tieren aussehen, die wir aufgrund der besonderen Leistungsfähigkeit ihres Gehirns in die Nähe des Menschen stellen dürfen, wie wird Verständigung bei Menschenaffen und Delphinen aussehen?

Sarah: »Ball ist nicht Schokolade«

Der Forscher holt einen Schimpansen aus einem Käfig, in dem sich acht junge Schimpansen aufhalten. Jetzt geht er mit dem einen Schimpansen durch das große, eingefriedete Gehege und zeigt ihm 18 Verstecke, in denen er neues Spielzeug, bekanntes Spielzeug, Obst, Gemüse, größere und kleinere Leckerbissen, aber auch unerfreuliche Dinge, zum Beispiel Schlangen, versteckt hatte. Nachdem er die Verstecke mit dem Schimpansen inspiziert hat, bringt er ihn zum Käfig zurück und läßt auch die übrigen Tiere heraus. Er beobachtet nun, wie der Schimpanse, den wir hier kurz als »Führer« bezeichnen wollen, die anderen zu den Verstecken hinführt.

Es zeigt sich, daß der Führer ein ausgezeichnetes Gedächtnis hat und sich an die Verstecke besser erinnert als sein menschlicher Versuchsleiter. Zuerst sucht er die Verstecke auf, in denen Dinge versteckt sind, die für Schimpansen besonders begehrenswert sind, zum Beispiel neues Spielzeug. An das Versteck, in dem die inzwischen vom Versuchsleiter wieder entfernte Schlange war, treten die Versuchstiere mit ganz besonderer Vorsicht heran. Ein Schimpanse nimmt einen Stock und schlägt auf das mutmaßliche Versteck des gefürchteten Tieres ein.

Besonders interessant ist, mit welchen Verständigungsmitteln der führende Schimpanse seine Artgenossen zu den Verstecken lotst. Meist läuft der Führer voraus; wenn aber andere ihm vorauslaufen, blicken sie immer wieder zurück, wie um sich zu vergewissern, daß sie noch auf dem richtigen Weg sind. Wenn sie in die falsche Richtung laufen, schneidet der Führer eine Grimasse und blickt in Richtung auf das Ziel. Fangen die Schimpansen zu spielen an und folgen dem Führer nicht mehr ohne weiteres, so winkt er mit der Hand, geht zurück und klopft einem Gefährten auf die Schulter, fordert ihn mit Gesten auf mitzukommen, oder er zieht ihn am Bein in

Über die Prägungsvorgänge bei Jungtieren berichtet ausführlich Band 4 dieser Reihe, Seite 129f.

Das kann man natürlich nur an freilebenden Pferden beobachten, zum Beispiel an den Mustangs und an den Camargue-Pferden.

die gewünschte Richtung. Ist das ergebnislos, wälzt sich der enttäuschte Führer am Boden, schreit und rauft sich die Haare. Darauf kommen einige Gefährten und versuchen ihn zu trösten.
Auch als dem Führer vom Versuchsleiter neue Verstecke nicht direkt gezeigt, sondern nur die Richtung durch Gesten, Blicke oder einige Schritte Vorausgehen angezeigt wurden, war der Schimpanse in der Lage, diese Hinweise zu verstehen und sie sich eine halbe Stunde lang zu merken.
Als Ergebnis dieser Versuche kann man festhalten, daß Schimpansen sich durch Blicke, Gesten und Laute gut verständigen können. Jedenfalls scheinen die Tiere sich alles mitteilen zu können, was für sie mitteilenswert ist. Diese Art der Verständigung lassen die Sprachforscher natürlich nicht als echte Sprache gelten, wir bezeichnen sie daher besser als »außersprachliche Kommunikation«.
An Versuchen, den Menschenaffen eine echte Sprache beizubringen, hat es nicht gefehlt. Das amerikanische Psychologenehepaar Hayes zog ein wenige Tage altes Schimpansenbaby wie ein Menschenkind auf. »Vicki« zeigte auch bald intelligentes Verhalten, aber als sie sprechen lernen sollte, versagte sie. In jahrelanger Mühe konnte man ihr

□ Der Psychologe Professor Roger Fouts am Institut für Primatenforschung in Norman, Oklahoma (USA) zeigt der Schimpansin »Lucy« eine Katze und lehrt die Schimpansin, sich in der Zeichensprache der Taubstummen auszudrücken.

nur beibringen, vier Worte deutlich zu sprechen. Es waren dies die Worte »Papa«, »Mama«, »cup« (Tasse) und »up« (hinauf). Dafür verstand sie allerdings etwa fünfzig Wörter, die sie jedoch nicht sprechen konnte.
Ein anderes Psychologenpaar versuchte eine Verständigung auf ganz anderem Wege. Es sagte sich, daß Menschenaffen im Gehirn offensichtlich ein wenig ausgebildetes Sprachzentrum, aber einen gut entwickelten Nachahmungstrieb besitzen. Deshalb versuchten sie, einer jungen Schimpansin die Zeichensprache der Taubstummen beizubringen.
»Washoe« – so hieß die Schimpansin – beherrschte nach drei Jahren 85 Zeichen. Sie konnte diese Zeichen zu zweien oder mehreren selbst neu kombinieren. Zum Beispiel benützte Washoe die Zeichen für »kommen« und »offen«, um die Bitte auszudrücken: »Komm, mach mir auf!« Für den Begriff »Gartentor« wählte Washoe »offen« und »Blumen«, für eine Glocke, die zum Essen läutete, »hören« und »essen«. Als sie erreichen wollte, daß man ihr den Kühlschrank öffnete, signalisierte sie ihren Wunsch mit »Schlüssel«, »offen« und »Nahrung«.
Washoe war sogar in der Lage, mit Hilfe ihrer Zeichensprache einen Dialog mit Menschen zu führen. Das sah dann so aus:
Washoe: »Bitte«
Mensch: »Was willst du?«
Washoe: »Hinaus«
Washoe: » Hinaus, hinaus«
Mensch: »Wer hinaus?«
Washoe: »Du«
Mensch: »Wer noch?«
Washoe: »Ich«
Es war das erste Mal, daß Mensch und Tier sich in einer Art Sprache, die aus einzelnen Wörtern oder Begriffen zusammengesetzt war, verständigten.
Professor Premack ging einen anderen Weg. Seine sechsjährige Schimpansin »Sarah« lernte Worte, die durch verschieden geformte Plastikscheiben dargestellt wurden. Die Plastikzeichen konnte man an eine Magnetwandtafel heften und so aus Wörtern richtige Sätze formen.
Einmal schrieb die Tierpflegerin Mary mit den Zeichen an die Tafel: Wenn/Sarah/nehmen/Banane/dann/Mary/geben/Sarah/Schokolade. Folgerichtig holte sich Sarah eine Banane, gab sie Mary, um dafür die Schokolade einzutauschen. Statt der Schokolade bekam sie aber einen Ball. Empört ging Sarah an die Wandtafel und protestierte mit den Zeichen: Ball/ist/nicht/Schokolade.
Im neuesten, noch laufenden Forschungsprojekt versucht man, mit der Schimpansin »Lana« auf »yerkisch« ins Gespräch zu kommen. »Yerkisch« ▷ ist eine neue Sprache, die von Sprachforschern entwickelt wurde. Sie besteht aus bildlichen Zeichen, die auf Tastknöpfen angebracht sind. Diese Tastknöpfe sind mit einem Computer verbunden. »Yerkisch« ist also ein Gespräch mit einem Computer. Man versprach sich von dieser Methode eine geringere Beeinflussung des Versuchstieres durch den Menschen und damit größere wissenschaftliche Sachlichkeit. Daß man mit dem Computer auch die menschlichen Lehrer für den Menschenaffen einsparen konnte, war ein weiterer Gesichtspunkt. Außerdem sollte der Computer der Schimpansin, wann immer sie lernen wollte, zur Verfügung stehen und mit unermüdlicher Geduld tätig sein.
Als vorläufiges Ergebnis kann man sagen, daß sich die hochgespannten Erwartungen der Forscher nicht erfüllt haben. Auch ein Mißerfolg ist natürlich ein wissenschaftliches Ergebnis. Offensichtlich hatte man unterschätzt, daß die Lana ein lebendiges und sehr geselliges Wesen ist, für das ein Computer als einziger Gesprächspartner denkbar ungeeignet ist.
Aus den Versuchen mit Washoe, Sarah und Lana können wir entnehmen, daß Menschenaffen aufgrund ihrer Intelligenzleistungen sehr wohl in der Lage

Yerkisch nach R. M. Yerkes **(siehe Seite 51).**

Drei Große Tümmler (Tursiops truncatus). Große Tümmler sind Delphine, die in fast allen Meeren vorkommen; auch in der Nordsee sind sie nicht selten.

sind, eine sprachähnliche Verständigung zu erlernen, daß sie in der Natur aber mit außersprachlicher Verständigung durch Blicke, Gesten und Laute auskommen und offensichtlich kaum ein Bedürfnis nach weitergehenden Verständigungsmöglichkeiten haben.

Sie blöken, grunzen, quieken, trillern, pfeifen, bellen und stöhnen

Wir Menschen halten uns gerne für die »Krone der Schöpfung«. Befragt, welche Gründe diese Ansicht rechtfertigen, erhält man unter anderem die Antwort, daß der Mensch über das größte und leistungsfähigste Gehirn verfüge. Schon das ist falsch. Eine ganze Anzahl von Tieren übertrifft uns in der Gehirngröße. Das größte Gehirn aller Lebewesen besitzt der Pottwal: Es wiegt an die 12 Kilogramm.

Dagegen wird man einwenden, daß es nicht auf das absolute Gewicht des Gehirns ankomme, sondern auf das Verhältnis zur gesamten Körpermasse. Aber auch hier erreichen viele Delphine und Wale die Werte des Menschen. Was darüber hinaus die Leistungsfähigkeit angeht, so wird eine kräftige Furchung und damit eine große Oberfläche der Rinde des Großhirns als direktes Maß für die besondere Leistungsfähigkeit des Ge-

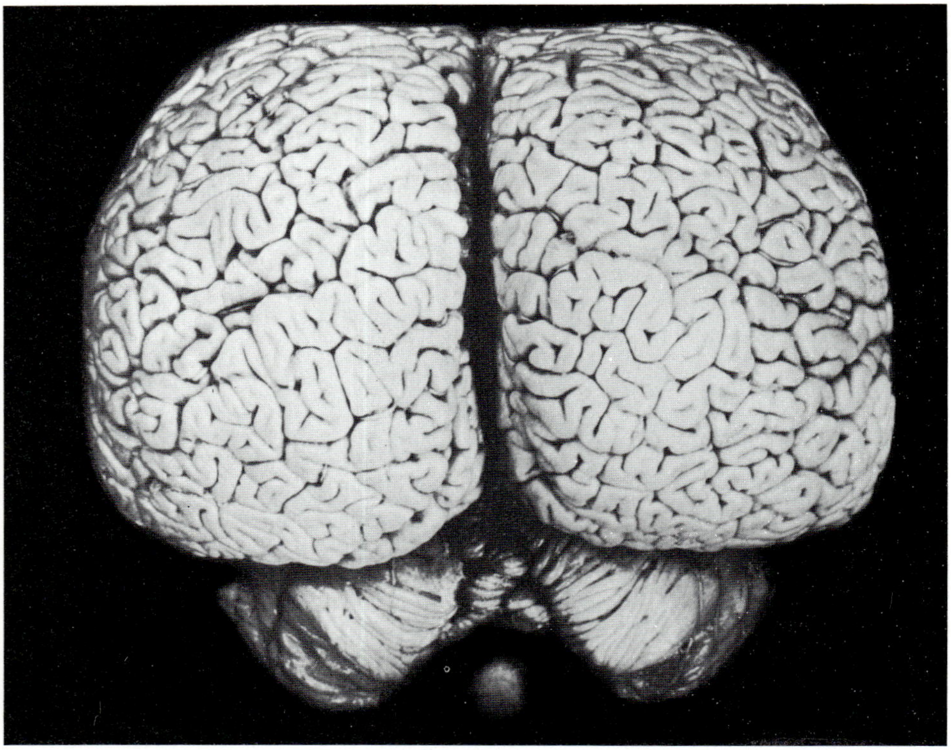

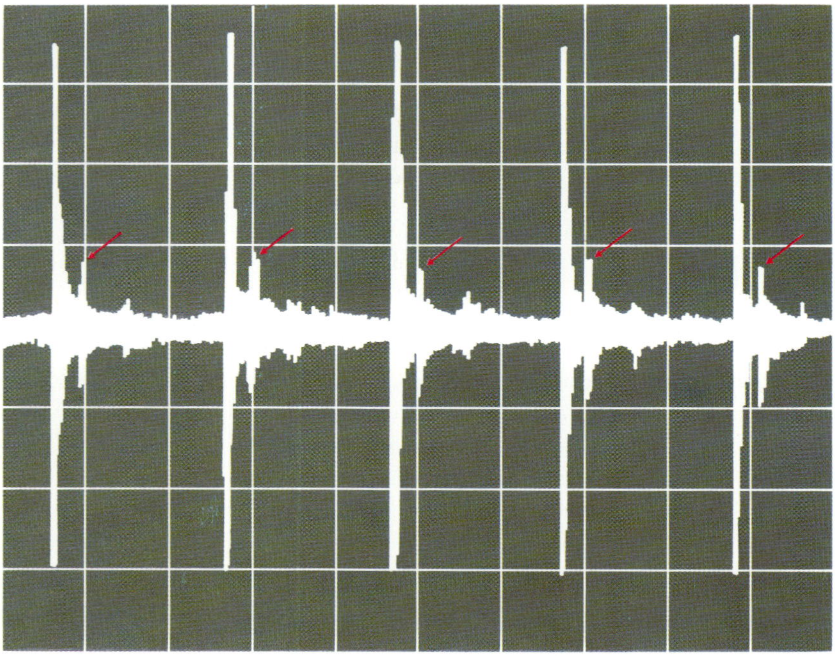

□ **Oben: Das Gehirn des Tümmlers ist reicher gefurcht als das menschliche Gehirn. (Foto: Prof. Dr. G. Pilleri, Hirnanatom. Institut Bern) Unten: Eine Serie von Klicklauten, auf dem Bildschirm des Oszillographen sichtbar gemacht. Der Pfeil zeigt das auf den Klick folgende Echo.**

hirns, vor allem der höheren Fähigkeiten des Gehirns, angesehen. Auch in diesem Punkt schneiden manche Delphine und Weißwale besser ab als der Mensch.

Wenn man dann noch erfährt, daß der mikroskopische Bau des Delphingehirns mit dem des Menschen vergleichbar ist, dann wird man dem Wissenschaftler beipflichten, der sich angesichts eines Delphingehirns bang und ratlos die Frage stellt, ob dies denn überhaupt noch das Gehirn eines Tieres sei.

Aus dem Verhalten der Wale und Delphine kennt man viele Beispiele, die darauf hindeuten, daß es tatsächlich Tiere mit beachtlicher Intelligenz sind. Wir fragen uns, welche Verständigungsmöglichkeiten Wale und Delphine haben.

Schon lange ist bekannt, daß Wale und Delphine sich mit Lauten äußern, die auch für den Menschen hörbar sind. Der größere Teil der Laute befindet sich jedoch im Ultraschallbereich und ist für menschliche Ohren nicht hörbar. Mit besonderen Geräten konnten auch diese Laute aufgezeichnet und hörbar gemacht werden. Dabei stellte sich heraus, daß Delphine ganz verschiedenartige Laute von sich geben. Sie werden als Blöken, Grunzen, Quiecken, Trillern, Pfeifen, Bellen und Stöhnen beschrieben.

Da gibt es zunächst einmal die Klicklaute. Sie folgen zwar rasch aufeinander, sind aber noch als einzelne Laute erkennbar. Oft sind sie zu mehrfachen Salven zusammengezogen, die sich wie Knattern anhören. Seltener hören sich Klicklaute auch wie das Kreischen einer rostigen Türangel an.

Dann gibt es die Pfeiflaute. Sie werden einzeln oder in Serien ausgestoßen. Nach den Klicklauten sind die Pfeiflaute die zweithäufigsten Lautäußerungen.

Schließlich sind die Schrillaute zu erwähnen, die immer in Serien zu hören sind. Dabei erfolgt häufiger Wechsel zwischen Schrill- und Pfeiflauten.

Welche Bedeutung haben nun diese Töne im Leben der Delphine? Um das herauszufinden, hat man einem Delphin mit saugnapfartigen Gummibechern die Augen verschlossen. Erstaunlicherweise war dem Verhalten des zwangsweise »Blindekuh« spielenden Delphins nicht das geringste anzumerken. Beim Umherschwimmen stieß er an keine Hindernisse und konnte eindeutig kleine Gegenstände im Wasser orten. Dieser Versuch erinnert uns sehr an den Versuch Spallanzanis mit seinen Fledermäusen ▷. Dort war des Rätsels Lösung das »Fledermaus-Radar«, die Orientierung mit Ultraschallschreien.

Siehe dazu Band 5 dieser Reihe, Seite 97f.

Es liegt nahe, für die Delphine etwas Ähnliches anzunehmen. Tatsächlich konnte man beobachten, daß Delphine, wenn sie Hindernisse im Wasser orten wollen, besonders häufig Klicklaute ausstoßen. Mit diesen Klicklauten können sich die Tiere auch bei Dunkelheit oder im getrübten Wasser einwandfrei orientieren. Man nennt diese Orientierung mit Hilfe der Klicklaute »Delphin-Sonar«.

Wir wissen also nun, daß die Delphine ihre Klicklaute zur Orientierung benützen. Wozu aber erzeugen sie dann noch Pfeif- und Schrillaute?

Der Neurophysiologe John Lilly ▷ beobachtete an der Forschungsstation St. Thomas, wie ein frisch gefangener Delphin zu den übrigen in das große Wasserbecken der Station gesetzt wurde. Das Tier, dessen Gleichgewichtssinn beim Transport verletzt worden war, sank sofort auf den Grund, es war unfähig, zur Oberfläche zu gelangen.

John Cunningham Lilly, geb. 1915, Professor am Institut für Kommunikationsforschung auf St. Thomas, Jungfern-Inseln (USA).

Nun sind Delphine Säugetiere und müssen immer wieder auftauchen, um Luft zu holen. Lilly sah, daß die gesunden Tiere sich des kranken Artgenossen annahmen. Sie schoben sich unter seinen Körper und hoben ihn in regelmäßigen Abständen an die Oberfläche, damit er Luft schnappen konnte. Dieses Manöver gelang so gut, daß es schien, als hätten sich die Tiere darüber verständigt. Lilly hängte ein Unterwassermikrophon ins

Becken und konnte feststellen, daß die Tiere tatsächlich eine Vielzahl von Tönen und Lauten von sich gaben.
Ein weiteres Experiment soll uns genaueren Aufschluß geben. Die amerikanischen Forscher Lang und Smith setzten in ein Becken das Delphinweibchen »Doris« und in ein anderes das Delphinmännchen »Dash«. Die Becken waren mit Unterwassermikrophonen und Lautsprechern ausgestattet, so daß die Tiere miteinander »telefonieren« konnten. Das taten sie auch: Es kam zu regelrechten Zwiegesprächen, vorwiegend durch pfeifende Laute.
Man konnte verschiedenartige Pfiffe unterscheiden und aufzeichnen. Es bestand also der dringende Verdacht, daß die Pfeiflaute zur Verständigung dienen.
Giorgio Pilleri ▷ und seine Mitarbeiter konnten von anderen Delphinen die eingangs beschriebenen Klick-, Pfeif- und Schrillaute aufnehmen und bestätigen, daß die Pfeif- und Schrillaute sehr wahrscheinlich zur Verständigung benutzt werden. Die Schrillaute werden nur hervorgebracht, wenn eine größere Gruppe von Delphinen (mindestens 4 bis 5) zusammen ist. Auch diese Beobachtung spricht für Verständigung.
Trotz intensiver Bemühungen, eine Art Wörterbuch der Delphinsprache zu erstellen, sind die bisherigen Ergebnisse sehr mager. Lilly zog daraus folgende Konsequenz: Wenn der Mensch nicht fähig ist, die »Delphinsprache« zu verstehen, dann ist vielleicht der Delphin in der Lage, die Menschensprache, in diesem Fall Englisch, zu erlernen ▷.
Von den vielen Experimenten, die in dieser Absicht unternommen wurden, sei eines geschildert: Es wurde eine Art Wohnung gebaut, die sowohl für Menschen wie für Delphine zugänglich war; sie war etwa knietief mit Wasser geflutet. Diese Wohnung wurde dann zweieinhalb Monate lang von der amerikanischen Zoologin Margret Howe und dem Delphinmännchen »Peter« bewohnt. Peter zeigte sich sofort äußerst anhäng-

□ Oben: Der »Wunderwal« Makapuu springt die Rekordhöhe von 6,60 Meter.
Unten: Springende Delphine in Marineland auf Oahu, Hawaii (USA).

Giorgio Pilleri, Delphinforscher, Professor am Hirnanatomischen Institut der Universität Bern.

John C. Lilly: »Ein Delphin lernt Englisch«. Reinbek 1971, Rowohlt (rororo 6687)

□ Linke Seite:
Oben links: Ein Weißwal oder Beluga (Delphinapterus leucas).
Oben rechts: Delphine auf hoher See (Delphinus delphis).
Unten: Delphine werden gefüttert. Die Aufnahme entstand im Zoo Duisburg, wo unter der Leitung von Dr. Wolfgang Gewalt Delphine und Weißwale gepflegt und erforscht werden.

lich und folgte Margret Howe schwimmend sozusagen auf Schritt und Tritt. Margret Howe bemühte sich, dem Delphin Unterricht in englischer Sprache zu geben. Peter war eifrig, aber über seine üblichen Pfeif-, Quietsch- und Schnarrlaute hinaus brachte er nur wenige Menschenworte zustande und diese noch kaum verständlich. Auch das führte also nicht zum erhofften Erfolg.

Die hochgespannten Erwartungen, die man an die Forschungen von Lilly und seinen Mitarbeitern gestellt hatte, sind einer gewissen Ernüchterung gewichen. Es scheint, als ob Delphine und auch die Wale, diese ungewöhnlichen und hochintelligenten Lebewesen, den Menschen noch eine Zeitlang große Rätsel aufgeben würden. Sicher werden die Wissenschaftler nicht ruhen und nach weiteren Möglichkeiten suchen, um mehr über das Kommunikationssystem der Delphine und Wale in Erfahrung zu bringen.

Vielleicht ist der Weg erfolgversprechend, den die europäischen Delphinforscher Pilleri und andere eingeschlagen haben. Ganz behutsam versuchen diese Forscher, in die Welt der Delphine einzudringen. Über intensive und ausgedehnte Verhaltensstudien tragen sie alle Erkenntnissteinchen zusammen, die sich vielleicht eines Tages zu einem Mosaikbild vom Kommunikationssystem des Delphins zusammenfügen.

Kein Leben ohne Verständigung

Wir haben eben die Hoffnung ausgesprochen, eines Tages mehr über die Verständigung der Delphine zu wissen. Ist das Wunschdenken? Hofft der Mensch immer noch, auf der Erde ein weiteres Lebewesen zu finden, das über eine Sprache ähnlich der seinen verfügt? Anhand der vielen Beispiele in diesem Buch, die wir in Gedanken noch einmal an uns vorüberziehen lassen, haben wir gesehen, daß eine Verständigung nicht

□ Im trüben Induswasser leben von Natur aus blinde Flußdelphine (Platanista). Die Tiere schwimmen in Seitenlage mit Flossenfühlung auf dem Grund. Wie sich die Tiere orientieren und verständigen wird von Prof. Dr. Giorgio Pilleri (von dem dieses Foto stammt) und seinen Mitarbeitern am Hirnanatomischen Institut Bern erforscht.

an eine Sprache im menschlichen oder sprachwissenschaftlichen Sinne gebunden ist. Es gibt viele Arten außersprachlicher Verständigung. Verständigung ist auf vielen Ebenen möglich. Verständigung kann angeboren sein, wie uns der Kaspar-Hauser-Kater »Sascha« zeigt, der nicht lernen mußte, wie er sich mit anderen Katzen verständigen kann. Verständigung kann auch erlernbar sein, wie uns wiederum Sascha beweist, der als vom Menschen aufgezogenes und darum auf den Menschen geprägtes Tier besonders viel von menschlicher Verständigung angenommen hat. Er hat gelernt, einzelne Menschenworte als Signale oder Befehle zu verstehen und aus dem Tonfall der menschlichen Sprache zu schließen, was der Mensch von ihm erwartet. Er hat sogar gelernt, die Verständigungssignale des Hundes »Prinz«, die ihm von Natur aus fremd sind, richtig zu deuten. Erst dies ermöglichte die Freundschaft zwischen Hund und Kater.

Verständigung findet überall statt, wo Leben ist. Sie ist nicht nur Voraussetzung für Freundschaft und Bindung unter Tieren. Auch Familienverbände und andere soziale Gruppen wie Schwärme, Rudel und Herden kommen ohne Verständigung nicht aus.

Selbst im Inneren eines Organismus gibt es die Notwendigkeit zur Verständigung. Ein Organismus ist ja eigentlich auch ein sozialer Zusammenschluß: Alle Organe müssen zusammenarbeiten. Diese wiederum sind Verbände vieler Einzelindividuen, der Zellen. Auch deren geordnetes Zusammenwirken ist nur durch eine gut funktionierende Verständigung möglich. Chemische Stoffe und Nervenimpulse sind hierbei die Signale. Der Arzt, der versucht, einem erkrankten Organismus zu helfen, hat Kommunikationsprobleme: Er hofft, daß er mit dem Medikament, das er anwendet, in das Kommunikationssystem der Körperzellen heilend eingreifen kann. Da die Kör-

□ **Der Weißwal im New Yorker Aquarium Coney Island scheint sich mit seiner Wärterin gut zu verstehen. Weißwale sind sehr stimmbegabt. Die kurzen und tiefen Töne sind auch für Menschenohren gut wahrnehmbar.**

perzellen verschiedener Lebewesen vermutlich auch unterschiedliche chemische »Sprachen« haben, ist klar, daß ein Medikament nicht für alle das geeignete sein kann. Dementsprechend lassen sich bei Arzneimittelprüfungen die Versuchsergebnisse für eine Tierart auch nicht vorbehaltlos auf andere Tierarten oder gar auf den Menschen übertragen.

Wir sind am Ende des Buches, am Ende unserer Berichte und Überlegungen angekommen. Haben wir auf die Fragen, die wir uns am Anfang gestellt haben, Antwort erhalten? Das, was die Wissenschaft heute beantworten kann, haben wir an ausgewählten Beispielen erörtert, die meisten Fragen sind jedoch offen geblieben. Dennoch haben wir einen erregenden und hoffentlich aufschlußreichen Einblick in einen noch jungen Wissenschaftszweig getan – einen Einblick, der Anregung und Hilfe geben möchte für eigene Gedanken, Beobachtungen und Versuche.

Betrachtet man die Vielzahl der tierischen Verständigungsmöglichkeiten, so wird einem die Eigenart der menschlichen Sprache besonders deutlich. Alle Elemente der Verständigung unter Tieren sind auch in der menschlichen Sprache in irgendeiner Form enthalten. Besonders bei der Übermittlung von Stimmungen bedienen wir Menschen uns neben unserer Sprache auch außersprachlicher Hilfen: Ausdruck, Klangfarbe und Betonung, nicht zu vergessen Mimik und Gestik. Es kommt also nicht nur darauf an, was wir sagen; *wie* wir etwas sagen, ist mindestens ebenso bedeutsam.

Gegenüber der beachtlichen Vielschichtigkeit des gesprochenen Wortes ist die schriftliche Verständigung vergleichsweise dürr, aber von linearer Einfachheit und damit besonders geeignet, Abstraktes festzuhalten und weiterzugeben. Erst die schriftliche Aufzeichnung von Sprache ermöglichte es dem Menschen, Wissenschaften zu entwickeln und sich diese nutzbar zu machen. So erweist sich die menschliche Sprache, insbesondere das geschriebene oder gedruckte Wort, für den Menschen als ein großartiges Hilfsmittel, die natürlichen Grenzen der Fähigkeiten seines Gehirns zu überwinden. Jeder Mensch benützt die Sprache außerdem dazu, um in Gedanken mit sich selbst zu sprechen und auf diese Weise zu größerer begrifflicher Klarheit zu kommen. So ist für uns Menschen die Sprache eine Art universelles geistiges Werkzeug sowohl zur Verständigung wie auch, um unsere geistige Leistungsfähigkeit zu vervielfachen.

Auf unser Gehirn sollten wir Menschen uns nicht allzuviel einbilden. Es ist noch nicht sicher, ob es nicht Tiere gibt, wie vielleicht die Delphine, die von Natur aus ein leistungsfähigeres Gehirn besitzen. Was uns Menschen aber die gewaltige Überlegenheit gegenüber allen übrigen Lebewesen verleiht, ist im körperlichen Bereich unsere Fähigkeit zum Werkzeuggebrauch, sind im geistigen Bereich Sprache und Schrift. Diese Überlegenheit des Menschen birgt aber auch Gefahren: Unsere durch sprachliche und schriftliche Kommunikation trickreich vervielfachten intellektuellen Fähigkeiten ermöglichen es uns, Dinge zu tun und zu entwickeln, deren Auswirkungen wir nicht immer übersehen. Daraus sollte die Erkenntnis erwachsen, daß der Mensch eine besondere und einmalige Verantwortung trägt, sowohl für sein eigenes Leben wie auch für den Fortbestand des gesamten Lebens auf der Erde.

Bildnachweis

Abbildung des Einbandes: H. Pfletschinger; Abbildung Seite 6: Okapia; 9: W. Layer; 10: H. Schmid; 12: J. Lieder; 13 (links): Nach G. Gerisch; 16: Nach K. E. Linsenmair; 17 und 19: K. E. Linsenmair (2 Bilder); 21: ZEFA-Park; 22, 23, 24 und 25: M. Boppré (9 Bilder); 28 (oben und Mitte): H. Pfletschinger (2 Bilder); 28 (unten): J. Lieder; 29: Nach H. Tischner; 31: Nach H. Autrum/W. Neidhardt; 35: Nach U. Bäßler (3 Grafiken); 37: Nach J. Boeckh und Landois-Rosemann; 38 und 39 (links): Nach U. Bäßler (2 Grafiken); 39 (rechts): Nach H. Linder; 40: Nach U. Bäßler; 41 und 42: Nach H. Linder (2 Grafiken); 43: Nach J. D. Robertson; 44 (oben): Nach P. Raths/G. A. Biewald; 44 (unten): Nach H. Linder; 45 (Mitte): Nach E. Hadorn/R. Wehner; 45 (unten): J. Lieder; 46 und 47: Nach U. Bäßler (2 Grafiken); 50 (links): Nach Harder und Kukkuck; 50 (rechts): Nach Oltmans, Kuckuck und Berthold; 52: H. Pfletschinger (2 Bilder); 53: F. Sauer; 54: Nach J.-P. Vité; 55: H. Pfletschinger; 59: Nach G. L. Woodworth; 61: H. Schmid; 62: Okapia-Reinhard; 64: H. Reinhard; 67 (oben und Mitte): H. Pfletschinger (2 Bilder); 67 (unten): Nach W. Nachtigall; 68 (oben, Mitte rechts und unten): R. A. Steinbrecht (4 Bilder); 68 (Mitte links): M. Boppré; 69: K. E. Kaissling; 72 und 73: Nach K. v. Frisch (2 Grafiken); 76: Nach O. W. Park; 77: H. Pfletschinger (2 Bilder); 79: Nach M. Lindauer (2 Grafiken); 80, 82, 83, 89, 90 und 91: H. Pfletschinger (11 Bilder); 93: Nach J. B. Free; 94, 95, 96, 98 und 99: H. Pfletschinger (6 Bilder); 100: Nach M. Lindauer, H. Martin und J. O. Nedel; 102 (oben): H. Pfletschinger; 102 (unten): und 103: J. Lieder (3 Bilder); 105 (unten): H. Pfletschinger; 106 (links): Nach Jonescu; 106 (rechts): Nach H. Weber/Brun; 107 (oben): Nach Hanström; 107 (unten): J. Lieder; 110: H. Reinhard; 111: Bavaria-Lüthy; 112: Bavaria-Rauch; 114: Naturfoto-Christiansen; 115: W. Layer; 116: E. Zimen; 117 und 118: Nach E. Zimen (2 Grafiken); 119: E. Zimen; 120 (oben und außen rechts): Nach E. Zimen (2 Grafiken); 120 (unten links): T. Angermayer-Tierpark Hellabrunn; 120 (unten rechts) und 121 (oben): Naturfoto-Rothausen (2 Bilder); 121 (unten): W. Layer; 123: T. Angermayer-Reinhard; 124: T. Angermayer; 125: Bavaria-Photomedia; 127: Magnum/laenderpress; 129: F. Sauer; 130 (oben): G. Pilleri; 130 (unten): Nach G. Pilleri; 132 (oben links): E. Pott; 132 (oben rechts): T. Angermayer-Ziesler; 132 (unten): W. Gewalt; 133 (oben): Bavaria-Brauns; 133 (unten): Bavaria-Picturepoint; 134: G. Pilleri; 135: Bavaria-Schäfer.
Alle übrigen Grafiken nach Vorlagen des Autors (Seite 13 rechts, 45 oben und 105 oben).

Weiterführende Literatur

Leicht lesbare, preiswerte und nicht allzu umfangreiche Bücher sind mit einem Sternchen (*) gekennzeichnet.

Allgemeine Literatur:

* A. Danzer: Verhalten. Stuttgart ²1979, Metzler (Studienreihe Biologie 5)
S. J. Dimond: Das soziale Verhalten der Tiere. Düsseldorf/Köln 1972, Diederichs
I. Eibl-Eibesfeldt: Grundriß der vergleichenden Verhaltensforschung – Ethologie. München ⁵1978, Piper
P. R. Marler/W. J. Hamilton: Tierisches Verhalten. München 1972, BLV
* A. Remane: Sozialleben der Tiere. Stuttgart ³1976, G. Fischer
* G. Tembrock: Biokommunikation. Informationsübertragung im biologischen Bereich. Wiesbaden 1975, Vieweg (Vieweg Studium, Bd. 15)
E. O. Wilson: Sociobiology, The New Synthesis. Cambridge/London 1975, Cambridge University Press

Literatur zum 1. Kapitel:

* K. Lorenz: Er redete mit dem Vieh, den Vögeln und den Fischen. München ²¹1974 (dtv 173)

Literatur zum 2. Kapitel:

* H. W. Fricke: Bericht aus dem Riff. Ein Verhaltensforscher experimentiert im Meer. München 1976, Piper

Literatur zum 3. Kapitel:

* U. Bäßler: Sinnesorgane und Nervensystem. Stuttgart ³1979, Metzler (Studienreihe Biologie 2)
* J. Boeckh: Nervensysteme und Sinnesorgane der Tiere. Ihre Funktion im tierischen Organismus. Freiburg ²1977, Herder (Studio visuell)
* D. Burkhardt/W. Schleidt/H. Altner (Hg.): Signale in der Tierwelt. Vom Vorsprung der Natur. München 1966, Moos (auch: München 1972, dtv 853)
P. Raths/G. A. Biewald: Tiere im Experiment. Köln 1971, Aulis

Literatur zum 4. Kapitel:

W. Nachtigall: Phantasie der Schöpfung. Faszinierende Entdeckungen der Biologie und Biotechnik. Hamburg 1974, Hoffmann und Campe

Literatur zum 5. Kapitel:

* K. v. Frisch: Aus dem Leben der Bienen. Berlin ⁹1977, J. Springer (Verständliche Wissenschaft, Bd. 1)
* M. Lindauer: Verständigung im Bienenstaat. Stuttgart 1975, G. Fischer
E. O. Wilson: The Insect Societies. Cambridge/London 1971, Cambridge University Press

Literatur zum 6. Kapitel:

* E. Baeumer: Das dumme Huhn. Stuttgart 1964, Franckh (Kosmos-Bibliothek, Bd. 242)
* F. J. Buytendijk: Mensch und Tier. Hamburg 1958, Rowohlt (rde 74)
* J.-Y. Cousteau/Ph. Diolé: Delphine. Intelligente Freunde des Menschen. München 1978, Droemer (Knaur-Taschenbücher 537)
* J.-Y. Cousteau/Ph. Diolé: Wale – Gefährdete Riesen der See. München 1976, Droemer (Knaur-Taschenbücher 435)
* V. B. Dröscher: Die freundliche Bestie. Forschungen über das Tier-Verhalten. Reinbek 1974 rororo 6845)
* I. Eibl-Eibesfeldt: Galápagos. Die Arche Noah im Pazifik. München ⁶1978, Piper
* H. Friedrich (Hg.): Mensch und Tier. Ausdrucksformen des Lebendigen. München ³1973 (dtv 481)
* G. Kleemann: Manege frei. Stuttgart 1968, Franckh (Kosmos-Bibliothek, Bd. 257)
* G. Kleemann: Die peinlichen Verwandten. Schimpanse – Gorilla – Orang. Stuttgart 1966, Franckh (Kosmos-Bibliothek, Bd. 249)
* O. Koenig: Das Paradies vor unserer Tür. Ein Forscher sieht Tiere und Menschen. München 1973 (dtv 921)
* V. B. Scheffer: Der Wal, das fröhliche Ungeheuer. Reinbek 1973 (rororo 6800)
E. Zimen: Der Wolf. Mythos und Verhalten. Wien/München 1978, Meyster

Register

Aufgeführt sind Fachausdrücke, Pflanzen- und Tiernamen sowie Namen von Wissenschaftlern, auf die im Text Bezug genommen wird.
Zeichenerklärung:
+ = Abbildung
10f = auf Seite 10 und der folgenden Seite (den folgenden Seiten).
Fettgedruckte Zahlen = Auf diesen Seiten findet man den Begriff kurz erklärt oder definiert.